Sommaire

BOÎTE À OUTILS

★FRANCE★EUROPE★INTERNATIONAL★

TOUTE L'ACTU 2022 2023

Pierre Savary, Directeur de l' ESJ-LILLE

avec la participation de :

Adrien Tallent, *Fondateur de la revue en ligne Homo Gulliver, titulaire d'un Master of science in Management à Grenoble École de Management*

Michel Derczansky, *Journaliste, chercheur au collège des Bernardins, Paris*

*Sous la direction d'*Anne Ducastel

SUP FOUCHER

Avant-propos

Que vous soyez étudiant ou candidat à un concours - où vous devrez démontrer votre compréhension du monde contemporain, votre capacité à expliquer les grandes questions actuelles - ou simplement citoyen, désireux de savoir, de connaître, de comprendre le monde dans lequel vous vivez, cet ouvrage vous aidera à accroître votre connaissance de l'actualité et valoriser vos acquis par des mises en perspective utiles.

Le monde d'aujourd'hui est caractérisé par une actualité galopante, véhiculée par une multitude de réseaux. La multiplicité des sources donne à chacun la possibilité d'accéder à une somme d'informations immense et confuse. Aussi, pour être compris, les grands faits d'actualité de l'année doivent être analysés sous leurs multiples aspects (politiques, historiques, géographiques, etc.).

2022 a été une année de bouleversements, riche en événements de dimension nationale et planétaire. L'actualité de 2023 ne pourra s'assimiler qu'avec une bonne compréhension des faits qui ont marqué 2022.

Pour ne pas se noyer dans des informations diffuses, il est indispensable de les trier, de les hiérarchiser, de les relier. Ce livre aide à cette démarche.

Il offre les clés de compréhension de l'actualité :

- un développement clair consacré au conflit en Ukraine et ses retombées mondiales ;
- les autres événements majeurs de l'année 2022 ;
- un tour du monde de l'actualité, sans une impossible exhaustivité mais avec le souci d'éclairer les informations les plus importantes :
  - en France,
  - en Europe,
  - à l'international,
  - sur des grandes thématiques.

Des outils facilitent la lecture et l'analyse :

- un lexique et des focus sur des événements ayant marqué l'année ;
- une « boîte à outils » rassemblant des données chiffrées, chronologies, cartes géopolitiques ;
- des graphiques, des extraits de textes essentiels ;
- enfin, un index pour faciliter la recherche.

ISBN 978-2-216-16811-8

La réélection d'Emmanuel Macron

Emmanuel Macron a été réélu pour cinq ans à la présidence de la République à l'issue d'une nette victoire sur Marine Le Pen. C'est la première fois qu'un président sortant est réélu depuis l'instauration du quinquennat en 2002, hors période de cohabitation.
Ce scrutin a aussi confirmé l'effondrement des anciens partis dominants et conforté la « triangulation » de la vie politique française avec trois candidats dominants au premier tour : Emmanuel Macron (27,85 %), Marine Le Pen (23,15 %) et Jean-Luc Mélenchon (21,95 %) qui ont rassemblé 73 % des voix, ne laissant donc que peu de voix aux neuf autres candidats.

Les faits

A Les candidats

Ils étaient douze sur la ligne de départ en 2022, le même nombre qu'en 2007, deux de plus qu'en 2012 et un de plus qu'en 2017.
Pour cinq d'entre eux, c'était une première candidature à l'élection la plus importante de la Ve République, pour les sept autres, l'expérience était déjà connue.

Nombre de candidats par élection

Liste des présidents de la République

Nathalie Arthaud

Cette enseignante de 52 ans, ancienne élue locale, a pris la suite d'Arlette Laguiller pour représenter Lutte ouvrière (LO). Tendance extrême gauche, communisme révolutionnaire. Présente aux scrutins de 2012 (0,56 %) et 2017 (0,64 %).

Nicolas Dupont-Aignan

Âgé de 61 ans, député de l'Essonne, il mène une troisième candidature sous l'étiquette de son parti Debout la France (1,79 % en 2012 et 4,70 % en 2017, où il s'était rallié à Marine Le Pen entre les deux tours, espérant devenir son futur Premier ministre en cas de victoire). Souverainiste, il rêve d'un espace politique entre droite et extrême-droite.

- **Anne Hidalgo**

  À 62 ans, la maire socialiste de Paris depuis 2014, réélue en 2020, tente avec sa première candidature de faire revivre le PS marqué par son échec historique en 2017, où Benoît Hamon avait à peine dépassé 6 % des suffrages exprimés.

- **Yannick Jadot**

  Le candidat d'Europe Écologie Les Verts (EELV), ancien dirigeant de Greenpeace France, âgé de 54 ans, a été désigné par une primaire interne qui a surtout mis au jour deux tendances opposées dans le parti. Il s'agit de sa première candidature : en 2017, il s'était rallié à Benoît Hamon. Le parti avait obtenu 13,5 % des voix aux élections européennes de 2019.

- **Jean Lassalle**

  À 66 ans, ce fils de berger, ancien technicien agricole, maire de Lourdios-Ichère, son village natal, de 1977 à 2017 et député des Pyrénées-Atlantiques de 2002 à 2022, est le candidat du parti Résistons !. Il avait obtenu 1,21 % en 2017. Il se veut la voix de la ruralité et des campagnes.

- **Marine Le Pen**

  Âgée de 53 ans, cette ancienne avocate, députée du Pas-de-Calais, ancienne élue européenne, s'était confrontée à Emmanuel Macron lors du scrutin de 2017 (33,9 % au second tour). À la tête du **Rassemblement national** (nouveau nom du Front national) depuis 2011, elle a succédé à son père Jean-Marie Le Pen dont elle cherche à se démarquer politiquement en occultant ses racines d'extrême droite et en tentant de faire passer le RN pour un parti de droite nationale.

- **Emmanuel Macron**

  Cet énarque âgé de 44 ans, ancien banquier d'affaires, ministre de l'Économie sous le mandat de **François Hollande**, avait été élu à la surprise de tous, en 2017, plus jeune président de la République française (39 ans) après avoir quitté le Gouvernement et créé son parti, La République en marche, dont les rangs s'étaient garnis de transfuges du PS et de LR. Il refuse le traditionnel clivage droite/gauche et revendique le pragmatisme politique.

L'âge des présidents de la République

- **Jean-Luc Mélenchon**

  Longtemps élu PS, dont il représentait l'aile gauche, il l'a quitté en 2008 pour développer une ligne très contestataire. Âgé de 70 ans, député des Bouches-du-Rhône (2017-2022), il participe pour la troisième fois à une présidentielle (11,1 % en 2012, 19,58 % en 2017) sous les couleurs de la gauche radicale. Il ne vise pas le compromis à gauche mais pousse les autres partis de gauche à s'aligner sur sa ligne politique.

- **Valérie Pécresse**
  À 54 ans, cette ministre du Budget pendant le mandat de Nicolas Sarkozy, présidente de la région Ile-de-France, a fondé le mouvement Libres ! en 2017 après avoir quitté LR (pour y adhérer de nouveau en 2021). Elle a remporté la primaire LR face à Éric Ciotti, tenant d'une ligne radicale très marquée à droite. Elle est la première femme candidate à la présidence de la droite française.

- **Philippe Poutou**
  À 54 ans, l'ancien ouvrier et syndicaliste représente (après Olivier Besancenot) le Nouveau parti anticapitaliste (NPA, ex-LCR), d'extrême gauche, pour la troisième fois (1,15 % en 2012 et 1,09 % en 2017).

- **Fabien Roussel**
  Le secrétaire national du Parti communiste français (PCF), 52 ans, est député du Nord, ancien journaliste. Pour sa première candidature, il tente de rajeunir et réénergiser le PCF.

- **Éric Zemmour**
  Âgé de 63 ans, cet ancien éditorialiste (Figaro, CNews), fondateur du parti Reconquête !, est un nouveau venu en politique. Il tente sur une ligne d'extrême droite identitaire de concurrencer Marine Le Pen et de positionner l'islam et la théorie de la destruction de l'identité française au cœur des débats.

B Le premier tour

L'**élection présidentielle** de 2022 s'est tenue les 10 et 24 avril.

À savoir
Le chef de l'État est élu au suffrage universel direct, au scrutin uninominal majoritaire à deux tours, pour un mandat de cinq ans, renouvelable une fois.

Les électeurs français ont décidé le 10 avril de « rejouer » la finale 2017 en qualifiant pour le second tour Emmanuel Macron et Marine Le Pen.
Comme en 2017, le président sortant est arrivé largement en tête du premier tour avec 27,85 % des voix, mieux qu'il y a cinq ans (24 %) et mieux également en nombre de voix (9 783 058 *vs* 8 657 326, soit 1 125 732 voix de plus).
La candidate de l'extrême droite, Marine Le Pen, s'est à nouveau classée en deuxième position avec 23,15 % des voix. C'est aussi, pour elle, mieux que lors de la présidentielle précédente où elle avait obtenu 21,3 % et mieux en nombre de voix (8 133 828 *vs* 7 679 493 soit 454 335 voix de plus).
L'abstention a atteint 26,31 %, soit 4 points de plus qu'en 2017.
À l'image du précédent scrutin, les partis traditionnels, dominants sous la Ve République, ont subi une nouvelle déroute. La candidate LR, Valérie

Pécresse (4,78 %) n'atteint pas la barre des 5 %, seuil de remboursement des frais de campagne, une première pour la droite traditionnelle ; cinq ans plus tôt, François Fillon avait atteint 20 %. La socialiste Anne Hidalgo n'obtient que 1,75 % des voix, c'est encore moins que Benoît Hamon en 2017 (6,3 %), un score déjà historiquement bas pour le PS. Le parti socialiste des présidents François Mitterrand et François Hollande est ramené au statut de petit parti marginal de cette élection.

Comme en 2017, le candidat clivant de la France insoumise (LFI) Jean-Luc Mélenchon a échoué à quelques points (et 421 308 voix) de la seconde place. Troisième avec 21,95 %, il améliore son score en pourcentage (21,95 % *vs* 19,59 %) et en nombre de voix (+ 651 635).

Éric Zemmour, un temps supposé dans la campagne capable de talonner Marine Le Pen, termine quatrième avec 7,07 % des voix. Tous les autres candidats sont relégués sous la barre des 5 %.

À l'issue du premier tour, plusieurs candidats ont appelé à faire barrage au Rassemblement national (RN) au second tour.

Le communiste Fabien Roussel, la socialiste Anne Hidalgo, l'écologiste Yannick Jadot ont de manière explicite appelé à voter pour Emmanuel Macron. Jean-Luc Mélenchon et Philippe Poutou ont appelé à ne pas voter pour Marine Le Pen ; à l'inverse, Éric Zemmour a appelé ses électeurs à le faire.

Les résultats du premier tour

	Nombre	Votants (%)	Inscrits (%)
Inscrits	48 747 876		
Abstentions	12 824 169		26,31
Votants	35 923 707		73,69
Blancs	543 609	1,51	1,12
Nuls	247 151	0,69	0,51
Exprimés	35 132 947	97,80	72,07

Candidats	Voix	Exprimés (%)	Inscrits (%)
Emmanuel MACRON	9 783 058	27,85	20,07
Marine LE PEN	8 133 828	23,15	16,69
Jean-Luc MÉLENCHON	7 712 520	21,95	15,82
Éric ZEMMOUR	2 485 226	7,07	5,10
Valérie PECRESSE	1 679 001	4,78	3,44
Yannick JADOT	1 627 853	4,63	3,34
Jean LASSALLE	1 101 387	3,13	2,26

Candidats	Voix	Exprimés (%)	Inscrits (%)
Fabien ROUSSEL	802 422	2,28	1,65
Nicolas DUPONT-AIGNAN	725 176	2,06	1,49
Anne HIDALGO	616 478	1,75	1,26
Philippe POUTOU	268 904	0,77	0,55
Nathalie ARTHAUD	197 094	0,56	0,40

Ministère de l'Intérieur et Conseil constitutionnel

Les dix départements dans lesquels le candidat est arrivé en tête

Emmanuel Macron	en %
Français de l'étranger	45,09
Nouvelle-Calédonie	40,51
Polynésie française	40,16
Wallis et Futuna	39,47
Hauts-de-Seine	37,11
Mayenne	36,40
Vendée	35,64
Maine-et-Loire	35,59
Paris	35,34
Ille-et-Vilaine	34,50

Marine Le Pen	en %
Mayotte	42,68
Aisne	39,25
Pas-de-Calais	38,68
Haute-Marne	36,60
Ardennes	36,02
Meuse	35,11
Haute-Saône	34,60
Aube	32,95
Somme	32,79
Pyrénées-Orientales	32,74

Jean-Luc Mélenchon	en %
Guadeloupe	56,16
Martinique	53,10
Guyane	50,59
Seine-Saint-Denis	49,09
Saint-Pierre-et-Miquelon	40,91
La Réunion	40,26
Val-d'Oise	33,17
Val-de-Marne	32,67
Paris	30,08
Saint-Martin/Saint-Barthélemy	28,13

Éric Zemmour	en %
Alpes-Maritimes	14,00
Corse-du-Sud	13,36
Var	13,25
Saint-Martin/Saint-Barthélemy	13,23
Haute-Corse	12,30
Bouches-du-Rhône	10,77
Vaucluse	10,03

Les résultats du premier tour de l'élection présidentielle de 2022

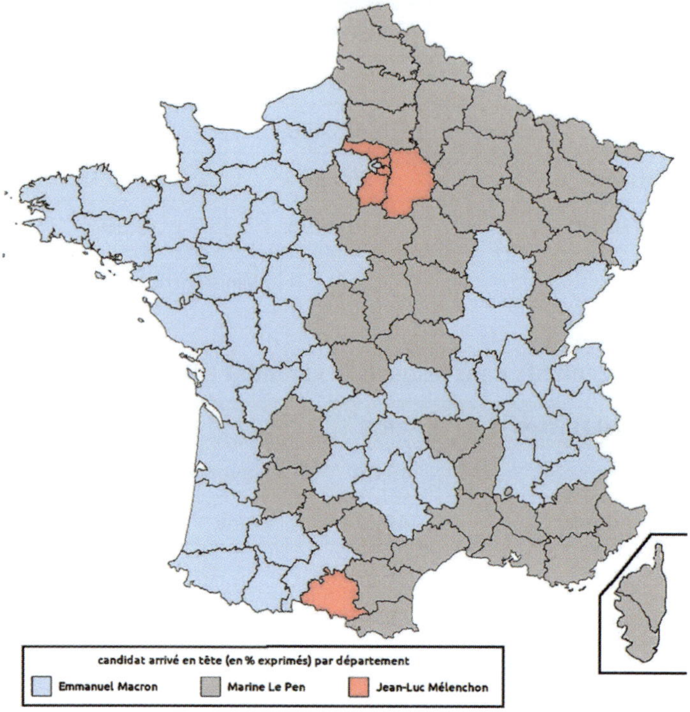

Les résultats du premier tour de l'élection présidentielle de 2017

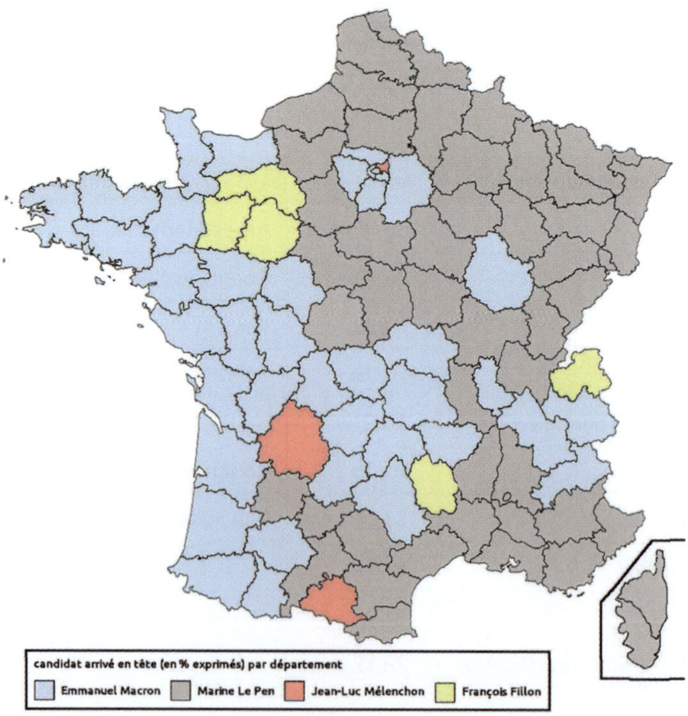

C Le second tour

Emmanuel Macron, président sortant, a remporté le second tour avec 58,55 % des voix devant Marine Le Pen (41,45 %). Une avance confortable de presque 5,5 millions de voix mais une avance divisée par deux par rapport à 2017 : il a ainsi perdu presque 2 millions de voix entre les deux seconds tours, espacés de cinq années de mandat, quand Marine Le Pen en a gagné plus de 2,6 millions entre 2017 et 2022.

- Emmanuel Macron a obtenu des scores élevés à Paris et dans les grandes villes (80 % et plus à Paris, Rennes, Bordeaux, Nantes, Lyon) quand Marine Le Pen réalisait ses meilleurs résultats dans les communes entre 1 000 et 5 000 habitants et dans les villages.
- Le président sortant s'est imposé dans dix des 13 régions métropolitaines, Ile-de-France (73 %), Bretagne (66,6 %) Pays de la Loire (64,92 %), Marine Le Pen est arrivée en tête en Corse (58,08 %), et dans deux de ses bassins électoraux, Hauts-de-France (52,14 %) et Provence-Alpes-Côte d'Azur (50,48 %).
- Emmanuel Macron est arrivé en tête dans 73 départements, Marine Le Pen, 23. Elle réalise des scores élevés dans huit territoires d'outre-mer, 69,60 % en Guadeloupe, 60,87 % en Martinique, 60,70 % en Guyane, 55,42 % à Saint-Barthélemy et Saint-Martin, 59,57 % à la Réunion, 59,10 % à Mayotte et 50,69 % à Saint-Pierre-et-Miquelon. Elle y a bénéficié de très bons reports de voix d'électeurs qui avaient massivement voté pour Jean-Luc Mélenchon au premier tour. La carte des résultats dessine deux France, celle des grandes métropoles, des classes moyennes supérieures, des plus diplômés et des retraités, de l'ouest du pays, ayant très majoritairement voté pour le président sortant, et celle d'une France plus populaire, ouvrière, moins diplômée, s'estimant peu écoutée, dans le Nord-Est et le Sud-Est, ayant majoritairement voté Marine Le Pen. L'abstention (28,01 %) a gagné 2,5 points au second tour entre 2017 et 2022.

Les résultats du second tour

	Nombre	Votants (%)	Inscrits (%)
Inscrits	48 752 339		
Abstentions	13 655 861		28,01
Votants	35 096 478		71,99
Blancs	2 233 904	6,37	4,58
Nuls	805 249	2,29	1,65
Exprimés	32 057 325	91,34	65,76

Liste des candidats	Voix	Exprimés (%)	Inscrits (%)
Emmanuel MACRON	18 768 639	58,55	38,50
Marine LE PEN	13 288 686	41,45	27,26

Ministère de l'Intérieur et Conseil constitutionnel

Les dix départements dans lesquels le candidat est arrivé en tête

Emmanuel Macron	en %
Français établis hors de France	86,14
Paris	85,10
Hauts-de-Seine	80,39
Val-de-Marne	74,48
Seine-Saint-Denis	73,72
Yvelines	71,05
Ille-et-Vilaine	70,94
Loire-Atlantique	69,48
Rhône	68,66
Finistère	67,50
Wallis et Futuna	67,44
Maine-et-Loire	66,53
Val-d'Oise	66,15
Essonne	65,43
Haute-Garonne	64,42

Marine Le Pen	en %
Guadeloupe	69,60
Martinique	60,87
Guyane	60,70
Aisne	59,91
La Réunion	59,57
Mayotte	59,10
Corse-du-Sud	58,31
Haute-Corse	57,87
Pas-de-Calais	57,50
Haute Marne	56,96
Haute Saône	56,90
Ardennes	56,66
Pyrénées-Orientales	56,32
Meuse	55,61
Saint-Martin/Saint-Barthélemy	55,42

Les résultats du second tour de l'élection présidentielle de 2022

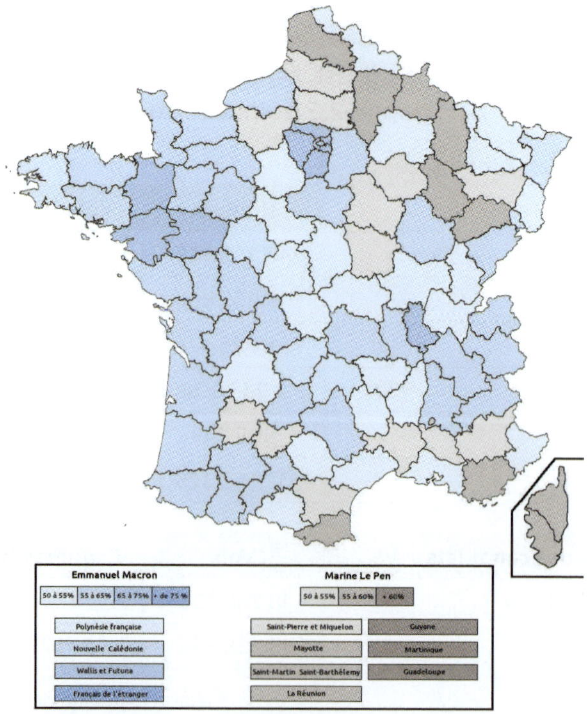

Les résultats du second tour de l'élection présidentielle de 2017

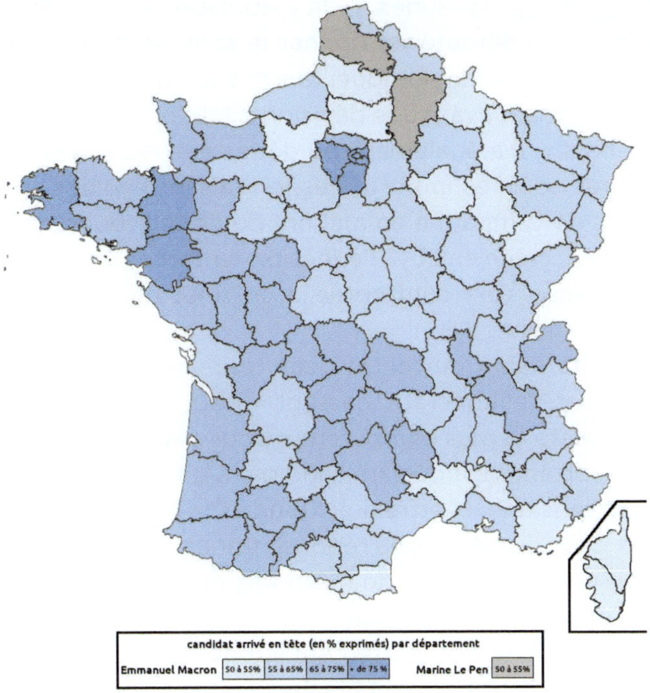

Évolution de l'abstention aux présidentielles de la Ve République

Évolution des votes blancs et nuls aux présidentielles de la Ve République

D Un gagnant, onze perdants

Emmanuel Macron : essai transformé

Emmanuel Macron était arrivé au pouvoir en 2017 « par effraction », expression qu'il a revendiquée et qui marquait la rapidité d'une ascension éclair. Cette élection a transformé fortement le paysage politique français. Le clivage « gauche-droite » a volé en éclats en même temps que les partis politiques « traditionnels » qui s'étaient transmis le pouvoir au fil des années de la Ve République.

En 2022, cinq ans plus tard, le locataire de l'Élysée n'est évidemment plus le jeune ovni politique objet de tous les regards et de toutes les attentes.

Cinq années de crise sont passées. À celle des « **gilets jaunes** », crise sociale pendant laquelle il a été accusé d'être le « président des riches », même si la redistribution n'a pas baissé pendant son mandat, ont succédé la crise sanitaire du Covid, inédite, et la crise ukrainienne, qui a marqué la campagne électorale de 2022.

Les Français ont vécu pendant ce premier mandat la mise en œuvre du « en même temps » : une politique proposant à la fois des marques libérales et des aides sociales importantes distribuées massivement pendant les crises du Covid et des « gilets jaunes ». Un « équilibre », affirment les partisans du Président, qui a pu dérouter et donner le sentiment de ne pas avoir de cap, de colonne vertébrale idéologique, tantôt tranchant dans la solitude du pouvoir et tantôt prenant avant une décision beaucoup de temps et d'avis lors de « grands débats ». Il a également pu dérouter avec le « quoi qu'il en coûte » et ses mesures sociales importantes, en faisant évoluer sa politique et ses engagements de campagne en matière de rigueur budgétaire notamment.

Après la surprise créée en 2017, l'adhésion renforcée de certains au nom d'une crédibilité acquise s'est confrontée à un rejet plus marqué pour d'autres, allant jusqu'à la haine.

Les réactions au débat de l'entre-deux tours avec Marine Le Pen l'illustrent bien : « arrogant, technocrate, cassant » pour ses détracteurs, « maîtrisant mieux les dossiers et plus compétent » pour ses partisans.

Le président sortant s'est déclaré candidat à un second mandat à 38 jours du premier tour dans une « Lettre aux Français ». Il y affirmait vouloir « inventer (...) face aux défis du siècle, une réponse française et européenne singulière » et annonçait un changement de méthode, en avançant moins brusquement et avec une écoute plus appuyée.

La campagne de 2022 a été fortement impactée par la crise internationale en Ukraine, après celles des « gilets jaunes » et du Covid ; elles ont positionné Emmanuel Macron en capitaine par temps de tempête, actif à l'international, plus prudent sur ses réformes, et plus enclin aux dépenses publiques et sociales.

Lors de son discours d'investiture, il a fait « le serment de léguer une planète plus vivable » et « une France vivante et plus forte ».

À savoir

Une situation inédite va advenir en France à l'issue de ce nouveau mandat d'Emmanuel Macron, qui ne pourra pas présenter une nouvelle candidature en 2027, la Constitution, révisée en 2008, empêchant désormais un président de faire plus de deux mandats consécutifs.

Marine Le Pen : nouvel échec

La troisième candidature consécutive à la présidentielle de Marine Le Pen (2012, 2017, 2022) est une troisième défaite, même si, une fois encore, le RN peut y voir des éléments de victoire. L'histoire se répète, les motifs de satisfaction légitime se mêlant à l'incapacité de « transformer l'essai ».

C'est aussi la troisième fois que l'extrême droite parvient au second tour d'une présidentielle en France, après **Jean-Marie Le Pen** en 2002 (17,79 % des voix), et Marine Le Pen en 2017 et 2022. Celle-ci a réalisé le meilleur résultat jamais atteint par un candidat d'extrême droite à l'Élysée. La voir qualifiée à un second tour de présidentielle n'est plus une surprise, mais un résultat attendu, c'est dire le chemin parcouru depuis 2002.

Ce résultat valide la politique de dédiabolisation de l'extrême droite mise en œuvre par Marine Le Pen depuis son accession à la tête du parti en 2011, au congrès de Tours.

Mais si elle a réussi à lisser l'image du FN et à gagner des électeurs, à absorber une partie de la ligne dure de LR, sa stratégie se heurte encore à plusieurs éléments :

- Malgré son changement de nom (FN, créé en 1972) pour faire oublier son passé sulfureux, le RN ne parvient pas à faire oublier ses outrances et positions idéologiques extrémistes.
- La bipolarisation du paysage politique dans laquelle Marine Le Pen espérait représenter l'unique alternance s'est transformée en une triangulation qui ne lui est pas automatiquement favorable.
- La représentante du RN n'est pas toujours perçue comme suffisamment crédible sur les questions économiques. Ses positions ambiguës sur la crise ukrainienne et vis-à-vis de la Russie ont aussi montré sa faiblesse sur les questions internationales.

Évolution du vote FN/RN à l'élection présidentielle (en millions de voix)

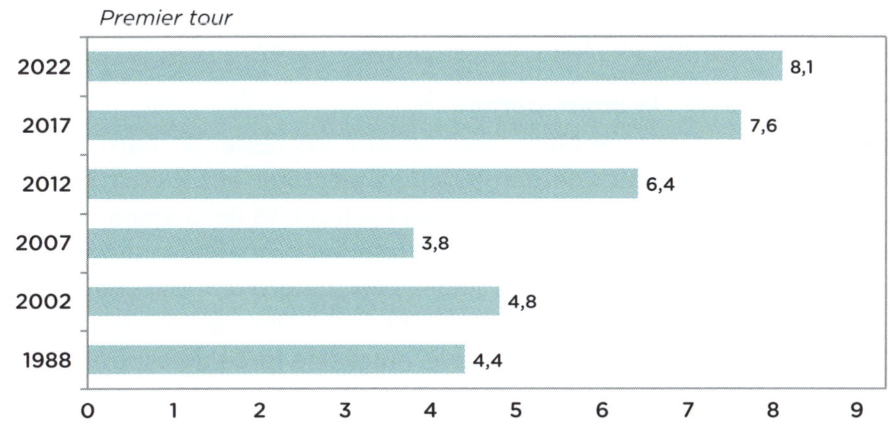

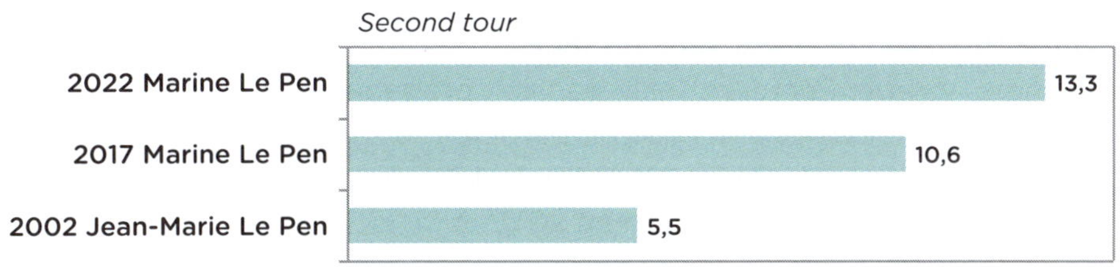

Les grandes dates du FN/RN

Évolution du vote FN/RN au cours des dernières élections nationales

Jean-Luc Mélenchon : troisième et toujours pas qualifié

Jean-Luc Mélenchon est arrivé en troisième position lors du premier tour, comme en 2017, ratant la deuxième place de 421 308 voix. Le candidat LFI a certes fait progresser le nombre de ses électeurs mais il n'a pas réussi à fédérer ceux de gauche pourtant plus nombreux en 2022 qu'en 2017, freiné par ses positions tranchées et clivantes. À 70 ans, il a décidé de ne pas se représenter aux élections législatives et a laissé entendre qu'il pourrait s'agir de sa dernière candidature à une présidentielle. Cela nécessiterait pour LFI d'organiser une succession afin de trouver celui ou celle en mesure de porter le parti à la présidentielle de 2027.

Éric Zemmour : le soufflé retombé

Quand un sondage l'a donné, en cours de campagne, en position de talonner Marine Le Pen, Éric Zemmour s'est probablement vu en train de gagner son pari : incarner une autre possibilité à la droite de la droite et faire naître une ligne « identitaire » s'appuyant sur le concept de « grand remplacement », la défense de l'identité française et un discours anti-islam. Mais cela ne lui a pas permis de peser dans la campagne.

Après la présidentielle, il est battu aux législatives dès le premier tour dans une circonscription pourtant sociologiquement favorable.

Valérie Pécresse : la droite perdue

L'enjeu s'annonçait complexe pour Valérie Pécresse : le parti présidentiel continuait à accaparer une partie de son électorat et LR était lui-même un parti divisé dont les représentants les plus à droite ne la soutiendraient que du bout des lèvres. Pourtant, elle ne s'attendait probablement pas à un score aussi faible, ne pas dépassant 5 % des voix. La droite républicaine, toujours convalescente après la campagne de François Fillon de 2017, ne parvient pas à s'extraire de l'étau où elle se trouve, entre une force de centre droit représentée par Emmanuel Macron et une offre politique plus radicale, souverainiste, d'extrême droite présentant trois candidats en 2022.

Anne Hidalgo : la chute sans fin du PS

Comme Valérie Pécresse, elle pensait probablement que son parti était tombé au plus bas et elle espérait participer à sa renaissance. Mais au terme d'une campagne inaudible et peu lisible, la maire de Paris a chuté encore plus lourdement que Benoît Hamon en 2017.

Le contexte

A La présidence de la République

Les pouvoirs du président de la République sont précisés par la Constitution de 1958. Les principaux sont les suivants.

Les pouvoirs présidentiels

- Le président de la République veille au respect de la Constitution.
- Il assure le fonctionnement des pouvoirs publics et la continuité de l'État.
- Il est garant de l'indépendance nationale et de l'intégrité du territoire.
- Il dispose du droit de décider d'utiliser l'arme nucléaire, il est chef des armées.
- Il peut au titre de l'article 16 prendre des mesures exceptionnelles en cas de crise.
- Il nomme le Premier ministre.
- Il préside le Conseil des ministres.
- Il peut dissoudre l'Assemblée nationale et convoquer le Parlement en session extraordinaire.
- Il dispose du droit de grâce.
- Il négocie et ratifie les traités qui lient le pays.
- Il est garant de l'indépendance de l'autorité judiciaire, il préside le Conseil supérieur de la magistrature (CSM)

Les trois périodes de cohabitation (1986-1998, 1993-1995 et 1997-2002) ont modifié sous la Ve République la fonction présidentielle, obligeant le chef de l'État à composer avec un Premier ministre d'une autre couleur politique. La question des « domaines réservés » s'est alors posée. L'adoption du quinquennat et du calendrier électoral (vote d'abord pour la présidentielle), appliqué pour la première fois en 2002, rend les cohabitations futures moins probables.

Les élections présidentielles de la Ve République

B Les règles du jeu

Les parrainages

C'est le Conseil constitutionnel qui publie la liste des candidats autorisés à se présenter. Une candidature à la présidence n'est retenue que si elle respecte plusieurs conditions et notamment :

- disposer d'au moins 500 parrainages conformes et validés ;
- ces parrainages doivent être signés par des élus représentant au moins 30 départements ou collectivités d'outre-mer ;

- moins d'un dixième de ces parrainages doit provenir d'élus d'un même département ou d'une même collectivité d'outre-mer.

Le Conseil constitutionnel comptabilise et publie régulièrement pendant la campagne, sur son site web, les parrainages des candidats.

Comme lors de chaque scrutin présidentiel, un débat a agité le monde politique en 2022 sur la pertinence de ces contraintes, mises en place pour éviter d'avoir un nombre incalculable de candidats. Au nom de l'égalité de tous les citoyens devant la candidature, certains réclament un assouplissement de ces règles. Mais le nombre relativement stable de candidats et la représentation assez large des différentes tendances de la sphère politique amènent à penser que ce filtre fonctionne assez bien, aucune « famille » politique n'ayant été absente de cette élection.

Les comptes de campagne

En France, les candidats à une élection présidentielle ne peuvent dépenser sans compter.

Le niveau de dépenses qui peut être engagé est limité à un plafond de 16,851 millions d'euros pour les candidats présents au premier tour, et 22,509 millions d'euros pour les deux candidats présents au second tour.

Les dépenses sont comptabilisées à partir du 1er juillet de l'année précédant l'élection.

Les dépenses et les recettes doivent être inscrites dans un compte de campagne, certifié par un expert-comptable, puis transmis pour contrôle à la Commission nationale des comptes de campagne et des financements politiques (CNCCFP).

Les frais occasionnés par la campagne officielle sont pris en charge directement par l'État (impression des professions de foi, affiches sur les emplacements officiels).

L'État avance 200 000 euros à chaque candidat puis rembourse ensuite, sous des conditions à respecter, une partie des frais.

- Pour les candidats en dessous de 5 % des suffrages exprimés au premier tour, l'État reverse une somme équivalente à 4,75 % du plafond des dépenses du premier tour (800 423 euros).
- Pour les candidats au-dessus de 5 % des suffrages exprimés au premier tour le remboursement est décuplé puisqu'il atteint 47,5 % du plafond de dépenses, soit environ 8 millions d'euros.
- Pour les candidats présents au second tour, le remboursement atteint 10 691 775 euros.

Dans tous les cas, la somme versée ne peut excéder le montant des dépenses du candidat retracées dans son compte de campagne. Au-delà de ces remboursements, les candidats cherchent des sources de financement : leurs propres moyens, l'aide de leurs partis, ou encore des dons de particuliers dans la limite de 4 600 euros par individu.

Les dépenses des candidats pour financer leur campagne en 2022

	Dépenses déclarées	Remboursement maximum légal	Différence prévisible	Plafond de dépenses légal
Emmanuel MACRON	16 699 980	10 691 775	- 6 008 205	22 509 000
Valérie PÉCRESSE	14 324 135	800 423	- 13 523 712	16 851 000
Jean-Luc MÉLENCHON	13 685 064	10 691 775	- 2 993 289	16 851 000
Marine LE PEN	11 483 385	10 691 775	- 791 610	22 509 000
Éric ZEMMOUR	10 976 228	8 004 225	- 2 972 003	16 851 000
Yannick JADOT	5 162 965	800 423	- 4 362 542	16 851 000
Fabien ROUSSEL	4 016 174	800 423	- 3 215 751	16 851 000
Anne HIDALGO	3 744 225	800 423	- 2 943 802	16 851 000
Nathalie ARTHAUD	891 099	800 423	- 90 676	16 851 000
Nicolas DUPONT-AIGNAN	871 410	800 423	- 70 987	16 851 000
Philippe POUTOU	819 686	800 423	- 19 263	16 851 000
Jean LASSALLE	813 060	800 423	- 12 637	16 851 000

Commission nationale des comptes de campagne et des financements politiques (CNCCFP)

La campagne dans les médias

L'**Autorité de régulation de la communication audiovisuelle et numérique** (ARCOM) qui a remplacé le CSA, est chargée de « veiller au respect du pluralisme politique, l'un des fondements de notre démocratie ». C'est elle qui « vérifie que la parole de tous les courants politiques peut s'exprimer dans les programmes de radio et de télévision ».
Le « gendarme » de l'audiovisuel a présenté ses recommandations aux radios et télévisions pour la campagne de 2022.

Les quatre grandes périodes avant l'élection présidentielle définies par l'ARCOM

- Le temps « normal » hors période électorale. La règle est de donner la parole, un tiers du temps à l'exécutif (le président de la République, le Gouvernement), les deux autres tiers aux partis politiques (de la majorité et de l'opposition) selon leur représentativité.
- Du 1er janvier au 27 mars 2022, la période est dite « d'équité » du temps de parole et du temps d'antenne, équité en fonction du poids politique de chacun (résultats aux dernières élections, nombre d'élus, sondages...).
- À partir du 8 mars (date de parution de la liste officielle des candidatures), en plus de l'équité, les médias audiovisuels doivent offrir des « conditions de programmation comparable ». L'ARCOM demande aux chaînes que les candidats (et leurs soutiens) aient accès aux quatre tranches horaires (matin, journée, soirée, nuit) de manière équitable.

- Les 15 jours qui précèdent le premier tour de scrutin et entre les deux tours, le principe d'« égalité » du temps de parole et d'antenne accordé aux candidats se rajoute au principe d'équité, sachant que la veille et le jour de l'élection, aucune parole de candidat n'est possible à l'antenne.

Approfondir

Présidentielle 2022 : la triangulation de la vie politique française

Par Adrien Tallent

Si la présidentielle 2022 a semblé n'être qu'une redite de celle de 2017, proposant le même duel au second tour entre Emmanuel Macron et Marine Le Pen ainsi que le même vainqueur – avec une avance moins nette néanmoins –, l'élection a aussi confirmé une tendance à l'œuvre depuis plusieurs années déjà, à savoir la triangulation de la vie politique française. Trois blocs très clairs ont émergé à l'issue du premier tour : un bloc central autour d'Emmanuel Macron, arrivé en tête avec 27,9 % des voix, suivi par le bloc d'extrême droite constitué autour de Marine Le Pen et 23,2 % des voix, enfin un bloc de gauche autour de Jean-Luc Mélenchon qui a réuni 22 % des voix. Derrière ce trio de tête, nous retrouvions l'outrancier ancien polémiste Éric Zemmour qui n'a réuni que 7 % des suffrages, suivi de Valérie Pécresse, malheureuse cheffe de file du parti Les Républicains qui – au terme d'une campagne difficile – n'est pas parvenue à réunir les 5 % de suffrages nécessaires au remboursement de sa campagne l'obligeant à se lancer dans un appel aux dons.

Si 2017 avait été l'élection du dépassement de l'offre droite-gauche, 2022 aura été l'élection de la triangulation de la politique française.

Cette tendance à la tripartition a été ensuite entérinée par les élections législatives, où tous les partis des gauches se sont unis sous la bannière de la NUPES (Nouvelle Union population écologique et sociale) menée par La France insoumise et son leader Jean-Luc Mélenchon.

Ce qui semble caractériser ces trois blocs est avant tout leur faible miscibilité, chacun se situant à un point extrême de l'échiquier politique, donnant la sensation de positions irréconciliables. À cet égard, la position du bloc centriste vis-à-vis de ses deux opposants est intéressante. Dès le soir du premier tour de la présidentielle, les caciques macronistes se sont empressés d'appeler les électeurs de Jean-Luc Mélenchon à voter pour le président sortant en mettant en avant leurs ressemblances, leur passion commune pour la République ou les ambitions écologiques d'Emmanuel Macron. On aurait pu imaginer qu'ils aillent jusqu'à une proposition d'alliance ou de participation à un gouvernement qui aurait alors fait de l'écologie sa véritable priorité. Mais à l'approche des législatives et face à une gauche unie et menaçante, ces mêmes personnalités centristes se sont mises à rejeter dos-à-dos la NUPES et le Rassemblement national qui, dans le même temps, faisaient tous, y compris Les Républicains, de l'opposition farouche à la politique d'Emmanuel Macron une ligne politique semblable.

Élu un peu sans panache, confronté à des oppositions virulentes et irréconciliables, Emmanuel Macron n'a pas connu l'état de grâce habituellement réservé à un président fraîchement élu ou réélu. Il n'a alors pu obtenir qu'une majorité relative à l'Assemblée nationale et doit s'en remettre à des alliances de circonstances (le plus souvent avec les députés Les Républicains) pour faire passer ses textes de lois.

Néanmoins, il convient de s'attarder sur les dissensions et les limites de ces pôles qui souffrent de l'absence d'héritiers clairs. Quelles personnalités politiques prendront la suite d'Emmanuel Macron, de Marine Le Pen et Jean-Luc Mélenchon au sein de leur parti respectif ? Si le charisme de leur leader explique en partie l'engouement des électeurs pour ces trois pôles, ceux-ci ne sont pas éternels.

En outre, des lignes de fracture émergent au sein de chacun des blocs. L'entente entre La République en marche, Horizons et le MoDem n'est, malgré les apparences, pas idyllique, qui plus est dans le cadre de la course à l'héritage macroniste. À gauche, les dissensions sont d'autant plus évidentes que l'alliance NUPES réunit des partis différents. Une partie du Parti socialiste a refusé l'intégration à la NUPES et est entré en dissidence au moment des législatives et, depuis les élections, plusieurs tensions se sont fait sentir notamment entre l'ex-candidat à la présidentielle du Parti communiste, Fabien Roussel, et les membres de la France insoumise. Enfin, si le Rassemblement national affiche une certaine unité derrière Marine Le Pen, il doit toujours être considéré comme un ennemi de l'idée de République.

À cette triangulation de la vie politique française répond une triangulation géographique, générationnelle et sociale de la vie politique. Tandis que les jeunes, majoritairement étudiants, et les centres urbains ont placé Jean-Luc Mélenchon en tête, les jeunes actifs et parents venant de zones périurbaines ou périphériques ont voté d'abord pour Marine Le Pen, enfin les retraités ont voté très massivement pour Emmanuel Macron qui, dans ce contexte, a remplacé le vote traditionnellement ancré à droite.

Ainsi, si la carte des électeurs du Rassemblement national a peu évolué, celle des électeurs d'Emmanuel Macron s'est légèrement déplacée vers des territoires traditionnellement classés à droite, tandis que les électeurs de Jean-Luc Mélenchon sont le plus souvent jeunes et urbains.

L'élection présidentielle 2022 a également été une nouvelle confirmation de la difficile survie des partis traditionnels, Les Républicains et le Parti socialiste. Du côté des Républicains, le parti tient toujours malgré les oppositions politiques manifestes entre la ligne centriste autour de Valérie Pécresse ou Xavier Bertrand et la ligne proche de l'extrême droite d'Éric Ciotti ou François-Xavier Bellamy. Reste à savoir jusqu'à quand. Du côté du Parti socialiste, la débâcle d'Anne Hidalgo à l'élection présidentielle a confirmé l'état très difficile dans lequel se trouve le parti. Reste à savoir si un Parti socialiste à tendance sociale-démocrate peut encore exister après l'expérience du quinquennat de François Hollande et l'actuelle popularité d'une gauche plus radicale représentée par la France insoumise.

Enfin, il convient de dire quelques mots sur celui qui aura mouvementé la campagne présidentielle avant de s'essouffler : Éric Zemmour. L'ancien polémiste, habitué des plateaux de CNews où il avait une émission quotidienne, était en effet rapidement monté dans les sondages, bien aidé par un emballement médiatique qui voyait en lui une personnalité politique à soutenir ou simplement un objet qui faisait vendre, c'est selon. Celui qui promettait un retour de la France des années 1960 n'aura finalement pas fait mieux que 7 % au premier tour. Pire, son parti, Reconquête, auquel s'étaient joints des membres des Républicains et du Rassemblement national, n'a vu aucun de ses candidats aux législatives l'emporter. Depuis, Zemmour est toujours invité sur quelques plateaux, mais il semble bien que l'engouement dont il avait bénéficié soit retombé. Il aura néanmoins libéré une parole ouvertement xénophobe, misogyne et révisionniste et aura permis le « recentrage » du Rassemblement national.

Poursuivre le débat

- L'encadrement de la campagne par les médias est-il nécessaire ?
- Les conditions posées pour être candidat : nécessaires ou anormales ?
- La « gauche » et la « droite » : ce concept existe-t-il encore ?
- La radicalité en politique
- Être écologiste, c'est être de gauche ?

2

Les pouvoirs législatif et exécutif en 2022

Depuis 1958, la Ve République s'est adaptée aux périodes de cohabitation, elle va devoir démontrer désormais sa capacité à s'adapter, sur la durée, à une situation de majorité relative, déjà entrevue en 1988. Le paysage politique a été profondément modifié par les élections législatives de juin 2022. La majorité et les oppositions ont tenté d'en redéfinir les nouveaux contours.

Les faits

A Les élections législatives de juin 2022

6 293 candidats se sont présentés en juin 2022 aux seizièmes **élections législatives** depuis la naissance de la Ve République en 1958 ; c'est 20 % de moins qu'en 2017 (mais à peu près le même nombre qu'en 2012) et cela représente, en moyenne, 11 candidats par circonscription.
La campagne officielle a démarré le 30 mai pour les candidats (55,8 % d'hommes) et les candidates (44,2 % de femmes).
Le grand vainqueur du premier tour est sans conteste l'abstention, 52,49 %, un record pour un premier tour de législatives sous la Ve République. L'une des explications est que les électeurs sont moins mobilisés depuis l'instauration du quinquennat et l'inversion du calendrier électoral en 2002. Cette explication s'ajoute à d'autres, plus en lien avec le contexte de l'élection.

Évolution de l'abstention aux législatives

La gauche (LFI, PCF, PS et EELV), regroupée dans l'alliance « Nouvelle Union populaire écologique et sociale », **NUPES**, termine au coude-à-coude avec la majorité présidentielle avec environ 25 % des voix. Le RN confirme avec 19 % son enracinement et plusieurs personnalités échouent dès le premier tour, dont Éric Zemmour, l'ancien Premier ministre Manuel Valls ou l'ancien ministre de l'Éducation nationale, Jean-Michel Blanquer.
À l'issue du premier tour (12 juin) :

- 417 candidats de la majorité Ensemble ! étaient encore en lice, contre 380 pour la NUPES et 208 pour le RN.
- 5 candidats ont été élus dès le premier tour, quatre pour la NUPES en Seine-Saint-Denis et à Paris et un pour la majorité présidentielle sortante Ensemble !, en Mayenne.
- 3 candidats étaient seuls en lice après le renoncement de leur adversaire.
- 8 circonscriptions étaient concernées par une potentielle triangulaire (contre une seule en 2017), finalement 7 triangulaires ont eu lieu après un renoncement.
- Les duels étaient les cas de figure majoritaires :

- 276 duels Ensemble !-NUPES
- 108 duels Ensemble !-RN
- 62 duels NUPES-RN
- 25 duels RN-LR
- 24 duels LR-NUPES
- 18 duels LR-Ensemble !

À l'issue du second tour (19 juin), quatre blocs de taille différente se sont dessinés :

- un bloc disposant de la majorité relative avec **251 sièges** composé de La République en marche (devenue Renaissance) (170 sièges), le MoDem (51 sièges) et Horizons (30 sièges).
- un bloc de gauche NUPES de **151 sièges** (LFI 75 sièges, EELV 31 sièges, PS 23 sièges, PCF 22 sièges).
- un bloc d'extrême droite de **89 sièges** pour le RN.
- un bloc de droite (LR) de **62 sièges**.

Ces quatre blocs représentent 99 % des députés, les autres étant dans un dixième groupe ou non inscrits.

Les résultats des élections législatives de 2022

Premier tour

		Votants (%)	Inscrits (%)
Inscrits	48 953 748		
Abstentions	25 697 541		52,49
Votants	23 256 207		47,51
Blancs	362 193	1,56	0,74
Nuls	149 306	0,64	0,3
Exprimés	22 744 708	97,8	46,46

Nuances de Candidats	Suffrages	Inscrits (%)	Exprimés (%)	Nb Sièges
Divers extrême gauche	266 412	0,54	1,17	
Parti radical de gauche	126 689	0,26	0,56	
Nouvelle union populaire écologique et sociale	5 836 079	11,92	25,66	4
Divers gauche	713 574	1,46	3,14	
Écologistes	608 314	1,24	2,67	
Divers	192 624	0,39	0,85	
Régionaliste	291 384	0,6	1,28	
Ensemble ! (Majorité présidentielle)	5 857 364	11,97	25,75	1
Divers centre	283 612	0,58	1,25	
Union des Démocrates et des Indépendants	198 062	0,4	0,87	
Les Républicains	2 370 440	4,84	10,42	
Divers droite	530 782	1,08	2,33	
Droite souverainiste	249 603	0,51	1,1	
Reconquête !	964 775	1,97	4,24	
Rassemblement National	4 248 537	8,68	18,68	
Divers extrême droite	6 457	0,01	0,03	

Second tour

		Votants (%)	Inscrits (%)
Inscrits	48 589 606		
Abstentions	26 125 307		53,77
Votants	22 464 299		46,23
Blancs	1 239 928	5,52	2,55
Nuls	477 288	2,12	0,98
Exprimés	20 747 083	92,36	42,7

Nuances de Candidats	Suffrages	Inscrits (%)	Exprimés (%)	Nb Sièges
Divers extrême gauche	11 229	0,02	0,05	
Nouvelle union populaire écologique et sociale	6 555 984	13,49	31,6	127
Divers gauche	443 274	0,91	2,14	22
Divers	18 296	0,04	0,09	1
Régionaliste	264 802	0,54	1,28	10
Ensemble ! (Majorité présidentielle)	8 002 407	16,47	38,57	244
Divers centre	99 122	0,2	0,48	4
Union des Démocrates et des Indépendants	64 444	0,13	0,31	3
Les Républicains	1 447 877	2,98	6,98	61
Divers droite	231 073	0,48	1,11	10
Droite souverainiste	19 306	0,04	0,09	1
Rassemblement National	3 589 269	7,39	17,3	89

Ministère de l'Intérieur

La composition de l'Assemblée nationale

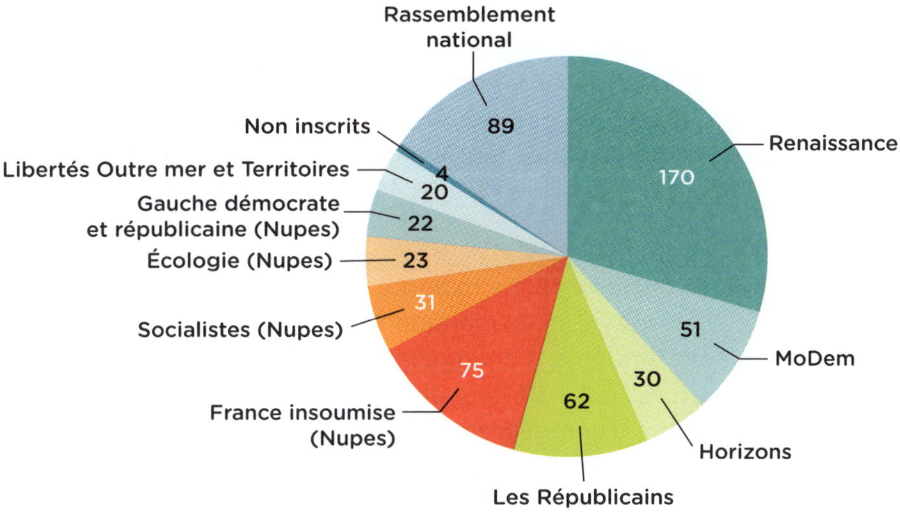

B La nouvelle donne

L'échec d'Emmanuel Macron

Le président de la République a subi une défaite personnelle dans l'échec du parti présidentiel aux élections législatives. Sa confortable réélection à la tête de l'État ne dissimule pas une victoire en demi-teinte face à une candidate d'extrême droite cristallisant contre elle une part importante des électeurs : même si le « front républicain » n'est plus aussi fort, de nombreux électeurs d'Emmanuel Macron au second tour ont d'abord voté contre Marine Le Pen.
Le président semble avoir négligé les deux tours des législatives. Les Français ont voulu un rééquilibrage des pouvoirs et se sont dotés d'une **Assemblée nationale** sans majorité absolue, avec une présence d'oppositions variées capables de s'entendre pour dénoncer « le macronisme ».
Certains de ses proches, pionniers du « macronisme », notamment Christophe Castaner et Richard Ferrand, ont été battus. Les échecs du président du groupe LREM à l'Assemblée et du président de l'Assemblée nationale sont perçus comme des défaites personnelles d'Emmanuel Macron.
Selon une étude d'Odoxa parue à l'été 2022, 70 % des Français estiment qu'Emmanuel Macron porte la responsabilité de cette situation politique de déséquilibre des pouvoirs.

À savoir

Le Président de la République dispose d'une arme majeure mais à double tranchant : la possibilité de dissoudre l'Assemblée nationale.

Déjà vu en 1988

Entre 1988 et 1993, après la seconde élection de François Mitterrand, les Premiers ministres Michel Rocard, Édith Cresson et Pierre Bérégovoy ne disposaient alors que d'une majorité de 275 députés et devaient s'appuyer, tantôt sur des députés communistes, tantôt sur des députés centristes afin de faire voter leurs textes, et recourir à l'article 49.3 de la Constitution.

À l'Assemblée, tout a changé

Le fait de ne pas disposer d'une majorité absolue (la majorité présidentielle disposant de 251 sièges, il lui en manque 38 pour atteindre les 289 et la majorité absolue) a profondément changé la donne pour le Gouvernement. Dans plusieurs mandatures de la Ve République, l'Assemblée a pu parfois ressembler à une « chambre d'enregistrement » où les députés majoritaires votaient sans sourciller tous les projets présidentiels présentés.
La majorité relative oblige le Gouvernement à chercher des compromis au cas par cas avec des oppositions parfois constructives, parfois arc-boutées sur des positions idéologiques. Dans ce contexte, la chambre d'enregistrement s'est transformée en champ de bataille ou en guerre de tranchée où chaque amendement, chaque article, peut susciter tension et invectives.

Certains s'alarment de cette Assemblée ingouvernable ressemblant à celle de la IVe République. D'autres y voient un avantage, la représentativité à l'Assemblée étant relativement proche de la diversité de la population française. La majorité s'est réjouie de faire adopter, pendant l'été, ses principaux projets de loi sur le Covid-19 et le pouvoir d'achat. Mais même sur des sujets plutôt consensuels, les débats ont été vifs et les oppositions ont fait entendre leur présence. LR, qui a voté le plus souvent avec la majorité, a tenu symboliquement à voter contre le projet de loi de règlement du budget 2021 sur les comptes de l'État, entraînant un rejet très symbolique (une première depuis 1833). Les oppositions ont ainsi prouvé qu'elles pouvaient mettre en minorité la majorité relative.

Logiquement, dans ce contexte, la discussion mi-octobre sur le Budget était vouée à l'échec avant même d'avoir commencé. La seule solution était donc le passage sans vote par l'utilisation de l'article 49.3 de la Constitution. Celui-ci a été utilisé à plusieurs reprises (vote du budget de la Sécurité sociale). Les motions de censure déposées par les groupes d'opposition RN et NUPES n'ont été pas été adoptées, permettant au gouvernement de poursuivre son action.

49.3 et motion de censure

Afin de débloquer des situations inextricables, la Constitution donne la possibilité de recourir à l'article 49.3 pour contourner le vote de l'Assemblée. Le Gouvernement s'expose alors à une motion de censure que les oppositions déposent. En cas de vote de cette motion, le Gouvernement est renversé. Si la motion de censure n'est pas votée, le texte poursuit son chemin législatif.

À savoir

Depuis la révision de la Constitution en 2008, le 49.3 ne peut être utilisé que pour un seul texte de loi par session parlementaire, à l'exception des projets de loi de finance (PLF) et de financement de la Sécurité sociale (PLFSS).

Depuis 1958, l'article 49.3 a été déclenché à 89 reprises, dont 28 par Michel Rocard (usage non limité à l'époque).

Sous la Ve République, une seule motion de censure a été votée, en octobre 1962, contre le gouvernement de Georges Pompidou ; les députés étaient opposés au projet d'élection du président de la République au suffrage universel. Le général de Gaulle, président de la République, avait alors répliqué avec une dissolution de l'Assemblée et les législatives suivantes avaient été remportées par ses partisans.

Nombre de recours au 49.3 par gouvernement

C Carte d'identité de la nouvelle Assemblée nationale

La « photo » de l'Assemblée nationale accompagne les mouvements politiques. En 2017, la vague de « dégagisme » avait entraîné un renouvellement massif, il est moins important en 2022.

La moyenne d'âge de la nouvelle Assemblée nationale est de 48,5 ans (48,8 en 2017). Le député le plus jeune, Tematai Le Gayic, a 21 ans. Ce régionaliste élu en Polynésie française, devient également le plus jeune député de l'histoire de la Ve République. Le plus âgé est José Gonzalez, 79 ans, élu RN dans la 10e circonscription des Bouches-du-Rhône.

La nouvelle assemblée est composée de 37,26 % de femmes, soit 215 élues (38,8 % en 2017).

Les cadres de la fonction publique sont les plus représentés (75 députés), devant les cadres administratifs et commerciaux d'entreprise (66), les professions libérales (58), les professions intermédiaires (55) et les artisans, commerçants et chefs d'entreprise (49).

Parmi les 577 députés élus, un peu moins de la moitié (275) ont été réélus.

Yaël Braun-Pivet a été élue à la présidence de l'Assemblée nationale (le « perchoir »). Première femme à occuper cette fonction, elle succède aux quatorze présidents de la Ve République.

Yaël Braun-Pivet

Âgée de 52 ans, cette ancienne avocate pénaliste, membre du Parti socialiste, puis de LREM, avait été élue en juin 2017 député de la 5e circonscription des Yvelines puis présidente de la commission des Lois de l'Assemblée nationale.

Nommée ministre chargé des outre-mer le 20 mai 2022 au sein du gouvernement d'Élisabeth Borne, elle a été réélue dans la 5e circonscription des Yvelines, puis élue au « perchoir » le 28 juin 2022.

Les groupes

Il faut au minimum quinze députés (seuil minimal abaissé en 2009 de 20 à 15) pour constituer un groupe à l'Assemblée nationale. Des groupes peuvent se fédérer : Renaissance, MoDem et Horizons dans la majorité ; quatre groupes (LFI, PS, PCF et écologistes) dans l'opposition de gauche fédérés au sein de la NUPES.

Des députés peuvent également être « apparentés », c'est-à-dire être rattachés à un groupe en notant des divergences, sans être comptabilisés dans le groupe.

La constitution d'un groupe permet d'obtenir des moyens matériels (salles, bureaux) et financiers (12 millions d'euros pour l'ensemble des groupes), des collaborateurs parlementaires, et de disposer d'un temps de parole lors des débats parlementaires et notamment des questions au Gouvernement. Les temps de parole en séance publique sont répartis en fonction des effectifs des groupes.

Les groupes sont représentés au Bureau de l'Assemblée, qui gère la vie de l'Assemblée nationale et dans les huit commissions permanentes, proportionnellement au nombre de sièges détenus. Ils disposent aussi du dispositif de la « niche parlementaire », un temps pour défendre leurs propositions de lois. Les présidents de groupe siègent eux à la Conférence des présidents, qui organise les travaux des députés.

Les dix groupes à l'Assemblée

- **Renaissance**
  Première force de l'Assemblée avec **170** députés (166 + 4 apparentés), le groupe Renaissance (ex LREM) a élu à sa tête **Aurore Bergé**.
- **MoDem**
  Le groupe centriste compte **51** élus, pilotés par **Jean-Paul Mattei**.
- **Horizons et apparentés**
  Sur l'aile droite de la majorité, ce nouveau groupe, à l'origine duquel est l'ancien Premier ministre **Édouard Philippe**, compte **30** députés (28 + 2 apparentés), qui ont élu à leur tête **Laurent Marcangeli**.
- **RN**
  Premier groupe d'opposition en nombre, le **Rassemblement national** compte **89** élus (88 + 1 une apparentée de la Ligue du sud). Le groupe d'extrême droite est dirigé par **Marine Le Pen**.
- **LR**
  Le groupe **Les Républicains** a vu ses effectifs passer d'une centaine d'élus à **62** (59 + 3 apparentés). Il est présidé par **Olivier Marleix**.
- **LFI**
  Le groupe de gauche radicale compte **75** membres et a reconduit à sa tête **Mathilde Panot**. C'est le premier groupe (en effectif) de la NUPES.
- **PS**
  Composé de **31** députés, le groupe est présidé par **Boris Vallaud**.
- **Les écologistes**
  Avec **23** élus, les écologistes sont parvenus à former un groupe. Initialement coprésidé par le secrétaire national d'EELV, **Julien Bayou**, avant que celui-ci se mette en retrait sous la pression d'une partie des adhérents d'EELV, il est dirigé par députée de l'Isère **Cyrielle Chatelain**.
- **Communistes**
  Les communistes ont élargi leur groupe en associant 10 députés d'outremer pour arriver à un groupe de **22** députés. **André Chassaigne** a été reconduit à sa tête.

2

- **Libertés, indépendants, outre-mer, territoires**
  Ce dixième groupe de **20** membres comprend des élus d'outre-mer, des nationalistes corses et des centristes. **Bertrand Pancher** (droite, Parti radical) le co-préside avec l'UDI **Christophe Naegelen.**
- **Non-inscrits**
  Disposant de moins de temps de parole et de prérogatives, les non-inscrits sont au nombre de **4**. Trois se positionnent à droite, le souverainiste Nicolas Dupont-Aignan (Essonne), la Vendéenne Véronique Besse, proche de Philippe de Villiers, et Emmanuelle Menard (Hérault) ; David Habib, ancien socialiste, opposé à un accord avec la NUPES (Pyrénées-Atlantiques), se positionne à gauche.

Les commissions

L'Assemblée nationale est organisée en huit commissions permanentes, rouages du travail parlementaire. Elles examinent les textes législatifs à l'ordre du jour sur lesquels les députés vont débattre et délibérer. Elles peuvent prévoir des auditions et diffuser de l'information aux députés.

Les huit commissions parlementaires

- Commission des affaires culturelles et de l'éducation
  Présidence : **Isabelle Rauch**, députée Horizons de la Moselle.
- Commission des affaires économiques
  Présidence : **Guillaume Kasbarian**, député Renaissance de l'Eure-et-Loir.
- Commission des affaires étrangères
  Présidence : **Jean-Louis Bourlanges**, député MoDem des Hauts-de-Seine.
- Commission des affaires sociales
  Présidence : **Fadila Khattabi**, députée Renaissance de la Côte-d'Or.
- Commission de la défense nationale et des forces armées
  Présidence : **Thomas Gassilloud**, député Renaissance du Rhône.
- Commission du développement durable et de l'aménagement du territoire
  Présidence : **Jean-Marc Zulesi**, député Renaissance des Bouches-du-Rhône.
- Commission des finances
  Présidence : **Éric Coquerel**, député LFI de la Seine-Saint-Denis.
- Commission des lois
  Présidence : **Sacha Houlié**, député Renaissance de la Vienne.

Les élus à la CJR

Un vote des députés a désigné les six parlementaires titulaires qui siègeront à la **Cour de justice de la République (CJR)**.

Des députés LFI et RN ont été élus au nom de l'équilibre des forces à l'Assemblée.

Les parlementaires de la CJR

- Députés : Danièle Obono (LFI), Bruno Bilde (RN), Philippe Gosselin (LR) pour les oppositions, Laurence Vichnievsky (MoDem), Émilie Chandler et Didier Paris (Renaissance) pour la majorité.
- Sénateurs : Chantal Deseyne (LR), Catherine Di Folco (LR), Antoine Lefèvre (LR), Jean-Luc Fichet (PS), Evelyne Perrot (centriste) et Teva Rohfritsch (indépendant).

À savoir

La Cour de justice de la République est compétente pour juger les membres du Gouvernement pénalement responsables des actes (crimes ou délits) accomplis dans l'exercice de leurs fonctions. Elle est composée de trois magistrats du siège de la Cour de cassation et de douze parlementaires (six élus par l'Assemblée nationale, six élus par le Sénat).

D Le gouvernement d'Élisabeth Borne

Élisabeth Borne

Âgée de 61 ans, Élisabeth Borne a été nommée Première ministre le 16 mai 2022. Elle est la deuxième femme à prendre la tête d'un gouvernement en France après la socialiste Édith Cresson (1991-1992).

Au début de sa carrière, pendant les années 1990, É. Borne a occupé plusieurs postes de haut fonctionnaire, notamment dans les cabinets socialistes. Directrice de cabinet de Ségolène Royal au ministère de l'Écologie (2014-2015), elle a présidé la RATP (2015-2017).

Elle représente naturellement l'aile gauche du parti présidentiel quand elle décide de rejoindre Emmanuel Macron, en 2017. Dans le précédent quinquennat de celui-ci, elle fut successivement ministre des Transports (2017-2019), de la Transition écologique (2019-2020), et ministre du Travail (juillet 2020 à mai 2022).

Elle a été élue députée de la 6e circonscription du Calvados et reconduite au poste de Première ministre après les élections législatives de juin 2022. Elle affirme placer la justice sociale et l'égalité des chances au cœur de ses combats.

Élisabeth Borne a prononcé son discours de politique générale à l'Assemblée nationale le 6 juillet 2022, sans demander un vote de confiance, en raison de la majorité relative dont elle dispose à l'Assemblée.

À savoir

Le vote de confiance est une tradition, mais pas une obligation constitutionnelle. Quatre chefs du gouvernement ont renoncé à engager devant l'Assemblée nationale la responsabilité du Gouvernement sur leur programme : Maurice Couve de Murville (juillet 1968), Michel Rocard, Edith Cresson et Pierre Bérégovoy.

2

Le gouvernement d'Élisabeth Borne

Ministres	
Économie, finances et souveraineté industrielle et numérique	Bruno Le Maire
Intérieur et Outre-mer	Gérald Darmanin
Europe et Affaires étrangères	Catherine Colonna
Garde des Sceaux, Justice	Éric Dupond-Moretti
Armées	Sébastien Lecornu
Travail, plein emploi et insertion	Olivier Dussopt
Éducation nationale et jeunesse	Pap Ndiaye
Enseignement supérieur et recherche	Sylvie Retailleau
Agriculture et souveraineté alimentaire	Marc Fesneau
Transition écologique et cohésion des territoires	Christophe Béchu
Transition énergétique	Agnès Pannier-Runacher
Culture	Rima Abdul-Malak
Santé et prévention	François Braun
Solidarités, autonomie et personnes handicapées	Jean-Christophe Combe
Transformation et fonction publique	Stanislas Guerini
Sports et Jeux olympiques et paralympiques	Amélie Oudéa-Castéra
Ministres délégués	
Auprès de la Première ministre	
Renouveau démocratique, porte-parole du gouvernement	Olivier Véran
Relations avec le Parlement	Franck Riester
Égalité entre les femmes et les hommes, diversité, égalité des chances	Isabelle Rome
Auprès du ministre de l'Économie, des Finances et de la Souveraineté industrielle et numérique	
Comptes publics	Gabriel Attal
Industrie	Roland Lescure
Transition numérique et télécommunications	Jean-Noël Barrot
Petites et moyennes entreprises, commerce, artisanat et tourisme	Olivia Grégoire
Auprès du ministre de l'Intérieur, de la ministre de la Transition écologique et de la Cohésion des territoires	
Collectivités territoriales, ruralité	Dominique Faure
Auprès du ministre de l'Intérieur et des Outre-mer	
Outre-mer	Jean-François Carenco

Auprès de la ministre de l'Europe et des Affaires étrangères	
Commerce extérieur, attractivité et Français de l'étranger	Olivier Becht
Auprès du ministre du Travail, du Plein emploi et de l'Insertion et du ministre de l'Éducation nationale et de la Jeunesse	
Enseignement et formation professionnels	Carole Grandjean
Auprès du ministre de la Transition écologique et de la Cohésion des territoires	
Transports	Clément Beaune
Ville et logement	Olivier Klein
Auprès du ministre de la Santé et de la Prévention	
Organisation territoriale et professions de santé	Agnès Firmin Le Bodo
Auprès du ministre des Solidarités, de l'Autonomie et des Personnes handicapées	
Personnes handicapées	Geneviève Darrieussecq
Secrétaires d'État	
Auprès de la Première ministre	
Enfance	Charlotte Caubel
Mer	Hervé Berville
Économie sociale et solidaire, vie associative	Marlène Schiappa
Auprès du ministre de l'Intérieur et des Outre-mer	
Citoyenneté	Sonia Backès
Auprès de la ministre de l'Europe et des Affaires étrangères	
Europe	Laurence Boone
Développement, francophonie partenariats internationaux	Chrysoula Zacharopoulou
Auprès du ministre des Armées et du ministre de l'Éducation nationale et de la Jeunesse	
Jeunesse et service national universel	Sarah El Haïry
Auprès du ministre des Armées	
Anciens combattants, mémoire	Patricia Mirallès
Auprès du ministre de la Transition écologique et de la Cohésion des territoires	
Écologie	Bérangère Couillard

Les Premiers ministres de la Ve République

Le contexte

A Le mode de scrutin

Les élections législatives se sont tenues les 12 et 19 juin en France métropolitaine et de manière anticipée pour la Polynésie et les habitants des 11 circonscriptions des Français de l'étranger.
Cette élection se fait sous la Ve République au scrutin uninominal majoritaire à deux tours, (seul le scrutin de 1986 s'est fait à la proportionnelle).
Les circonscriptions sont de tailles différentes, elles regroupent en moyenne environ 120 000 habitants.
Pour être élu au premier tour, il faut dépasser 50 % des voix et avoir obtenu au moins 25 % des électeurs inscrits sur les listes électorales. En raison de l'abstention record en 2022, seulement cinq candidats y sont parvenus et neuf candidats ayant obtenu plus de 50 % des suffrages n'ont pas été élus au premier tour car ils n'ont pas obtenu 25 % des inscrits : Marine Le Pen (RN) dans le Pas-de-Calais et huit candidats de la NUPES, Manuel Bompard (Bouches-du-Rhône) Aurélie Trouvé, Éric Coquerel, Stéphane Peu, Bastien Lachaud (Seine-Saint-Denis), Elsa Faucillon (Hauts-de-Seine), Mathilde Panot (Val-de-Marne) et Adrien Quatennens (Nord) sont ainsi passés par un second tour pour être élus.
Accèdent au second tour, les deux premiers, automatiquement qualifiés, et ceux qui dépassent 12,5 % des inscrits, même s'ils finissent en troisième ou quatrième position. Au second tour, est élu celui qui remporte le plus de voix, quelle que soit la participation.
Les candidats (dont le dépôt de candidature a été effectué en Préfecture entre les 16 et 20 mai 2022) doivent être majeurs et ne peuvent se présenter que dans une seule circonscription de leur choix, et plus seulement dans celle dans laquelle ils sont inscrits électoralement.

À savoir

Depuis la loi sur le non-cumul des mandats de 2014, un parlementaire ne peut cumuler son mandat avec une autre fonction exécutive locale (maire, adjoint au maire, président de région ou département...).

B La présidence de l'Assemblée nationale

La présidente de l'Assemblée nationale (Yaël Braun-Pivet), élue par les députés, a pour mission de diriger les débats.
Quatrième personnage de l'État, résidant à l'Hôtel de Lassay, proche de l'Assemblée nationale, elle a d'importants pouvoirs.

Les pouvoirs de la présidente de l'Assemblée nationale

- Elle doit être consultée avant une dissolution ou avant la mise en œuvre des pouvoirs spéciaux de l'article 16 de la Constitution, « *lorsque les institutions de la République, l'indépendance de la Nation, l'intégrité de son territoire ou l'exécution de ses engagements internationaux sont menacées d'une manière grave et immédiate et que le fonctionnement régulier des pouvoirs publics constitutionnels est interrompu* ». En cas de déclenchement de l'article 16, elle peut saisir le **Conseil constitutionnel** pour examiner si les conditions de déclenchement sont remplies.
- Elle préside le congrès, la réunion des deux chambres, Assemblée nationale et **Sénat**, lorsqu'il est nécessaire de le réunir (réforme constitutionnelle ou prise de parole du chef de l'État devant les élus).
- Elle dispose d'un pouvoir de nomination : un membre du Conseil constitutionnel lors de chaque renouvellement, deux membres du Conseil supérieur de la magistrature (CSM) et de trois à l'ARCOM (ex-Conseil supérieur de l'Audiovisuel).
- Elle peut saisir le Conseil constitutionnel.
  Elle préside le Parlement lorsqu'il est réuni en Haute-Cour pour juger le président de la République « *en cas de manquement à ses devoirs incompatible avec l'exercice de son mandat* ».

Les Présidents de l'Assemblée nationale

C Le nerf de la guerre

Les élections législatives sont importantes pour la vie des partis politiques car elles déclenchent des financements publics indispensables à leur survie. Chaque voix obtenue à l'élection législative rapporte en effet 1,64 euro aux partis qui ont présenté des candidats, à condition d'avoir obtenu au moins 1 % des voix, dans au moins 50 circonscriptions. De plus, chaque parlementaire rapporte 37 200 euros par an au parti auquel il est rattaché.

Ce financement favorise les partis vainqueurs aux élections et peut obliger des partis perdant de nombreux élus à réduire leur train de vie. Le Parti socialiste a fait les frais de cette perte d'élus ces dernières années, LR vit également cette baisse de financement en lien avec la baisse de son nombre d'élus.

Les partis sont par ailleurs soumis à la loi sur la parité et sont pénalisés si l'écart entre le nombre de candidats de chaque sexe dépasse 2 % du nombre total de candidats.

Des réflexions sont en cours pour des modifications de ces règles de calcul, notamment la prise en compte d'autres élections que les législatives pour déterminer le montant des aides de l'État.

Approfondir

Par Michel Derczansky

Le 21 novembre 2022, la Première ministre Élisabeth Borne a engagé pour la cinquième fois la responsabilité de son gouvernement en utilisant l'article 49.3 de la Constitution. L'objectif du gouvernement était de faire adopter à l'Assemblée nationale un texte législatif et budgétaire portant sur les mesures de prévention médicale, sur les déserts médicaux et également sur les laboratoires d'analyses biologiques afin de réaliser des économies.

L'utilisation de l'article 49.3 est strictement encadrée depuis juillet 2008, sous la présidence de Nicolas Sarkozy. Elle est limitée à un seul texte de loi par session parlementaire, sauf pour les projets de loi de finances ou de financement de la Sécurité sociale.

Lorsqu'il décide de son utilisation, le Premier ministre obtient une délibération préalable en Conseil des ministres puis engage la responsabilité de son gouvernement à l'Assemblée nationale. Le projet de loi est alors réputé adopté, sauf si une motion de censure est déposée par l'opposition (ou les oppositions) dans les vingt-quatre heures et si cette dernière est signée par au moins un dixième des membres de l'Assemblée nationale.

Si la motion de censure agrège ensuite la majorité des députés, le gouvernement doit alors démissionner.

En 2008, la réforme de l'article 49.3 fut proposée dans l'objectif de « parlementariser » la Ve République. Cette démarche apporte sa contribution à la revalorisation du Parlement. Elle a pour vocation d'avoir un pouvoir exécutif mieux contrôlé et un parlement renforcé, d'assouplir le parlementarisme, le rationaliser, sans remettre en cause les fondamentaux de la Ve République, la présidentialisation du régime, la prééminence de l'exécutif dans la définition de la politique nationale.

Afin de saisir dans quel esprit fut conçu l'article 49.3, il faut se replonger dans l'élaboration de la Constitution de la Ve République. C'est l'instabilité politique et institutionnelle des IIIe et IVe Républiques, leur impuissance à faire naître et vivre des majorités durables, qui ont conduit le général de Gaulle et Michel Debré à concevoir cet instrument juridique. Il fallait renforcer les pouvoirs de l'exécutif, trop longtemps fragilisé par la domination partisane d'un parlement « omnipotent », en évitant que l'action gouvernementale ne soit entravée. Mais l'article 49.3 ne devait pas porter atteinte aux droits du parlement (et tout particulièrement à ceux de l'opposition) et sa fonction de délibération démocratique.

C'est le reproche principal qui est fait à son utilisation, à laquelle la droite comme la gauche ont eu recours. Le Premier ministre socialiste Michel Rocard, sous la présidence de François Mitterrand, détient le record absolu : faute de majorité parlementaire, il s'en est servi 28 fois. En face, l'opposition a déposé cinq motions de censure, toutes rejetées. Quinze textes ont été adoptés grâce au recours au 49.3, parmi lesquels la création du Conseil supérieur de l'audiovisuel (CSA) ou la loi de programmation militaire 1990-1993. Qui aurait pu imaginer que Mitterrand, qui avait publié en 1964 *Le Coup d'État permanent*, un essai critiquant la toute-puissance du Gouvernement face au Parlement, aurait mené ses réformes grâce à l'utilisation de l'article 49.3 ?

Poursuivre le débat

- Le 49.3 : outil indispensable ou anachronisme démocratique ?
- Avantages et inconvénients des scrutins majoritaire et proportionnel
- La parité en politique
- Pourquoi fixer un maximum de deux mandats consécutifs à la présidentielle ?
- La France et la difficulté du compromis

L'inflation ralentit l'économie française

Sous l'effet des dépenses publiques liées à la crise sanitaire et des conséquences économiques de la guerre déclenchée par Moscou en Ukraine, l'économie française, mieux armée que les autres économies européennes face à l'inflation, stagnait en fin d'année 2022 et s'attendait à une année 2023 difficile.

Les faits

A Une situation économique dégradée

À la fin de l'année 2022, Les prévisions du **Fonds monétaire international (FMI)** relatives à l'état de santé des économies mondiales et européennes étaient pessimistes : croissance en baisse, inflation en hausse, le tout dans un contexte durable de pénurie d'énergie et de paysage géopolitique troublé en Europe de l'Est.

D'après le FMI, l'invasion russe en Ukraine, la durée du conflit et ses conséquences ont fortement perturbé un équilibre instable post crise sanitaire qui laissait entrevoir une reprise économique en Europe. Le FMI anticipait sur le continent européen une croissance à 3,2 % en 2022 et 0,6 % en 2023 (et à l'échelle mondiale à 3,2 % en 2022 et à 2,7 % en 2023) soit sensiblement moins que ses précédentes prévisions. L'inflation était, elle, attendue à 6,2 % dans les meilleures économies européennes (dont la France) et 11,8 % dans les économies émergentes.

Le risque le plus important pour les économies réside, toujours selon le FMI, dans les perturbations de l'approvisionnement énergétique et les risques de pénuries de gaz entraînant un accroissement des difficultés économiques.

La crise du coût de la vie, les tensions sociales qui pourraient en découler sont un autre risque relevé par le FMI qui n'excluait pas une période de récession : techniquement, deux trimestres consécutifs de croissance négative du **Produit intérieur brut (PIB)**.

B Le retour de l'inflation

L'année 2022 coïncide avec le retour d'une inflation haute. Pendant plusieurs décennies, la « hausse généralisée et durable des prix des biens et des services », qui correspond avec la définition de l'inflation, est restée basse, souvent comprise entre 0 et 3 %. En 2016, on évoquait même un risque d'inflation négative.

Entre octobre 2021 et octobre 2022, l'inflation a atteint 6,2 % d'après l'**INSEE**. La France est l'un des pays européens les moins touchés par l'inflation. Dans certains États, les prix ont augmenté de 10 ou même 20 %.

Cette hausse des prix entraîne évidemment une baisse du pouvoir d'achat des consommateurs.

Pourquoi l'inflation augmente-t-elle ?

- Les économistes ne s'accordent pas sur les raisons de l'inflation. Certains font le lien entre la quantité de monnaie en circulation et l'inflation. Ils estiment que trop de monnaie en circulation entraîne mécaniquement une hausse de l'inflation. Or, ces dernières années, les banques centrales ont créé de la monnaie afin d'aider les gouvernements à emprunter de l'argent à taux très bas pour venir en aide aux victimes de la crise sanitaire. La conséquence s'en ressent aujourd'hui.
- Cette démonstration peut être en partie retenue mais elle n'explique pas complètement la situation de 2022. La période est aussi marquée par une forte inadéquation entre l'offre et la demande, en raison notamment des conséquences de la crise sanitaire : en 2020 et 2021, la consommation des ménages a fortement baissé, l'épargne globale des Français a gonflé. Le **Livret A** a atteint en début d'année 2022 son solde positif entre les dépôts et les retraits le plus élevé depuis 2009, à 362,5 milliards d'euros. Si on ajoute les dépôts sur le Livret de développement durable et solidaire (LDDS), on atteint 491,8 milliards d'euros et plus encore en intégrant le Livret d'épargne populaire (LEP).
- La fin du confinement a immédiatement engendré une hausse de la demande des consommateurs. De l'épargne disponible, l'impression d'avoir à nouveau la possibilité de consommer ont accéléré cette hausse de la demande. Or l'offre n'a pas pu suivre le même rythme car il a fallu relancer une machine économique arrêtée. L'écart entre la forte hausse de la demande et une offre qui ne peut suivre a fait monter l'ensemble des prix pour les biens et les services.
- Ce phénomène a été exacerbé par le contexte mondial de la guerre en Ukraine et du confinement de 2022 en Chine. La guerre déclenchée par la Russie a eu pour conséquence de faire flamber les prix du pétrole, du gaz et des denrées alimentaires. L'Ukraine et la Russie sont d'importants producteurs de denrées agricoles, la Russie est le deuxième exportateur de pétrole et le premier exportateur de gaz au monde. La baisse des exportations ukrainiennes a tari

l'offre sur les marchés et a poussé les prix à la hausse. Par ailleurs, la Chine a reconfiné ses citoyens en mars 2022 en raison de la recrudescence des cas de Covid-19 : lorsque la deuxième économie de la planète est à l'arrêt, c'est toute l'économie planétaire qui en subit les conséquences. Les usines, les ports ont connu une baisse d'activité pendant plusieurs mois en 2022 qui a eu comme conséquence de renchérir les coûts de production et de transport. Au sein de la zone euro, la France fait figure de bon élève sur le front de l'inflation. L'inflation était sur un an de 5,6 % en septembre 2022 et de 6,2 % en octobre 2022, selon les données provisoires publiées en octobre par l'INSEE, soit le plus bas niveau de la zone euro. L'équipement nucléaire rend la France moins dépendante au gaz et au pétrole (même si cet avantage est relatif du fait de pannes dans certaines centrales du parc nucléaire français) et le « bouclier tarifaire » décidé par le Gouvernement contient la hausse du prix du gaz et du prix de l'électricité. Il pèse sur les finances de l'État et la dette mais protège les Français d'une inflation à deux chiffres.

L'inflation en Europe

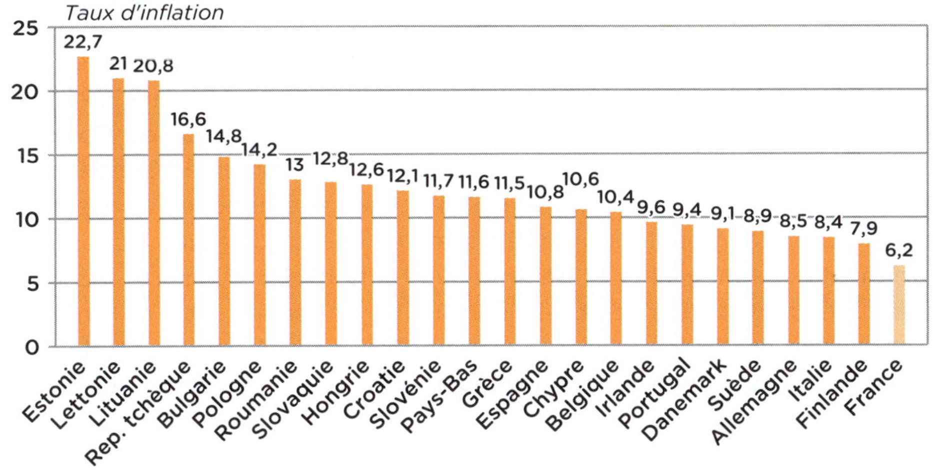

Évolution de l'inflation en France

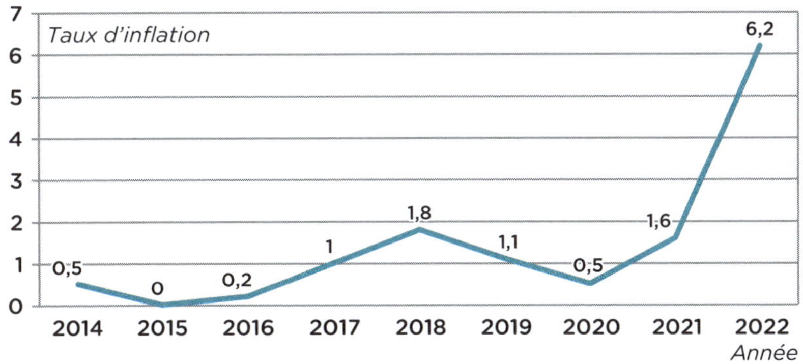

La lutte contre l'inflation

La lutte contre l'inflation est rendue complexe par le calendrier de sa mise en œuvre : les actions politiques pour peser sur l'offre sont des actions de long terme et ne peuvent engendrer des effets immédiats. Le levier principal réside dans la politique monétaire.

Les banques centrales des différents États peuvent rendre l'argent plus cher pour diminuer la masse de liquidités en circulation. Les banques centrales ont modifié leur politique monétaire avec une baisse du volume d'achat d'actifs financiers et une hausse des taux d'intérêt. La Réserve fédérale américaine (FED) a suivi cette voie, imitée par la **Banque centrale européenne (BCE)** qui a décidé des hausses de taux, fin juillet puis début septembre 2022.

C Les autres indicateurs économiques en France

Principaux indicateurs économiques en France en 2022

Déficit public en % du PIB	Dette publique en % du PIB	Chômage % pop. active	Taux de croissance en %	Inflation en %
4,9	112	7,4	2,5	6,2

Avant le conflit déclenché par la Russie en Ukraine, l'année 2022 se dessinait comme une année de reprise économique post-crise du Covid-19. La politique d'aides massives de l'État a permis à l'économie française de tenir le choc pendant la crise sanitaire. Les crises énergétiques et des matières premières, l'augmentation de la dette, les crises sociales avec les accroissements des inégalités et de la pauvreté, la baisse du moral des Français sont venus perturber l'état des lieux. La fin de l'année 2022 et l'année 2023 se présentaient donc davantage comme des périodes d'incertitude et d'instabilité même si plusieurs indicateurs montraient une bonne résistance de l'économie française.

Évolution des principaux indicateurs économiques en 2022

Évolution du déficit public en pourcentage du PIB

Évolution du taux de croissance

Évolution du chômage en pourcentage de la population active

Évolution de la dette publique en pourcentage du PIB

La stabilité du chômage

En 2022, le chômage s'est stabilisé autour de 7,4 % de la population active, principalement en raison d'un premier trimestre marqué par une baisse de 5 % du nombre de demandeurs d'emploi. Sur une année, le nombre de chômeurs de catégorie A (demandeurs d'emploi sans aucune activité) est en baisse d'environ 10 %, le nombre cumulé de chômeurs des catégories A, B, C est quant à lui en baisse de 7,1 %.

Le marché de l'emploi français, en stagnation après une baisse, n'était pas marqué fin 2022 par le ralentissement de la croissance. Les résultats du dernier trimestre 2022 seront un indicateur de la solidité de l'économie français et de sa capacité à absorber une baisse de croissance.

La croissance au ralenti

En octobre 2022, le FMI a abaissé ses prévisions de croissance mondiale à 3,2 % pour 2022 et 2,7 % en 2023.

En France, selon les prévisions de novembre 2022, l'évolution du produit intérieur brut (PIB) devait se situer à 2,5 %. C'est un peu moins que la prévision initiale de 2,7 % retenue par le Gouvernement, écart dû en partie aux difficultés des secteurs de l'hébergement, de la restauration et des transports.

À l'instar des économies mondiale et européenne, l'économie française s'apprêtait à subir pour 2023 une croissance terne en raison de la persistance du conflit ukrainien, de l'inflation et de la baisse des aides aux consommateurs, affichant une progression du PIB d'environ 0,5 % en 2023, avant un rebond à 1,8 % en 2024, selon la Banque de France.

La dette

Début 2022, la France présentait une **dette publique** de 2 813,1 milliards d'euros (112,5 % de son PIB), aggravée pendant la crise sanitaire par presque 100 milliards de dépenses publiques supplémentaires entre 2019 et 2020, pour atteindre 2 916,8 milliards d'euros en septembre 2022, selon l'INSEE. Cette progression vertigineuse de l'endettement a été pointée par un rapport annuel de la **Cour des comptes**.

À savoir

Le traité européen de Maastricht (1992) fixait une limite de dette publique pour les États à 60 % du PIB. Si, depuis 2002, la dette publique française s'est éloignée. Mais si cette dette est élevée, elle est similaire de celle d'autres États à l'économie comparable. En revanche, sa dette totale (État, ménages, entreprises) est l'une des plus fortes de la zone euro et donc des plus fragiles en cas de hausse des taux d'intérêt.

D Les mesures contre « la vie chère »

En août 2022, le Parlement a adopté définitivement une première série de mesures en faveur du pouvoir d'achat, la loi « d'urgence pour la protection du pouvoir d'achat ». Le texte voté, d'un coût de 20 milliards, comprend trois volets : protection du niveau de vie des ménages, protection des consommateurs et souveraineté énergétique.

La protection du niveau de vie des ménages

- Revalorisation de 4 % :
- des pensions de retraite et d'invalidité (après + 1,1 % en janvier 2022)

- des allocations familiales (après + 1,8 % en avril 2022)
- du revenu de solidarité active (RSA), de l'allocation aux adultes handicapés (AAH) de l'allocation de solidarité aux personnes âgées (ASPA) (après + 1,8 % en avril 2022)
- de la prime d'activité.

- Revalorisation de 3,5 % de l'aide personnalisée au logement (APL).
- Bouclier pour plafonner la hausse des loyers à 3,5 % (2,5 % en outre-mer).
- Déconjugalisation de l'allocation aux adultes handicapés.
- Baisse des cotisations sociales des travailleurs indépendants.

D'autres mesures ont été prises pour inciter les employeurs à verser des primes : hausse du montant des primes dites « prime Macron » sans cotisation et imposition, facilitation d'accords d'intéressement dans les petites et moyennes entreprises (PME), possibilité de débloquer de manière anticipée de l'épargne salariale, extension de titres-restaurants des salariés.

La protection des consommateurs

Grâce à un ensemble de dispositions, les consommateurs pourront plus facilement résilier des abonnements (gaz, électricité, internet...) ou des assurances ou mutuelles afin d'opter pour des offres moins chères. Les frais de résiliation de contrats télécom ou de VOD sont abaissés.

Les banques auront obligation de rembourser rapidement leurs clients victimes de fraude bancaire, et de frais d'incidents multiples, qui touchent en particulier les personnes les plus précaires.

Souveraineté énergétique

- Possibilité de maintenir ou de réactiver les deux dernières centrales à charbon, à Cordemais (Loire-Atlantique) et Saint-Avold (Moselle), elles pourraient redémarrer provisoirement.
- Réquisition des centrales à gaz par le ministre chargé de l'Énergie, pour qu'elles fonctionnent uniquement quand cela est nécessaire à la sauvegarde du système électrique.
- Accélération de l'installation d'un terminal méthanier flottant au large du Havre, grâce à des dérogations aux règles environnementales.
- Organisation du délestage.
- Interdiction des publicités lumineuses, si menace sur la sécurité d'approvisionnement.
- Fixation d'un délai d'au moins un mois avant des coupures d'électricité pour impayés.
- Gel du plafond de l'accès régulé à l'électricité nucléaire historique (Arenh) à 120 térawattheures par an jusqu'en 2025.

Le projet de budget rectifié pour 2022 comprend notamment la poursuite de la prime carburant et la suppression de la redevance audiovisuelle.

Ces aides s'ajoutent aux 26 milliards d'euros débloqués depuis la fin 2021 pour réduire l'impact de l'inflation.

La précarité en France

Derniers chiffres sur la pauvreté et la précarité en France

- 9,2 millions de personnes vivent dans la pauvreté (hors outre-mer), soit 14,6 % de la population. Le seuil de pauvreté est fixé à 60 % du niveau de vie médian, soit environ 1 100 euros par mois. À noter que la moitié des personnes pauvres sont loin de ce seuil, elles ont un niveau de vie inférieur à 885 euros mensuels et pourraient être qualifiées de « très pauvres ».
- Moins de surendettés : le nombre de dossiers de surendettement a baissé en 2021, il était aussi en baisse sur les premiers mois de 2022, du fait de la diminution du chômage et des « amortisseurs sociaux » décidés pendant la crise sanitaire.
- 6 % de « mal logés », 23 % de « fragilisés » : la France compte environ 4,1 millions de personnes mal logées (6 % de la population française), selon le dernier rapport de la Fondation Abbé Pierre. Derrière l'appellation « mal logés » sont comptabilisés ceux qui n'ont pas de logement personnel, sont dans la rue, à l'hôtel ou hébergés, ceux vivant dans des logements insalubres ou surpeuplés. S'y ajoutent 12 autres millions « fragilisées par rapport au logement ». Sont comptabilisés les locataires incapables de payer leur loyer, les personnes en situation de précarité énergétique ou « étranglées » par leur loyer. Ces chiffres sont en hausse ces dernières années.
- Inégalité de revenus : la France se situe dans la moyenne de l'UE, se classant 14e sur 27 en matière d'inégalités de revenus, moins inégalitaire que les autres grands États européens (Allemagne, Italie, Espagne).

Le contexte

A Le budget 2023

Le Gouvernement a présenté en septembre 2022 son projet de loi de finances (PLF) pour 2023.

Quelques points importants

- Le **bouclier tarifaire** sur les prix de l'électricité et du gaz est maintenu en 2023. L'augmentation des tarifs réglementaires sera de 15 % (au 1er janvier pour le gaz et 1er février pour l'électricité). Le coût du bouclier énergétique est évalué à 45 milliards d'euros en 2023.
- **Écologie** : le budget pour « l'écologie, le développement et la mobilité durables » s'élève à 26,5 milliards d'euros en 2023, contre 20,6 milliards dans la première loi de finances 2022. Ce budget inclut plusieurs mesures phares :
  - plan vélo (250 millions d'euros),
  - fonds vert pour les collectivités territoriales (1,5 milliard d'euros),

3

- dispositif « MaPrimeRénov » pour la rénovation énergétique (2,5 milliards d'euros),
- soutien au verdissement du parc automobile (1,3 milliard d'euros) *via* le « leasing social », location de voiture électrique à prix modique, réservé aux ménages les moins favorisés.

• **Fonctionnaires** : le Gouvernement prévoit 10 764 postes supplémentaires de fonctionnaires pour l'État et ses opérateurs en 2023 :
- ministère de l'Intérieur : 8 500 postes de policiers et gendarmes en cinq ans, 3 000 dès 2023 ;
- ministère de la Justice : 2 300 postes ;
- ministère de l'Éducation nationale : 2 000 emplois supplémentaires (AESH : accompagnant éducatif et social) pour les élèves en situation de handicap et une enveloppe de 935 millions d'euros pour revaloriser les salaires des enseignants ;
- ministère de la Défense : 1 500 nouveaux emplois dans les domaines du renseignement et de la cyberdéfense ;
- ministère du Travail : un millier de postes.

• **Aides aux entreprises** :
- le budget intègre la suppression de la cotisation sur la valeur ajoutée des entreprises, une promesse d'Emmanuel Macron de baisser les impôts liés à la production (coût pour l'État : 8 milliards d'euros en 2023 et 2024) ;
- trois milliards pour protéger les entreprises de la hausse des prix de l'énergie ;
- 6 milliards d'euros pour « France 2030 », programme pour favoriser l'innovation ;
- 5 900 places d'hébergement pour les réfugiés et les demandeurs d'asile et hausse de 6 % de l'enveloppe « immigration, asile et intégration ».

• **« Enveloppe de secours »** : dans une situation aussi incertaine, 2 milliards d'euros ont été réservés comme « enveloppe de secours » pour d'éventuelles aides additionnelles en cas de nouvelle hausse des prix du pétrole.

Les hypothèses du budget 2023

- 1 % de croissance : cette hypothèse est optimiste, elle est supérieure à celle de la Banque de France (0,8 %) et de l'OCDE (0,6 %).
- 4,2 % d'inflation : le Gouvernement espère un ralentissement de l'inflation à 4,2 % en 2023, contre probablement plus de 6 % en 2022.
- 11 000 emplois de plus dans la fonction publique d'État, loin des 120 000 suppressions de postes de fonctionnaires prévues lors du premier quinquennat Macron, avant la crise.
- Avec la remontée des taux d'intérêt, 60 milliards d'euros en 2023 seront nécessaires pour affronter le remboursement de la dette.
- 5 % de déficit public, espéré pour arriver à 3 % en 2027.

Approfondir

Inflation et pouvoir d'achat

Par Adrien Tallent

10 % sur un an. C'est le record qu'a atteint l'inflation dans la zone euro en septembre 2022. Depuis la création de la monnaie unique européenne, jamais l'inflation n'avait atteint un tel niveau. Ce taux cache pourtant de fortes disparités. Ainsi l'inflation est-elle de plus de 17 % aux Pays-Bas, entre 22 % et 25 % dans les pays baltes. La France fait, elle, mesure d'exception avec une hausse de « seulement » 5,6 % sur une année - le plus faible de la zone euro - en baisse après les 5,9 % du mois d'août. La principale explication est le choc gazier qui fait mal aux pays européens. Mais le phénomène est mondial et, outre-Atlantique, les États-Unis ont enregistré une inflation de plus de 8 % en août.

Il n'est un mystère pour personne que cette inflation est principalement due à la flambée des prix de l'énergie : l'inflation énergétique en zone euro sur un an est de 41 % en septembre 2022. Mais l'augmentation des prix se propage à d'autres secteurs et notamment l'alimentation où les prix ont augmenté de 12 % sur un an.

En France, la hausse est contenue grâce au bouclier tarifaire, reste à savoir jusqu'à quand l'État paiera la facture après les années déjà bouleversées par la pandémie due au Covid-19 et qui avaient vu s'envoler les dépenses de l'État. Selon l'INSEE, ce dispositif permet de réduire l'inflation d'environ deux points, pour un coût de 24 milliards d'euros. Pour autant, le pic de l'inflation est attendu pour début 2023. Par conséquent, en France, c'est l'alimentation qui tire l'inflation, avec une hausse de 11 % en septembre.

Le retour fracassant de la thématique de « la vie chère », au centre des débats politiques alimente les discussions à Bruxelles et dans tous les gouvernements quant aux mesures à adopter, le tout dans le contexte d'une « guerre de l'énergie » avec la Russie. La consommation de gaz a baissé de 10 %, les réserves sont presque pleines et les livraisons d'énergie depuis d'autres pays ont augmenté. Si le risque de pénurie s'éloigne, la question de la montée des prix est, elle, toujours d'actualité.

La priorité étant désormais de faire baisser les prix, quinze pays européens dont la France, l'Italie et l'Espagne, ont publié une lettre réclamant un plafonnement des prix de gros du gaz sur le marché européen. Cette volonté se heurtait - comme à l'accoutumée dans ce genre de débat - au refus allemand, hollandais ou autrichien qui craignent que cela incite les populations à consommer plus. Mais les positions évoluent et l'Allemagne de Scholz semblait évoluer vers un souhait de baisse des prix - preuve en est, l'annonce d'un plan à 200 milliards d'euros pour la mise en place d'un bouclier tarifaire. Sans doute a-t-il été inspiré de l'exemple français.

En France, beaucoup plaident pour suivre l'exemple espagnol (entre autres) et instaurer une taxe exceptionnelle sur les « superprofits » des entreprises énergétiques qui engrangent des bénéfices records grâce à l'augmentation des prix. Le Gouvernement était réticent, même s'il semble juste d'instaurer une forme de solidarité afin d'aider ceux qui auront du mal à faire face à l'inflation galopante.

La Banque centrale européenne (BCE), créée avec l'objectif de contenir l'inflation sous les 2 % a naturellement décidé d'élever son taux d'intérêt de - 0,5 % en juin à 0,75 % en septembre 2022. De nouvelles hausses sont désormais plus que probables et les prédictions annoncent un taux à 2,5 % en février 2023, un record depuis 2008. Nombreux sont les économistes qui estiment qu'une récession dans la zone euro apparaît inévitable. Pour autant, les indicateurs ne sont pas désastreux. Les prêts au secteur privé augmentent et le marché de l'emploi résiste.

Aux États-Unis, même son de cloche, les taux de la Réserve fédérale (Fed) augmenteront tant qu'il faudra lutter contre l'inflation, a annoncé Jerome Powell, son président. Conjointement à cette hausse des taux, le fiasco de la relance budgétaire britannique, la menace d'une récession dans la zone euro et la permanence de la guerre en Ukraine, ont plombé les Bourses américaines. Cette envolée des taux, notamment immobiliers, après des années « d'argent gratuit », fait risquer aux États-Unis un nouveau krach immobilier. La BCE avait un temps tenté de ne pas s'engager dans la même voie que son équivalente américaine, mais elle s'y sera finalement résolue.

Le dollar continue quant à lui de progresser, il est au plus haut par rapport à l'ensemble des devises depuis 2002. Cette hausse rappelle le spectre des années 1980 où la lutte de la Fed contre l'inflation avait provoqué une hausse du dollar et de nombreux pays en voie de développement, importateurs de produits libellés en dollars, avaient été confrontés à de graves crises d'endettement.

Pourtant, serait-il possible d'apporter un autre regard sur la situation ? Sommes-nous face à une « nouvelle normalité » ? Alors que nous sommes confrontés à la crise climatique et à ses conséquences déjà désastreuses mais qui n'iront qu'en s'aggravant si nous ne faisons rien, une des solutions revient à moins consommer, ou du moins à consommer de meilleurs produits pour un budget équivalent – mais donc numériquement moins de produits. Depuis la fin de la Seconde Guerre mondiale et le développement des sociétés de consommation de masse, nous avons eu toujours plus de produits à acheter, toujours plus de moyens de les consommer, toujours plus d'envies, de besoins, et à des prix toujours plus bas, le modèle se fondant alors sur une misère à l'autre bout du monde que nous ne voyons pas.

En 1972 déjà, dans le rapport Meadows, les auteurs expliquaient que la croissance structurelle de long terme serait peu à peu remplacée par la décroissance structurelle de long terme à cause de la diminution d'énergies fossiles disponibles et donc la baisse structurelle de leur exploitation et leur consommation.

Dès lors, pour le consommateur final, après une période d'augmentation de la possibilité d'acheter pour une même durée de travail, nous risquerions de vivre l'évolution inverse. Celle-ci pourrait alors s'exprimer de deux manières : la pénurie et l'inflation. Or, nous vivons aujourd'hui des signes avant-coureurs de ces deux phénomènes. L'inflation est là et on ne compte plus les pénuries dans tous les domaines (bouteille en verre, composants électroniques, alimentations...). Bien plus qu'un aspect temporaire, l'état de pénurie et l'inflation pourraient s'installer dans la durée. Il faudra alors que notre modèle économique puisse suivre, quitte à le réinventer.

Poursuivre le débat

- La dette, une bombe à retardement ?
- La lutte contre l'inflation
- Augmenter les salaires, quelles conséquences ?

La Justice en attente de réformes et moyens

Décriée pour sa lenteur, son corporatisme, son supposé laxisme, la Justice est rarement évoquée en termes positifs. Même avec une loi de programmation 2018-2022 respectée, une augmentation de 24 % de crédit en cinq ans et 6 500 emplois supplémentaires, la situation de la Justice continue de se dégrader. Les États généraux de la Justice préconisent une profonde réforme de simplification et d'identification des priorités.

Les faits

A Le jugement des attentats

Le 13 novembre 2015

Le procès des attentats islamistes du 13 novembre 2015 qui ont tué 130 personnes et en ont blessé des centaines d'autres à Saint-Denis et Paris aura été un procès hors norme, à la hauteur du traumatisme subi par la société française. La plus grande audience criminelle jamais organisée en France, la plus longue dans sa durée, s'est tenue à Paris, en 2022. Une salle d'audience de plus de 500 places a été construite spécialement pour ce procès, le dossier d'instruction dépasse le million de pages, 330 avocats représentaient 330 parties civiles. Le procès a été suivi par 141 médias accrédités.

Vingt personnes ont été jugées, quatorze en leur présence (onze détenues et trois libres), six autres ont été jugées par défaut, cinq présumées mortes et une sixième incarcérée dans un autre dossier à l'étranger.

Le 29 juin 2022, après dix mois d'audience, **Salah Abdeslam**, considéré comme le seul membre encore en vie des commandos, a été condamné à la réclusion criminelle à perpétuité incompressible par la **cour d'assises spéciale de Paris**, composée de cinq magistrats professionnels.

Pour les dix-neuf autres accusés, les peines s'étalent de deux ans de prison ferme à la perpétuité assortie de 22 ans de sûreté.

Les « kamikazes » qui ne sont pas allés au bout de leurs actes ont été condamnés à des peines de 18 à 30 ans de réclusion criminelle, les « logisticiens » qui ont préparé les attentats avec une connaissance plus ou moins précise, ont été condamnés à des peines de 2 à 30 ans de réclusion ou prison, cinq des six absents ont été condamnés à la réclusion criminelle à perpétuité, le sixième, déjà détenu dans un autre dossier, a été condamné à 30 ans de réclusion.

Les peines prononcées ont été globalement conformes aux réquisitions, aucun des accusés m'a fait appel du verdict, devenu donc définitif.

L'attentat de la promenade des Anglais

Le procès de l'attentat terroriste du 14 juillet 2016 à Nice s'est ouvert en septembre 2022, devant la cour d'assises spéciale de Paris, dans la même salle d'audience que celle utilisée pour le procès des attentats du 13 novembre à Paris et Saint-Denis, il a été retransmis au palais des congrès de Nice.

Au volant d'un camion, **Mohamed Lahouaiej-Bouhlel** avait causé la mort de 86 personnes venues assister au feu d'artifice du 14 juillet et en avait blessé 450 sur la promenade des Anglais à Nice. Il a été abattu par les forces de l'ordre.

Huit personnes ont été renvoyées devant la cour d'assises spéciale de Paris, sept ont été jugées en leur présence, une huitième par défaut, détenue en Tunisie.

Trois accusés étaient poursuivis pour « association de malfaiteurs terroristes », les cinq autres pour « association de malfaiteurs et infractions à la législation sur les armes », poursuivis pour avoir permis la réalisation de cet attentat.

Le verdict, rendu le 16 décembre 2022, est détaillé surwww.editions-foucher.fr

Saint-Étienne-du-Rouvray

La cour d'assises spéciale de Paris a condamné début mars 2022 quatre proches des auteurs de l'attentat de **Saint-Étienne-du-Rouvray**, au cours duquel le père Hamel avait été assassiné dans son église, en juillet 2016.

Trois d'entre eux, présents au procès, poursuivis pour association de malfaiteurs terroristes, ont été condamnés à des peines de 8 à 13 ans de prison. Le quatrième a été condamné par défaut à la perpétuité pour « complicité d'assassinat », il est présumé mort en Irak, il a déjà été condamné pour d'autres attentats.

Les trois accusés présents ont été jugés coupables d'avoir eu connaissance de projets d'actions violentes d'Adel Kermiche et Abdel-Malik Petitjean, abattus par la police le jour de l'attentat.

Charlie hebdo

> Les 7, 8 et 9 janvier 2015, les frères Saïd et Chérif Kouachi et Amedy Coulibaly ont tué 17 personnes lors des attentats à Paris contre le journal **Charlie Hebdo** et un commerce, l'Hyper Cacher. Ils ont été abattus dans leur fuite par les forces de l'ordre.

En octobre 2022, en appel, la cour d'assises spéciale de Paris a reconnu coupable de « complicité de crime » et a condamné Ali Riza Polat à la peine maximale, la réclusion criminelle à perpétuité avec une période de sûreté de vingt ans. Condamné à 30 ans de réclusion criminelle en première instance, Polat était accusé d'avoir fourni des armes aux terroristes, en parfaite connaissance de leurs intentions.
La cour a aussi condamné à treize ans de prison un autre proche d'Amedy Coulibaly, reconnu coupable d'avoir été acteur du trafic d'armes utilisées dans l'attentat.

B Les affaires politico-judiciaires

Nicolas Sarkozy

Nicolas Sarkozy est le premier président de la République en France condamné à une peine de prison ferme à l'issue de son mandat, et le deuxième renvoyé devant un tribunal sous la Ve République, après Jacques Chirac, condamné en 2011 dans le dossier des emplois fictifs de la mairie de Paris.
Le calendrier de l'ancien président de la République (2007-2012), est aujourd'hui calqué sur ses convocations personnelles dans les différentes affaires judiciaires qui le concernent.

Le procès des écoutes

En première instance, en mars 2021, il avait été condamné à trois ans de prison dont un ferme pour « corruption » et « trafic d'influence », un jugement sans précédent en France. La même peine avait été prononcée contre son avocat, Thierry Herzog et un magistrat, Gilbert Azibert. La peine de Nicolas Sarkozy a été aménagée par le tribunal en détention à domicile sous bracelet électronique. L'ancien président avait fait appel de ce jugement.

> Nicolas Sarkozy avait été condamné pour avoir tenté, avec son avocat Thierry Herzog, d'obtenir du magistrat Gilbert Azibert, des informations couvertes par le secret dans une procédure judiciaire.

Les juges ont reconnu une promesse d'intervention du président en faveur du magistrat pour obtenir un poste à Monaco, en échange de renseignements sur la procédure de l'affaire Bettencourt.

Cette affaire trouve son point de départ dans les interceptions de conversations téléphoniques de l'ex-chef de l'État avec son avocat, effectuées dans le cadre de l'enquête sur les accusations de financement libyen de sa campagne de 2007.

L'affaire libyenne

Après quelque dix ans d'investigations sur les soupçons de financement libyen de sa campagne électorale de 2007, les juges d'instruction ont clos en 2022 leur enquête impliquant Nicolas Sarkozy et douze autres personnes. Les juges d'instruction devaient décider fin 2022 ou début 2023 d'ordonner ou non un procès devant le tribunal correctionnel de Paris.

Nicolas Sarkozy est mis en examen depuis 2020 pour « corruption passive, association de malfaiteurs, financement illégal de campagne électorale et recel de fonds publics libyens ».

Les juges ont enquêté auprès d'ex-dignitaires libyens, et des mouvements de fonds suspects entre des intermédiaires et des proches de Nicolas Sarkozy ont conduit à huit mises en examen, dont Éric Woerth, ancien trésorier de la campagne, Thierry Gaubert, ancien collaborateur, Claude Guéant, directeur de cabinet pendant la campagne.

Le fils de l'ancien président Mouammar Kadhafi, Seif al-Islam, l'ex-Premier ministre libyen al-Baghdadi al-Mahmoudi ont confirmé ce financement. Des versements de plusieurs millions d'euros sont mentionnés dans des écrits de Choukri Ghanem, ancien ministre libyen du Pétrole. Bachir Saleh, ex-argentier de Mouammar Kadhafi, a également évoqué des versements occultes du régime libyen à Nicolas Sarkozy.

L'homme d'affaires Ziad Takieddine avait affirmé en novembre 2016 avoir remis 5 millions d'euros à Nicolas Sarkozy, lorsqu'il était ministre de l'Intérieur, et à son directeur de cabinet Claude Guéant.

Le procès des comptes de campagne

Nicolas Sarkozy a été condamné en septembre 2021 à un an de prison ferme pour le financement illégal de sa campagne présidentielle perdue de 2012.

Il a fait appel de sa condamnation, le procès en appel devrait débuter le 8 novembre 2023.

> Nicolas Sarkozy a été condamné pour avoir dépassé le seuil de dépenses électorales de plus de 20 millions d'euros. Ses comptes avaient été rejetés, il avait déjà dû rembourser ce dépassement.

Il estime avoir été condamné à deux reprises pour les mêmes faits, ce qui est contraire au droit.

Les investigations ont été menées dans le cadre de l'affaire dite « **Bygmalion** » mais l'ancien chef de l'État n'est pas mis en cause dans le volet de fausses factures au cœur de la fraude.

Nicolas Sarkozy a été mis en examen en février 2016, la **Cour de cassation** a validé définitivement en 2019 son renvoi en correctionnelle.

Les sondages de l'Élysée

L'ancien secrétaire général de la présidence de la République sous Nicolas Sarkozy, Claude Guéant, 77 ans, a été condamné en janvier 2022 à un an de prison dont 8 mois fermes pour « favoritisme et détournement de fonds publics par négligence » dans l'affaire des sondages de l'Élysée.

Patrick Buisson, proche conseiller du chef de l'État, a quant à lui écopé de deux ans de prison avec sursis pour « abus de biens sociaux » et la directrice de cabinet de Nicolas Sarkozy, Emmanuelle Mignon pour « favoritisme et détournement de fonds publics par négligence » à six mois de prison avec sursis.

Protégé par son immunité de président de la République, il n'était pas poursuivi par le tribunal qui lui avait imposé de se présenter en tant que témoin. Il avait refusé de répondre aux questions des juges en invoquant la séparation des pouvoirs.

L'enquête a montré que plusieurs centaines de sondages avaient été commandés (sans qu'aucun appel d'offres ne soit effectué) à des sociétés dirigées par des amis du pouvoir, pour des prestations à des tarifs amicaux très élevés.

François Fillon

L'ancien Premier ministre (2007-2012), **François Fillon**, a été condamné en 2022, en appel, à quatre ans de prison dont un an ferme et dix ans d'inéligibilité dans le cadre de l'affaire des emplois fictifs de son épouse Penelope.

Dans son arrêt, la cour d'appel estime que le couple Fillon a détourné plus de 900 000 euros de fonds publics et privés par les activités fictives de son épouse, auprès de son mari comme collaboratrice, et auprès de la *Revue des deux Mondes*, une revue dirigée par un proche de François Fillon. La peine prononcée pour détournement de fonds publics, complicité d'abus de biens sociaux et recel est moins sévère que celle de première instance en 2020. François Fillon s'est pourvu en cassation.

Les biens mal acquis

La Cour de cassation a rejeté, en septembre 2022, le pourvoi de Rifaat Al-Assad, ancien vice-président de la Syrie, oncle du dictateur Bachar Al-Assad, le condamnant définitivement à quatre ans de prison en France dans le cadre de l'affaire des « **biens mal acquis** » et confirmant la condamnation en appel de 2021 et la confiscation d'immeubles, évalués à 90 millions d'euros.

> L'affaire des biens mal acquis concerne des biens achetés en France par des chefs d'État africains dans des conditions financières douteuses. Ces acquisitions relèvent du recel et du blanchiment de détournement de fonds publics étrangers.

Plusieurs ONG dont Transparency International France, spécialisée dans la lutte contre la corruption, avaient porté plainte en 2008 pour « recel de détournement de fonds publics, blanchiment, abus de bien social, abus de confiance et complicité ».
Ces plaintes visaient Denis Sassou Nguesso (Congo), Teodoro Obiang (Guinée Équatoriale) et Omar Bongo (Gabon). Ces chefs d'État et leur entourage possèdent en France un patrimoine immobilier important qui atteindrait, selon Transparency International, 160 millions d'euros.

En juillet 2021, la justice française a condamné le vice-président équato-guinéen Teodoro Nguema Obiang Mangue et a confirmé la confiscation de son patrimoine frauduleusement acquis dont un immeuble de 100 millions d'euros dans un riche quartier parisien.
Fin 2022, la Guinée Équatoriale a saisi la **Cour internationale de justice (CIJ)** de La Haye pour « crime de détournement de fonds publics ».

Et encore...

- Le secrétaire général de l'Élysée, **Alexis Kohler**, a été mis en examen en septembre 2022 pour « prise illégale d'intérêts ». Au centre de l'enquête, ses liens familiaux et professionnels avec l'armateur MSC, fondé et dirigé par les cousins de sa mère, la famille Aponte. MSC est un client de l'entreprise qui gère les chantiers navals de Saint-Nazaire.
- La demande de révision du procès de **Omar Raddad** a été rejetée par la commission d'instruction de la Cour de révision. Vingt-huit ans après sa condamnation pour le meurtre de Ghislaine Marchal, dont il s'est toujours dit innocent, l'ancien jardinier marocain espérait un nouveau procès, il ne l'a pas obtenu. Gracié partiellement en 1996 par le président Jacques Chirac, il cherche depuis à être innocenté.
- L'État français a été condamné par le **Conseil d'État** à une amende annuelle de 20 millions d'euros pour n'avoir pas agi assez rapidement contre la pollution de l'air. Cette pollution cause plusieurs dizaines de milliers de morts chaque année en France. Le Conseil d'État constate des améliorations depuis sa dernière décision de 2021, mais les seuils limites de pollution au dioxyde d'azote restent dépassés dans plusieurs grandes agglomérations, notamment à Paris, Lyon et Marseille.
- La filiale française du laboratoire pharmaceutique allemand Merck a été mise en examen en 2022 pour « tromperie aggravée » dans le dossier du **Levothyrox**. Le laboratoire a changé la formule de ce médicament en 2017, il est poursuivi pour un défaut de communication auprès des 2,5 millions de patients en France.
- La magistrate **Agnès Thibault-Lecuivre** a été nommée en juillet 2022 à la tête de l'Inspection générale de la police nationale (IGPN). Jusqu'à présent, l'IGPN était dirigée par des officiers de police judiciaire.

- L'ancien secrétaire d'État **Laurent Nuñez** a été nommé en juillet 2022 préfet de police de Paris en remplacement de **Didier Lallement**. Didier Lallement, en poste depuis 2019, était critiqué par la gauche qui l'accusait d'être responsable de « violences policières ».
- L'assassin du préfet **Claude Érignac**, l'indépendantiste corse Yvan Colonna, est mort à 61 ans en mars 2022. Il avait été agressé en prison par un autre détenu, pendant sa détention à Arles, trois semaines plus tôt. Claude Érignac avait été tué par balle à Ajaccio, le 6 février 1998. En 1999, quatre hommes étaient passés aux aveux, un mandat d'arrêt avait été lancé contre un cinquième, **Yvan Colonna** ; en cavale pendant quatre ans. Arrêté en 2003, il avait été condamné à trois reprises et définitivement à la réclusion criminelle à perpétuité en 2011. L'annonce de son agression, puis de sa mort, avait provoqué des incidents en Corse où de jeunes nationalistes s'en étaient pris aux forces de l'ordre.
- La France a décidé de rapatrier 15 femmes et 40 enfants, détenus dans des camps de prisonniers jihadistes dans le nord-est de la Syrie. Les enfants mineurs (pour beaucoup d'entre eux nés en Irak ou en Syrie) ont été pris en charge par les services d'aide à l'enfance, les adultes mises en examen pour association de malfaiteurs terroriste criminelle. L'une d'entre elles a aussi été mise en examen pour crimes contre l'humanité et génocide. Ces Françaises étaient parties volontairement dans des zones en Syrie ou en Irak contrôlées par des groupes jihadistes. Elles ont été capturées à la chute de l'**État islamique**.

Le contexte

A Les États généraux de la Justice

Les États généraux de la Justice ont été lancés en octobre 2021 par le président de la République. Au terme de plusieurs mois de consultations et de la tenue d'ateliers thématiques avec des professionnels et des citoyens, le comité dirigé par **Jean-Marc Sauvé** a synthétisé ces propositions a remis son rapport « Rendre justice aux citoyens » le 8 juillet 2022. C'est sur la base de ce rapport que le Gouvernement devait présenter fin 2022 un plan d'actions et une loi de programmation pour la justice pour 2023.

Le rapport fait le constat d'une institution judiciaire en crise. Il évoque « un état de délabrement avancé », notamment pour les locaux, l'équipement informatique ainsi qu'un découragement des professionnels de la justice.

Illustration de cet état des lieux, les délais de jugement s'allongent (14 mois en moyenne en première instance), l'exécution des décisions de justice est de plus en plus tardive.

La raison mise en évidence par le rapport est claire : « des décennies de politiques publiques défaillantes », une sous-dotation permanente de l'institution judiciaire et une complexification du droit et des procédures.
Les augmentations importantes du budget de la Justice des dernières années restent insuffisantes pour combler des décennies de sous-dotation.
Parmi les nombreux éléments de solutions évoqués par le rapport, l'augmentation drastique des effectifs et une simplification du Code de procédure pénale.

Les chiffres clés de la justice

Budget annuel	**8,2 milliards €**
Agents	89 882

Les juridictions en chiffres

Juridictions de l'ordre judiciaire	
Cour de cassation	1
Cours d'appel	36
Tribunaux judiciaires	164
Cours d'assises	103
Tribunaux correctionnels	168
Tribunaux pour enfants	156
Tribunaux de police	166
Conseils de prud'hommes	210
Tribunaux du travail	6
Tribunaux de commerce	134
Juridictions de l'ordre administratif	
Conseil d'État	1
Cours administratives d'appel	8
Tribunaux administratifs	42

Décisions de justice pénale

Justiciables impliqués dans des affaires pénales	1 254 568
Condamnations en matière pénale	469 571
Crimes	1 732
Délits	463 445
Contraventions	4 394
Taux de récidive en matière criminelle	11,5 %
Taux de récidive en matière de délit	14,6 %

Structures pénitentiaires

Établissements pénitentiaires	180
Places en service	71 683
80 maisons d'arrêt [MA] et 45 quartiers MA situés dans des centres pénitentiaires, recevant les prévenus (détenus en attente de jugement) et les condamnés dont le reliquat de peine est inférieur ou égal à deux ans lors de leur condamnation définitive.	
25 centres de détention [CD] et 39 quartiers [QCD] accueillant des condamnés à plus de deux ans considérés comme présentant les perspectives de réinsertion les meilleures. À ce titre, les CD ont un régime de détention principalement orienté vers la resocialisation des détenus.	
59 centres pénitentiaires [CP], établissements mixtes qui comprennent au moins deux quartiers à régime de détention différent (maisons d'arrêt, centre de détention et/ou maison centrale).	
6 maisons centrales [MC] et 8 quartiers [QMC] recevant les condamnés les plus difficiles. Leur régime de détention est essentiellement axé sur la sécurité.	
9 centres de semi-liberté autonomes [CSL], recevant les condamnés admis au régime de la semi-liberté et 14 quartiers [QSL], 9 quartiers pour peines aménagées [QPA].	
6 établissements pénitentiaires pour mineurs [EPM]	
1 établissement public de santé national à Fresnes (relevant du ministère de la Santé)	

Incarcération

72 809 détenus au 1er novembre 2022, pour 60 702 places opérationnelles, soit une densité carcérale de 118,7 % contre 112,5 % en 2021. Ces chiffres sont quasiment au niveau du record absolu enregistré en mars 2020 (72 575 détenus). Environ un tiers des détenus sont en attente de jugement.

Sous la barre des soixante mille pendant les années 1990, et même moins de cinquante mille en 2001, le nombre de détenus a fortement augmenté depuis.

La chaîne pénale

B La Cour de justice de la République (CJR)

La CJR juge les crimes et délits imputables aux ministres dans l'exercice de leur fonction. Créée en juillet 1993 (article 68-2 de la Constitution) après « l'affaire du sang contaminé », elle est composée de quinze juges : douze parlementaires et trois magistrats issus de la Cour de cassation. Elle est présidée par l'un de ces derniers. Toute personne qui se sent lésée par un délit ou un crime commis par un membre du Gouvernement peut la saisir. Une commission de magistrats décide de la recevabilité des plaintes.

La Cour de justice de la République a été créée pour éviter que des membres du Gouvernement ne croulent sous des plaintes visant à leur nuire ou à empêcher leur action à la tête de leur ministère. Faut-il, pour autant, une justice d'exception pour les ministres en exercice ? Et surtout le système proposé aujourd'hui - la CJR -, correspond-il à une justice équitable ? Les sanctions prononcées par la CJR sont souvent légères, les peines de prison avec sursis sont modérées, et des ministres reconnus coupables ont été « dispensés » de peine.

François Hollande puis Emmanuel Macron avaient annoncé vouloir supprimer la CJR, au nom d'une justice identique pour tous les citoyens, ministres ou non. Les États généraux de la Justice ont également préconisé en 2022 sa disparition. Supprimer la CJR nécessiterait une modification de la Constitution, impliquant le soutien nécessaire de 3/5e des parlementaires ou le passage par un référendum. Il faudrait aussi proposer une alternative, qui existe dans d'autres démocraties : pas de tribunal spécial, de cour de justice d'exception, mais un filtre au niveau des poursuites, pour éviter que des membres du Gouvernement soient déstabilisés par des plaintes abusives.

Depuis 1993, la CJR a reçu plus d'un millier de requêtes, très peu ont entraîné une saisine de la commission d'instruction. Une majorité a conduit à un non-lieu ou une déclaration d'incompétence, 11 ont mené à des poursuites.

La CJR a relaxé quatre anciens ministres, en a condamné cinq autres à des peines de sursis et en a déclaré deux coupables, tout en les dispensant de peine.

Membres de la CJR : voir Fiche Les pouvoirs législatif et exécutif en 2022.

À savoir

Avant la loi constitutionnelle de 1993, les ministres étaient passibles de la Haute Cour de justice, uniquement composée de parlementaires. Elle n'est plus en place que pour juger le président de la République, en cas de « haute trahison ».

Les condamnations

- Jean-Jacques Urvoas : un mois avec sursis pour « violation du secret d'une enquête ».
- Charles Pasqua : un an avec sursis pour « complicité d'abus de biens sociaux et de recel ».
- Michel Gillibert : trois ans avec sursis pour escroquerie au préjudice de l'État.
- François Léotard : deux ans de prison avec sursis (affaire Karachi).
- Kader Arif : un an de prison avec sursis (peine prononcée en 2022).

Les condamnations avec dispense de peine

- Edmond Hervé : affaire du sang contaminé.
- Christine Lagarde : affaire du Crédit Lyonnais.

Les relaxés

- Laurent Fabius, Georgina Dufoix : affaire du sang contaminé.
- Ségolène Royal : diffamation.
- Édouard Balladur : affaire Karachi.

La composition de la Cour de justice de la République

En 2022…

- La CJR a condamné en octobre Kader Arif, ex-ministre de François Hollande, à un an de prison avec sursis. Il a été reconnu coupable d'avoir accordé en 2014 un marché public à une entreprise dirigée par son frère. Kader Arif était ministre des Anciens combattants dans les gouvernements Ayrault puis Valls, entre 2012 et 2014.
- En octobre 2022, le garde des sceaux, **Éric Dupond-Moretti**, a été renvoyé devant la Cour de justice de la République, pour « prise illégale d'intérêts ». Il est soupçonné d'avoir profité de sa fonction de ministre dans des conflits avec des magistrats qu'il avait côtoyés quand il était avocat.
- L'ancien Premier ministre **Édouard Philippe** a été placé sous le statut de témoin assisté par des magistrats de la Cour de justice de la République dans le cadre d'une enquête sur sa gestion de l'épidémie de Covid-19.

Approfondir

Politique et justice : de la méfiance à la défiance

Par Adrien Tallent

Depuis quelques années, il peut sembler au citoyen que de plus en plus d'affaires politico-judiciaires impliquant des députés, des ministres, ou d'anciens présidents de la République font les unes des journaux. Au cœur de ces affaires se trouve une institution qui est passée de l'ombre à la lumière depuis quelques années : la Cour de justice de la République. Ces affaires posent une question inhérente à notre modèle démocratique : faut-il juger des ministres pour des fautes commises dans l'exercice de leurs fonctions, et si oui comment et par qui ? Comment éviter que le politique remette en cause l'indépendance de la justice ? Comment s'assurer de la non-ingérence de la justice, et des juges, dans la vie politique, et inversement ?

Sans surprise, presque tous les ministres, anciens présidents, députés, lorsqu'ils sont mis en cause dans une affaire, en appellent à l'indépendance de la justice et mettent en cause la motivation des juges qui seraient ainsi instrumentalisés par tel ou tel camp politique.

La CJR (pour Cour de justice de la République) est la seule juridiction habilitée à enquêter et à juger les membres du gouvernement pour des actes commis dans l'exercice de leurs fonctions. Si aujourd'hui elle est contestée et accusée d'être le symbole d'une justice à deux vitesses, son origine en 1993 était pourtant de réconcilier la vie publique avec ses responsables politiques. Mais force est de constater qu'elle relaxe plus qu'elle ne condamne. De plus, si les ministres relèvent de cette Cour, leurs conseillers, eux, relèvent des tribunaux ordinaires, d'où le sentiment d'une justice à deux vitesses.

Aujourd'hui, les instructions contre Édouard Philippe, Éric Dupont-Moretti ou Agnès Buzyn sont préjudiciables aux deux camps. La justice d'un côté est continuellement accusée d'ingérence dans la vie politique. De l'autre, la politique qui, outre la méfiance permanente, verrait sa responsabilité historique et politique remplacée par une responsabilité purement pénale.

Tout jugement d'un représentant politique est politique. Les partisans de tel ou tel parti politique accusent les instructions d'être uniquement politiques tandis que les opposants se félicitent déjà d'une mise en examen devenue preuve de culpabilité. Pourtant, c'est en raison de nombreuses plaintes déposées par des citoyens quant à la gestion de la crise de l'épidémie de Covid-19 et jugées recevables par une commission qu'une procédure a été lancée contre des ministres. Pour un certain nombre de magistrats, ce fait démontre avec force à quel point les rapports sociaux se sont judiciarisés. Il devient dès lors difficile de démêler la plainte fondée d'une plainte purement politique et partisane. Pour juger les ministres, il s'agit donc de prendre en considération que la responsabilité pénale d'une ministre fait corps avec sa responsabilité politique.

Avant 1993 et la CJR, il revenait à une juridiction uniquement composée de ministres de trancher ce débat, ce qui en faisait une justice de l'entre-soi en somme. Si la CJR reste majoritairement composée de parlementaires (douze pour trois magistrats de la Cour de cassation), tous les organes annexes stratégiques qui décident de la recevabilité des plaintes sont dénués de parlementaires. Cette situation laisse penser qu'il existe un antagonisme profond entre les politiques et les magistrats.

Pour résoudre ce déséquilibre, il pourrait être judicieux de rendre tout ce fonctionnement paritaire. Juges et politiques travailleraient ainsi ensemble. Néanmoins, la présence de parlementaires dans le jugement pose également la question de l'impartialité de ces derniers vis-à-vis du ministre jugé, s'ils sont majoritairement du même bord politique ou non. En effet, les douze parlementaires membres de la CJR représentent les équilibres politiques de l'Assemblée nationale et du Sénat.

Cette particularité a donné lieu à certaines incohérences de jugement. La CJR n'étant compétente que pour juger les faits survenus lors du mandat de l'accusé, il arrive qu'une Cour pénale ordinaire juge donc d'autres faits du même dossier.
En 2010, Charles Pasqua, pourtant condamné par la justice ordinaire à dix-huit mois de prison avec sursis dans le volet non-ministériel de l'affaire de malversations du casino d'Annemasse, a été relaxé par la CJR.
En 2016, c'était au tour de Christine Lagarde de comparaître devant la Cour. Si elle a été condamnée pour « négligence » dans l'affaire de l'arbitrage favorable à Bernard Tapie en 2008, la Cour a décidé de la dispenser de peine.
Les liens entre justice et politique sont complexes et donc souvent conflictuels, l'une étant toujours accusée d'empiéter sur l'autre, et l'autre sur l'une. Au cœur de ces relations se trouve l'imparfaite Cour de justice de la République perçue comme lente, laxiste et symbole d'une justice à deux vitesses. Faudrait-il donc la supprimer ? François Hollande avait fait de sa suppression une promesse de campagne mais le projet avait fini par être abandonné, Emmanuel Macron a lui aussi proposé sa suppression... Elle est toujours là.

Poursuivre le débat

- Juges et hommes politiques : le dialogue impossible
- Les urnes sont-elles plus fortes que les jugements ?
- La défiance envers les élus
- Faut-il rendre inéligible tout politique condamné ?
- Faut-il un tribunal spécial pour les politiques en exercice ?

5

Éthique, santé et société

Le débat sur la fin de la vie et la possibilité de recourir – et dans quelles conditions – à l'**euthanasie** est présent en France depuis plusieurs années. Il a été relancé en 2022, avec l'annonce par Emmanuel Macron d'une possible évolution de la loi. Le débat est ouvert et devrait animer l'année 2023.

Les faits

A Fin de vie : un nouveau débat s'est ouvert

Le président de la République a annoncé le 13 septembre 2022 une « consultation citoyenne » sur la fin de vie. Elle devrait être organisée par le **Conseil économique social et environnemental (CESE)** et pourrait rendre ses conclusions au printemps 2023.

Le président de la République a également annoncé des consultations avec les équipes de soins palliatifs et un « travail concerté et transpartisan » avec les élus de la nation, députés et sénateurs. Au terme de ces consultations, un nouveau cadre légal pourrait être décidé d'ici à la fin de l'année 2023.

Emmanuel Macron a pris cette position à l'issue de la publication d'un avis sur la question de la fin de vie du **Comité consultatif national d'éthique (CCNE)**. Il a jugé qu'une « aide active à mourir » pourrait s'appliquer en France, à certaines conditions strictes.

Pour qu'une nouvelle loi soit adoptée, elle devrait passer au vote au Parlement. Des élus de tous bords politiques ont déjà exprimé leur opposition ou leur intérêt pour une légalisation de l'euthanasie. Pour la députée RN Marine Le Pen, la **loi Claeys-Léonetti** est suffisante ; selon le chef du groupe LR (majoritaire) au Sénat, **Bruno Retailleau**, le plus important est le développement des soins palliatifs. Sur la question de la fin de vie, les votes des députés et sénateurs sont plus de « conscience » que « politiques » et partisans.

Les propositions législatives ont souvent été mises en échec. En avril 2021, par exemple, la proposition de loi pour un droit à « une fin de vie libre et choisie » du député Olivier Falorni a été neutralisée par une longue série d'amendements d'élus LR, opposés à l'euthanasie.

Les recommandations du Comité consultatif national d'éthique (CCNE)

Le CCNE s'est montré critique de la situation actuelle et a recommandé de renforcer le développement des soins palliatifs, en observant que peu de moyens financiers y sont affectés. Dans certaines zones du territoire, il n'existe aucun centre de **soins palliatifs**.

Le CCNE recommande « d'intégrer les soins palliatifs dans la pratique de tous les professionnels de santé » et d'en faire une discipline universitaire.

Il regrette aussi que les dispositions législatives et réglementaires ne soient pas mises en place. Il souhaite par exemple un soutien à la loi Claeys-Léonetti de 2016, sur l'expression anticipée de la volonté, sur la désignation d'une personne de confiance, sur la rédaction de directives anticipées et pour rendre plus effectif l'accès à la sédation profonde et continue jusqu'au décès, à l'hôpital, dans l'ensemble des établissements médico-sociaux et à domicile.

Le CCNE préconise une évaluation de la loi actuelle et un développement de politiques de santé publiques efficaces et ambitieuses pour lutter contre le suicide. Il évoque aussi, avant l'engagement de toute nouvelle réforme législative, un débat national, auquel il participera « en raison de l'extrême complexité du sujet » et « de l'importance des nuances » derrière chaque possibilité analysée.

Concernant l'aide « active » à mourir, il évoque :

- l'existence « d'une voie pour une application éthique d'une aide active à mourir, à certaines conditions très strictes ».
- la possibilité d'un accès légal à « une assistance au suicide » pour les adultes atteints de maladies graves et incurables provoquant des souffrances physiques et/ou psychiques impossibles à apaiser, au pronostic vital engagé à moyen terme (quelques semaines ou mois).
- l'éventuel accès à un juge ou le choix laissé au patient de disposer d'un accès légal à l'euthanasie.
- le besoin d'une autonomie de décision au moment de sa démarche, de façon libre, éclairée, réitérée.
- une clause de conscience pour les professionnels de santé avec obligation d'adresser le patient à un autre praticien en cas de retrait.

Peu de pays dans le monde ont légalisé l'euthanasie et/ou le suicide assisté. L'euthanasie est une pratique visant à provoquer, par un médecin ou sous son contrôle, le décès d'un individu. Elle doit être différenciée de l'aide ou du suicide assisté. Le suicide assisté, lui, ne vise qu'à fournir les moyens nécessaires à une personne pour qu'elle se donne elle-même la mort.

En France, l'euthanasie, tout comme le suicide assisté, demeurent proscrits par la loi qui permet la sédation profonde et continue. Est-ce suffisant ? Doit-on légaliser l'euthanasie ?

Les arguments des partisans

- Laisser le choix au patient : c'est l'argument de la souveraineté de l'individu. Chacun est libre de choisir le moment et les conditions de sa mort. C'est l'un des principaux arguments avancés en faveur de l'euthanasie, notamment par les patients atteints de maladies incurables pour qui ce serait un moyen de reprendre le contrôle sur leur existence. Pourquoi limiter la liberté d'un individu qui, agissant en toute connaissance de cause, ne fait aucun tort aux autres ?
- Éviter des souffrances inutiles : les soins palliatifs peuvent ne pas suffire à traiter les douleurs physiques et les douleurs psychologiques causées par une maladie incurable. L'euthanasie serait un moyen d'épargner des douleurs à venir à des malades condamnés.
- Respecter la dignité : le principe de dignité de l'être humain est souvent brandi par les tenants d'une légalisation de l'euthanasie. Ils s'appuient sur l'article 16 du Code civil, *« la loi assure la primauté de la personne, interdit toute atteinte à la dignité de celle-ci et garantit le respect de l'être humain dès le commencement de sa vie »*.
- Encadrer les pratiques officieuses : l'euthanasie non légale existe. Elle est pratiquée parfois par des médecins ou des équipes médicales, parfois par des proches, désespérés devant la souffrance. De nombreuses affaires médiatisées ont déjà mis en lumière cette pratique, à l'image de l'affaire Vincent Humbert, un jeune homme victime d'un accident de la route et dont la mère provoqua, avec l'aide d'un médecin, le décès en 2003.

Les arguments des opposants

- La vie est sacrée : le serment d'Hippocrate des médecins, sans valeur juridique mais à la symbolique forte, précise « je ne provoquerai jamais la mort délibérément ». Pour les opposants, l'euthanasie remettrait en cause l'interdit du meurtre, fondement de nos sociétés. L'euthanasie suscite une opposition de la part de médecins qui rapprochent l'euthanasie de l'assassinat.
- L'argument économique : des opposants notent que les dépenses de santé sont importantes chez les gens âgés, en fin de vie. La tentation pourrait exister de limiter des coûts de la santé en abrégeant des vies. Des études existent déjà sur les coûts des dernières semaines de vie.
- Des soins palliatifs suffisent : aux yeux des opposants, la solution à la fin des souffrances en fin de vie existe par le développement des soins palliatifs, capables de soulager les douleurs physiques. Cet argument peut factuellement être discuté, les centres de soins palliatifs sont peu nombreux et même inexistants dans plusieurs départements français.
- Protéger les vulnérables : en cas de légalisation de l'euthanasie, les médecins pourraient être confrontés aux demandes des patients atteints de handicaps ou de maladies chroniques. L'euthanasie pourrait devenir une issue thérapeutique pour des handicapés ou ceux qui ressentiraient l'impression d'être « un fardeau » pour la société. Où serait placée la limite de l'acceptable et de l'inacceptable ?

B Interruption volontaire de grossesse : la nouvelle donne

Allongement du délai

En février 2022, l'Assemblée nationale a définitivement adopté, par 135 voix, contre 47 et 9 abstentions, l'allongement du délai légal pour recourir à l'**interruption volontaire de grossesse (IVG)**, de douze à quatorze semaines de grossesse.

Le but de ce texte est d'éviter que des femmes soient contraintes de se rendre à l'étranger afin d'avorter pour avoir dépassé les délais légaux. D'après la députée socialiste Marie-Noëlle Battistel, elles seraient 2 000 chaque année. Voté et soutenu par des députés de plusieurs groupes, le texte prévoit aussi d'étendre la pratique de l'IVG instrumentale aux sages-femmes ; elles pouvaient déjà pratiquer les IVG par voie médicamenteuse depuis 2016.

L'Assemblée nationale et le Sénat étaient saisis fin 2022 de plusieurs propositions de loi émanant d'élus de plusieurs partis visant à inscrire le droit à l'IVG dans la Constitution.

Les sénateurs LR (majoritaires) ont refusé en octobre 2022 l'un de ces textes au terme de vifs débats à 172 voix contre et 139 pour. Les groupes Renaissance et NUPES de l'Assemblée nationale portaient deux autres propositions qui devaient être débattues en première lecture en fin d'année avant de passer par le Sénat. Si l'adoption par l'Assemblée nationale était attendue, le rejet par le Sénat l'était aussi.

La volonté des partisans de cette inscription dans la Constitution est de rendre des restrictions à l'IVG ou une interdiction de l'IVG plus difficiles à mettre en place.

Ailleurs dans le monde

L'IVG est totalement interdite dans une vingtaine de pays dans le monde, notamment en Afrique et en Amérique latine.

Le Salvador est l'un des États les plus répressifs, l'interruption volontaire de grossesse y est interdite en toutes circonstances, même en cas de danger pour la santé de la mère ou de l'enfant. Jusqu'à 8 ans de prison peuvent condamner un avortement.

D'autres pays d'Amérique latine, comme le Honduras, ont durci l'accès à l'IVG. En Europe, Malte l'interdit encore, comme Andorre et le Vatican.

Dans certains pays, l'avortement n'est possible qu'en cas de danger pour la vie de la mère ou celle de l'enfant ; dans d'autres, en cas de viol, ou en cas de grave malformation de l'enfant.

Dans les faits, l'accès à l'avortement demeure un droit très inégal et fragile dans le monde. En juin 2022, la Cour suprême des États-Unis a ainsi révoqué l'arrêt « **Roe** *vs* **Wade** » qui garantissait aux Américaines depuis 1973 le droit d'avorter. Désormais, ce sont les États qui ont le pouvoir de l'autoriser ou de l'interdire : le Missouri l'a très rapidement interdit, quand le Kansas, État conservateur, s'est prononcé pour le maintien du droit à l'IVG. Cette question était au centre des débats dans plusieurs États au moment des élections de mi-mandat en novembre.

La législation sur la procréation médicalement assistée (PMA) en Europe

La législation sur la gestation pour autrui (GPA) dans quelques États

Les législations sur l'homosexualité dans le monde

Chronologie de la légalisation du mariage entre personnes de même sexe

Le contexte

A La loi Claeys-Léonetti

En 2014, le président de la République François Hollande avait confié à deux élus, **Alain Claeys**, alors député-maire PS de Poitiers et **Jean Léonetti**, député LR des Alpes-Maritimes (déjà auteur d'une loi sur cette question) le soin de travailler à une loi consensuelle sur la fin de vie. Ces deux sages ont rendu leur rapport en 2015.

La loi Claeys-Léonetti « créant de nouveaux droits en faveur des malades et des personnes en fin de vie » a été adoptée en janvier 2016. Si le mot « euthanasie » n'y apparaît pas, elle permet aux malades de choisir une « sédation profonde et continue ».

Elle contient trois dispositions principales.

Les directives anticipées des citoyens s'imposent au médecin

Désormais, le personnel médical et le médecin responsable ont l'obligation de respecter le souhait du patient. Ces directives anticipées sont sans limite de validité mais révisables et révocables à tout moment. Elles existaient déjà dans la loi Léonetti mais ne s'imposaient pas au médecin. Un modèle officiel de lettre a été créé et son existence sera intégrée dans la carte Vitale. L'esprit de cette disposition est de respecter le choix de l'individu et de ne pas faire reposer sur le corps médical le choix de fin de vie.

La personne de confiance

La désignation d'une « personne de confiance » doit faciliter la discussion avec les médecins dans le cas où des directives anticipées n'auraient pas été écrites. Cette personne de confiance, désignée par écrit, est l'interlocutrice des médecins avant tout autre personne. Il est conseillé aux citoyens de désigner une personne de confiance (ce choix est révocable) et d'avoir avec elle une discussion sur les choix de fin de vie.

La « sédation profonde et continue »

Le droit à la sédation profonde et continue jusqu'au décès est un droit né de cette loi, qui complète le droit de limiter ou d'arrêter un traitement. Les patients atteints de maladies graves et incurables pourront avoir un traitement sédatif « provoquant une altération de la conscience maintenue jusqu'au décès, associé à une analgésie ».

Deux types de patients pourront en faire la demande :

- ceux atteints « d'une affection grave et incurable dont le pronostic vital est engagé à court terme et qui présentent une souffrance qui ne peut pas être soulagée »,
- ceux « atteints d'une affection grave et incurable, qui demandent l'arrêt de leur traitement, une décision qui risque d'entraîner leur décès à très court terme ».

B Le rôle de l'État

De nombreux faits divers ont fait « la Une » de l'actualité depuis plusieurs années et mis en débat les choix de fin de vie. Universels, ces questionnements touchent tous les citoyens et leur entourage. Vincent Lambert, Vincent Humbert, Alain Cocq, Chantal Sébire, Anne Bert... de nombreux cas ont ému l'opinion, manifestant la volonté de choisir leur fin de vie, alors que l'euthanasie active n'est pas possible en France. Le suicide assisté du cinéaste Jean-Luc Godard, en Suisse, en a été une nouvelle illustration en 2022.

Si les sondages et études d'opinion montrent qu'un pourcentage élevé de Français est favorable à l'euthanasie, l'État, qui doit être garant des libertés individuelles, doit aussi poser un cadre de valeurs communes, et permettre et garantir cette liberté de choix en l'encadrant et en posant les limites de façon à éviter les dérives.

Approfondir

Quelle éthique pour la santé d'aujourd'hui et celle de demain ?

Par Adrien Tallent

La morale philosophique héritée des Lumières faisait de l'idée de progrès un horizon enviable pour toute société humaine. Si l'idée de progrès s'est longtemps plutôt cantonnée au progrès scientifique et matériel, elle est aussi, du moins au cours du XXe siècle et au début du XXIe siècle, liée à l'idée de progrès sociaux et de libertés individuelles. Depuis les années 1970, les sociétés occidentales se sont très largement sécularisées et libéralisées. Droits des femmes à ouvrir un compte en banque, droit des femmes à travailler sans l'accord de leur mari, droit à la contraception, droit à l'avortement, abolition de la peine de mort, légalisation du mariage homosexuel, PMA pour toutes... Les lois semblaient aller toutes vers une plus grande liberté de l'individu, celui-ci ayant désormais de larges possibilités, libre à lui d'en user ou non suivant ses opinions personnelles. Et pourtant cette voie toute tracée vers toujours plus de liberté individuelle a connu de sérieux coups d'arrêts depuis quelques années.

L'attaque la plus sévère contre ce qui semblait être un mouvement de l'Histoire en faveur des libertés individuelles a eu lieu aux États-Unis le 24 juin 2022 lorsque la Cour Suprême, à majorité conservatrice, a décidé de révoquer l'arrêt « Roe *vs* Wade » qui avait légalisé l'avortement au niveau fédéral en 1973. Désormais, chaque État américain est libre de légiférer comme bon lui semble. Objectif de long terme des Républicains américains, la révocation de l'arrêt « Roe *vs* Wade » devait ainsi permettre à de nombreux États à majorité républicaine d'immédiatement légiférer afin de rendre l'avortement illégal. Treize États avaient en effet prévu des lois contre l'avortement appelées *« trigger laws »* et d'autres suivront. Dans une société occidentale, ce recul historique des droits des femmes, pour ne pas dire des droits humains, a lancé un signal d'alerte. Le combat pour la liberté des femmes est un combat de tous les instants. Les forces conservatrices, de plus en plus puissantes dans tous les pays du monde, n'auront en effet de cesse de vouloir revenir en arrière.

Ce recul invite à se poser la question du modèle de société que nous voulons. Comme pour chaque avancée concernant les droits individuels, aucune loi ne « force » par exemple les gens à avorter ou à se marier avec une personne du même sexe. Elles rendent simplement cette action possible pour les personnes qui le souhaitent. Pourquoi donc vouloir à tout prix légiférer et imposer une vision du monde restrictive à des personnes qui ne partagent pas les valeurs - souvent teintées de religion - des conservateurs ?

Face au recul des libertés individuelles aux États-Unis, au Brésil de Jair Bolsonaro (finalement battu par Lula lors de l'élection présidentielle de 2022), et au durcissement des régimes russe et chinois, l'Europe semble être devenue un îlot de libertés. Mais qu'en est-il réellement ? La Pologne et la Hongrie sont depuis de nombreuses années devenues des démocraties dites « illibérales », des villes polonaises se déclarant même « zones libres d'idéologie LGBT ». En 2022, la Suède puis l'Italie auront élu des coalitions de droite au sein desquelles des partis d'extrême droite jouent un rôle prépondérant. En France, le Front national, devenu Rassemblement national, n'a jamais semblé aussi puissant avec 89 députés à l'Assemblée nationale, un record. Des députés qui, pour certains, ont par le passé déjà manifesté leur opposition à l'avortement par exemple.

Pour autant, en Europe, les sociétés - et les responsables politiques - semblent avoir sanctifié un certain nombre de droits, à commencer par le droit à l'avortement et l'abolition de la peine de mort. En outre, sur les questionnements éthiques, la Commission européenne et le Parlement européen sont régulièrement à l'initiative de lois ayant pour but la défense des citoyens. Le domaine où les institutions européennes s'illustrent régulièrement concerne l'éthique des données personnelles et l'éthique de l'intelligence artificielle mais aussi dans la défense de l'État de droit et des libertés. Preuves en sont les condamnations régulières de la Hongrie et de la Pologne.

La pandémie de Covid-19 a remis sur le devant de la scène la médiocrité de la gestion de la fin de vie dans nos sociétés. Insuffisance des soins, faiblesses des moyens alloués, abandons des personnes âgées dans des EHPAD qui ont été au centre de divers scandales indignes... Si le mourant n'est jamais indigne, le manque d'accompagnement l'est. Avec ce constat est alors revenu le thème de l'euthanasie. Pour le moment, alors que divers pays européens avancent sur la question - les pays Benelux l'ont légalisé depuis plusieurs années, l'Espagne récemment, en Suisse le suicide assisté est légal - chaque projet de loi en France s'est heurté à des oppositions. Pourtant, une société opposée à l'euthanasie devrait en toute logique mettre tous les moyens nécessaires au maintien du « bon vivre » des personnes âgées, ce qui n'est manifestement pas le cas. Résultat : nombreux sont les Français qui font le voyage vers ces pays frontaliers. L'allongement

de l'espérance de vie, aussi souhaitable soit-elle, doit s'accompagner de l'allongement de la vie en bonne santé. Une telle discussion doit se tenir, et doit dépasser les oppositions de principes pour aller vers un grand débat national. En effet, même si on y est favorable, de nombreuses questions méritent d'être posées quant au déroulé possible de cet acte : doit-il nécessairement être un acte médical de bout en bout ? Le médecin doit-il être seul à assumer la responsabilité ? Quel est le rôle de l'individu ?
Enfin, dans le champ de l'éthique pour le futur, une question pressante est celle de la gestion des données de santé, véritable mine d'or pour les assureurs, les entreprises pharmaceutiques, les banques... mais qui posent de réels problèmes quant au respect de la vie privée, d'une équité de traitement des individus et d'un droit à la confidentialité. Si la question de l'éthique des données et de leur traitement par l'intelligence artificielle ne se limite pas aux seules données de santé, celles-ci méritent une attention particulière étant donné leur sensibilité et les motifs de discrimination et d'inégalité qui peuvent découler de leur traitement.
Dans *La Vie intense* (2016), le philosophe Tristan Garcia explique qu'« une morale m'enjoint à être juste, à être digne, à être respectueux ; une éthique réclame que je sois justement, que je sois dignement, que je sois respectueusement ce que je suis ». L'éthique se situe donc dans la conduite de l'action, elle est une manière de mener sa vie pour connaître le bonheur. Dans le cas des questions liées à la santé, à la vie, à la mort des personnes, il convient donc de se demander quel chemin nous voulons emprunter en tant que société afin qu'un maximum de personnes puissent être heureuses.

Poursuivre le débat

- Les dérives possibles d'une légalisation de l'euthanasie
- Pourquoi les politiques ont-ils peur de légaliser ?
- Les religions et la fin de vie

La vie de l'Union européenne

L'Europe a traversé en 2022 une deuxième crise majeure. Après la crise sanitaire du Covid, qui n'est pas encore terminée, elle affronte désormais celle déclenchée par l'invasion russe en Ukraine et son lot de conséquences géopolitiques, humanitaires et économiques. Ces dernières sont dues notamment à sa dépendance au gaz russe : avant le conflit, 45 % des importations de gaz naturel de l'UE provenaient de Russie. Face aux crises, l'Europe a toutefois le mérite de tenter d'ébaucher des solutions collectives, mais la construction complexe d'un projet politique attendra, tandis que les résultats des dernières élections européennes et nationales dans les pays membres ou voisins ont confirmé la montée des courants populistes et eurosceptiques (France, Italie, Suède…).

Les faits

L'Union européenne (UE) compte aujourd'hui 27 États membres, et 447 millions d'habitants depuis le départ du Royaume-Uni, qui lui a fait perdre 66 millions d'habitants : elle est repassée sous la barre des 500 millions d'habitants et a perdu 248 000 kilomètres carrés, soit 5,5 % de sa surface.

L'UE est le troisième bassin de population mondiale derrière la Chine et l'Inde, devant les États-Unis.

Parallèlement à la montée des populismes, les Européens sont confrontés à des réalités et des problématiques qui n'ont rien de nationales : la lutte contre réchauffement climatique et le contexte géopolitique à leurs frontières.

L'Union européenne en 2022

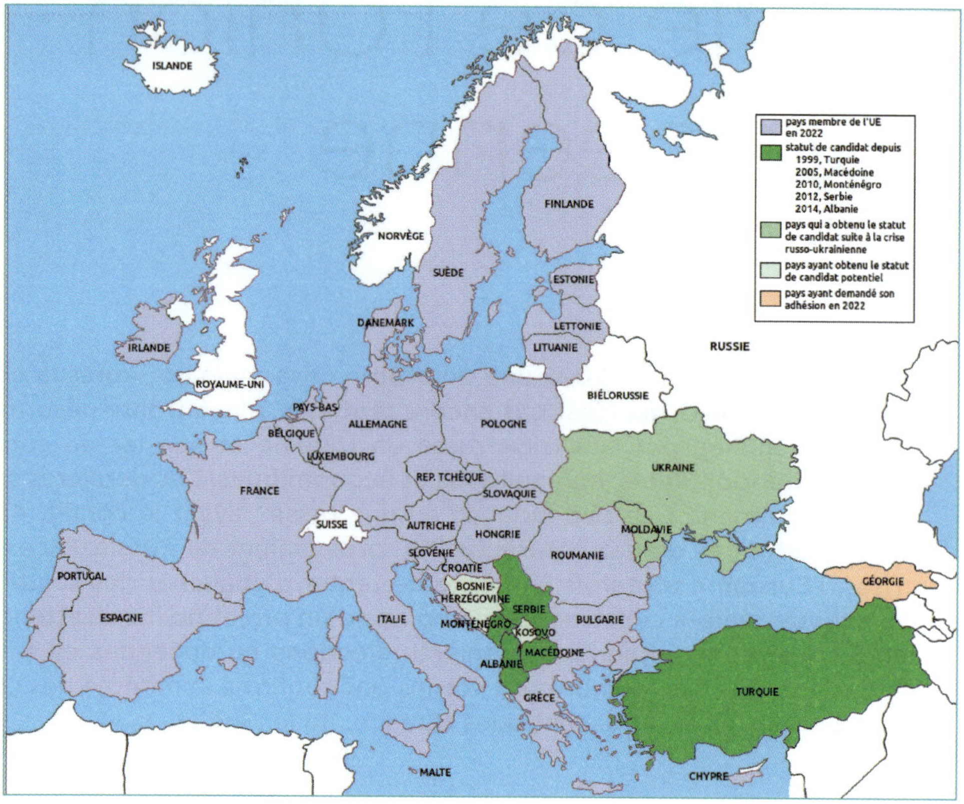

La gestion de la crise sanitaire et le plan de relance

Pourtant, en 2021, la solidarité dans la gestion des vaccins et le plan de relance avaient eu des effets positifs (reprise de la croissance, baisse du chômage) sur les économies des États membres, dont la France.

Les dirigeants des 27 avaient réussi à présenter un plan de 750 milliards d'euros, construit sur le principe d'une dette commune.

Ce fonds était composé :

- de 390 milliards de subventions, pour les États les plus frappés par la pandémie. Il s'agit d'une dette commune à rembourser par les 27.
- de 360 milliards d'euros disponibles pour des prêts, remboursables par les pays demandeurs.

La question cruciale du remboursement de cette dette commune a été repoussée.

L'invasion de l'Ukraine

Mais en 2022, depuis le début de l'invasion russe en Ukraine, l'Union européenne a connu une forte hausse des prix de l'électricité et du gaz en raison notamment de la forte baisse puis de l'arrêt de l'approvisionnement en provenance de la Russie.

Pour apporter des solutions à cette crise de l'approvisionnement énergétique, l'UE a tenté de faire cause commune en présentant le plan **REPowerEU** le 18 mai 2022.

Ce plan tourne autour de trois axes :

- des économies d'énergie mises en place dans tous les pays pour réduire la consommation globale de 10 à 15 %, soit 13 milliards de m^3 de gaz ;
- la production d'énergies propres, en accélérant la mise en place du « pacte vert pour l'Europe » décidé en 2021, et en déployant des projets photovoltaïques, éoliens, à l'hydrogène renouvelable, au biométhane ;
- la diversification de l'approvisionnement énergétique (achat groupé par les États membres de l'UE *via* une plateforme énergétique ouverte aussi à l'Ukraine, à la Moldavie, la Géorgie).

L'approche européenne commune pour protéger l'industrie, sans fausser la concurrence sur le marché intérieur, a cependant été mise à mal par l'Allemagne qui a négocié seule du gaz liquéfié et du diesel et mis en place un « bouclier de défense économique » de 200 milliards d'euros avec des aides aux entreprises allemandes, plan financé par l'emprunt et contraire au plan européen. Le 7 octobre 2022, lors de la réunion des chefs d'État et de gouvernement de l'UE, à Prague, l'Allemagne a été accusée d'avoir un discours et des actes contradictoires et de profiter de la crise pour accroître sa position dominante en Europe.

Si l'Europe passe l'hiver 2022 grâce à un stock de réserve de gaz disponible à 90 %, elle devra reconstituer ces stocks avant l'hiver 2023. Un autre défi important.

Le contexte

Le Parlement européen

Le Parlement est la seule institution de l'Union européenne dont les membres sont élus au suffrage universel direct par les citoyens, depuis 1979. Composé de 705 députés (751 avant le Brexit), il exerce trois pouvoirs fondamentaux : législatif, budgétaire et de contrôle politique des autres institutions européennes.

Il représente un peu plus de 447 millions d'habitants des 27 États membres de l'UE.

La durée du mandat d'un député européen est de 5 ans (les prochaines élections sont fixées en 2024, les dernières se sont déroulées en mai 2019). Les députés sont rééligibles. Le mode de scrutin est la proportionnelle à un seul tour dans tous les pays de l'UE.

Les États mandatent au Parlement, en fonction de leur population, entre six (Estonie, Luxembourg) et 96 (Allemagne) députés. La France compte 79 sièges.

Avant le Brexit, 9,8 % des eurodéputés étaient français, après le Brexit, cette proportion est de 11,2 %.

Pour former un groupe au Parlement, il faut 25 députés élus dans un quart des États membres au moins, soit au minimum sept pays. Les eurodéputés ne se regroupent pas par nationalité mais par affinité et proximité politique.

Le Parlement siège à Strasbourg, où se tiennent douze sessions plénières par an, mais les députés travaillent en commission à Bruxelles. La bataille du siège est un vieux serpent de mer européen, les deux villes et pays tenant à conserver leur statut.

La loi a imposé la parité homme-femme sur les listes depuis l'élection de 2019. Avant cette loi, les femmes représentaient 37 % des députés élus avec des disparités importantes selon les pays. Pour cinq des 28 États, plus de 50 % de femmes étaient élues ; à l'inverse des 23 autres, dont la France (42 %), qui se plaçait à la 8e position pour la représentation féminine.

La présidence

La présidente du Parlement est la Maltaise **Roberta Metsola**, 43 ans, élue en janvier 2022 après le décès du social-démocrate italien, **David Sassoli**. Membre du PPE, elle assure la présidence du Parlement européen jusqu'en 2024. Roberta Metsola est eurodéputée depuis 2013, elle était première vice-présidente du Parlement depuis novembre 2020.

Elle est la troisième femme à la tête de l'institution, après Simone Veil (1979-1982) et Nicole Fontaine (1999-2002).

La composition du Parlement européen en 2022

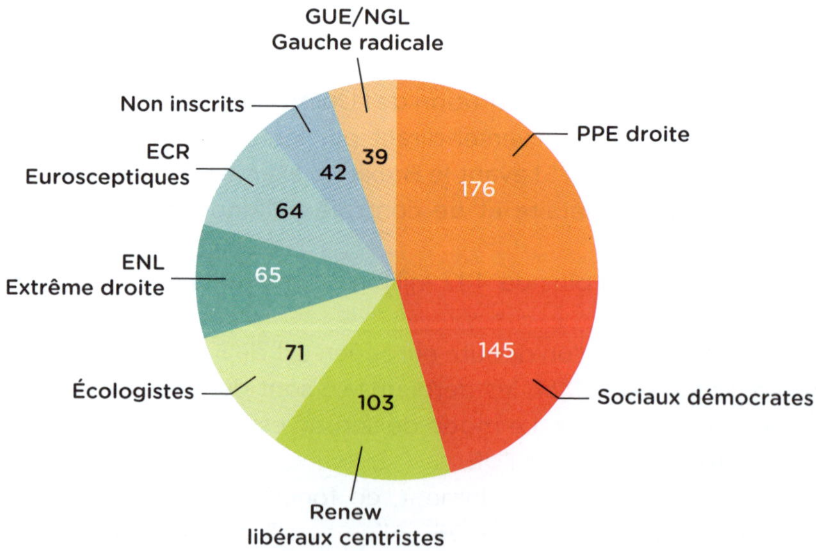

Le Conseil des ministres de l'Union européenne ou Conseil de l'Union européenne

C'est l'institution qui représente les intérêts des États membres. Le Conseil réunit les ministres compétents par domaine d'activité.

Il est chargé de la coordination générale des activités de l'Union européenne. Il exerce la fonction législative, à égalité avec le Parlement européen.

Depuis l'entrée en vigueur du traité de Lisbonne (2007, entré en vigueur en 2009), la présidence de l'Union européenne est scindée en deux : le président du Conseil européen et la présidence tournante du Conseil de l'Union européenne (Conseil des ministres).

Le traité de Lisbonne maintient donc la présidence semestrielle du Conseil de l'Union européenne qui travaille en coopération avec le président du Conseil européen.

Les présidences tournantes du Conseil de l'Union européenne sont assurées par les pays suivants (de janvier à juin puis de juillet à décembre) :

2022 : France puis République tchèque
2023 : Suède puis Espagne
2024 : Belgique puis Hongrie
2025 : Pologne puis Danemark

Le Conseil européen

Les réunions du Conseil européen sont des sommets rassemblant les chefs d'État ou de gouvernement de l'UE, qui décident des priorités politiques générales et des grandes initiatives. Le Conseil européen se réunit généralement quatre fois par an, sous la présidence d'un président permanent, le Belge **Charles Michel.** (www.europa.eu)

La Commission européenne

La Commission européenne est l'organe exécutif de l'Union européenne. Politiquement indépendante, elle promeut l'intérêt général de l'Union.

Elle suit les grandes orientations fixées par le Conseil européen, prépare et met en œuvre les décisions du Conseil de l'Union et du Parlement européen. Elle est dirigée par l'Allemande **Ursula Von der Leyen.** (www.europarl.europa.eu)

Le processus européen veut que le président de la Commission soit issu du parti arrivé en tête aux élections (le PPE). Puis un partage des postes et des rôles entre les groupes politiques et les chefs d'État est organisé. Pour être élu, le président de la Commission doit obtenir la majorité des voix des députés mais aussi celle des chefs d'État et de gouvernement.

Les traités fondateurs de l'UE

Toute action entreprise par l'UE découle des traités, qui ont été approuvés par tous les États membres. Ainsi, si un domaine politique n'est pas cité dans un traité, la Commission ne peut pas proposer de légiférer dans ce domaine.

Les traités européens sont des accords contraignants adoptés par tous les États membres de l'UE. Ils définissent les objectifs poursuivis par l'UE, les règles de fonctionnement des institutions européennes, les procédures à suivre pour prendre des décisions et les relations entre l'UE et les États membres.
Ces traités sont modifiés pour satisfaire à différents objectifs : renforcer l'efficacité et la transparence de l'UE, procéder aux adaptations nécessaires pour accueillir de nouveaux États membres et élargir la coopération entre les pays de l'UE à de nouveaux domaines, comme la monnaie unique.
Les institutions européennes adoptent des actes législatifs, en accord avec les traités, que les États membres doivent ensuite mettre en œuvre.

Les principaux traités

Traité de Lisbonne Signature : 13 décembre 2007 Entrée en vigueur : 1er décembre 2009	**Objectif** : rendre l'UE plus démocratique, efficace et apte à affronter les problèmes mondiaux tels que le changement climatique. **Principales modifications** : renforcement des pouvoirs du Parlement européen, modification des procédures de vote au Conseil, introduction de l'initiative citoyenne, instauration d'une présidence stable du Conseil européen, création du poste de Haut représentant de l'Union pour les affaires étrangères et d'un nouveau service diplomatique européen. Le traité de Lisbonne définit clairement : les compétences attribuées à l'UE ; les compétences attribuées aux États membres ; les compétences partagées. Le traité établissant une Constitution pour l'Europe (2004), qui poursuit des objectifs semblables à ceux du traité de Lisbonne, a été signé mais n'a jamais été ratifié.
Traité de Nice Signature : 26 février 2001 Entrée en vigueur : 1er février 2003	**Objectif** : réformer les institutions afin que l'UE continue à fonctionner efficacement après l'élargissement à 25 États membres. Principales modifications : nouvelles méthodes pour modifier la composition de la Commission et redéfinir le système de vote au Conseil.
Traité d'Amsterdam Signature : 2 octobre 1997 Entrée en vigueur : 1er mai 1999	**Objectif** : réformer les institutions européennes en vue de l'adhésion de nouveaux États membres. **Principales modifications** : amendement, renumérotation et consolidation des traités UE et CE. Processus décisionnel plus transparent (recours accru à la procédure de codécision).

Traité sur l'Union européenne (traité de Maastricht) Signature : 7 février 1992 Entrée en vigueur : 1er novembre 1993	**Objectif** : préparer la création de l'Union monétaire européenne et jeter les bases d'une union politique (citoyenneté européenne, politique étrangère et de sécurité commune, coopération dans le domaine de la justice et des affaires intérieures). **Principales modifications** : création de l'Union européenne et introduction de la procédure de codécision, qui donne plus de poids au Parlement dans les prises de décision. Instauration de nouvelles formes de coopération entre les États membres, par exemple dans les domaines de la défense, de la justice et des affaires intérieures.
Acte unique européen Signature : 17 février 1986 (Luxembourg) / 28 février 1986 (La Haye) Entrée en vigueur : 1er juillet 1987	**Objectif** : réformer les institutions pour préparer l'adhésion du Portugal et de l'Espagne et accélérer le processus décisionnel en vue de l'instauration du marché unique. **Principales modifications** : extension du vote à la majorité qualifiée au sein du Conseil (limitant ainsi la possibilité pour un pays d'opposer seul son veto à une proposition de législation), création des procédures de coopération et d'avis conforme, donnant plus d'influence au Parlement.
Traité de fusion (traité de Bruxelles) Signature : 8 avril 1965 Entrée en vigueur : 1er juillet 1967	**Objectif** : moderniser les institutions européennes. **Principales modifications** : création d'une seule Commission et d'un seul Conseil pour les trois Communautés européennes existant à l'époque (CEE, Euratom et CECA). Abrogé par le traité d'Amsterdam.
Traités de Rome - CEE et EURATOM Signature : 25 mars 1957 Entrée en vigueur : 1er janvier 1958	**Objectif** : créer la Communauté économique européenne (CEE) et la Communauté européenne de l'énergie atomique (CEEA ou Euratom). **Principales modifications** : introduction de la coopération économique dans les efforts d'intégration européenne.
Traité instituant la Communauté européenne du charbon et de l'acier (CECA) Signature : 18 avril 1951 Entrée en vigueur : 23 juillet 1952 Expiration : 23 juillet 2002	**Objectif** : créer une interdépendance entre les États membres dans les domaines du charbon et de l'acier, de façon à ce qu'un pays ne puisse plus mobiliser ses forces armées à l'insu des autres. Cette initiative a permis d'apaiser les tensions et de dissiper le climat de méfiance entre les pays après la Seconde Guerre mondiale. Le traité CECA a expiré en 2002.

http://europa.eu/eu-law/decision-making/treaties/index_fr.htm

Brève histoire de l'idée européenne

L'idée de l'Europe est ancienne. Dès le XVIIe siècle, Sully évoque « un corps politique de tous les États d'Europe qui pût produire entre ses membres une paix inaltérable et un commerce perpétuel ». Au XIXe siècle, d'autres auteurs rêvent des États-Unis d'Europe. Mais l'idée n'aboutit qu'à la fin de la Seconde Guerre mondiale.

En **1950**, Maurice Schumann propose la mise en commun du charbon et de l'acier de la France et de l'Allemagne.

Le 18 avril **1951**, l'Allemagne, la Belgique, la France, l'Italie, le Luxembourg et les Pays-Bas signent le traité de Paris instituant la **Communauté du charbon et de l'acier (CECA)**.
Le 25 mars **1957**, les mêmes six pays concluent le traité de Rome créant la Communauté économique européenne (CEE). Puis la Communauté s'élargit et les institutions évoluent. Aux six pays fondateurs sont venus s'en ajouter 22 autres. Le dernier État à avoir intégré l'UE est la Croatie en **2013**.

Les phases d'élargissement de la CEE/UE

Traité d'adhésion	États entrants
Rome (1957)	Allemagne, Belgique, France, Italie, Luxembourg, Pays-Bas
Bruxelles (1973)	Danemark, Irlande, Royaume-Uni
Athènes (1981)	Grèce
Madrid/Lisbonne (1986)	Espagne, Portugal
Corfou (1995)	Autriche, Finlande, Suède
Athènes (2004)	Chypre, Estonie, Hongrie, Lettonie, Lituanie, Malte, Pologne, République tchèque, Slovénie
Luxembourg (2007)	Bulgarie, Roumanie
Bruxelles (2013)	Croatie

Le processus d'adhésion

L'article 49 du traité sur l'Union européenne (dit « traité de Maastricht », 1992, qui institue une Union économique et monétaire) organise le processus d'adhésion d'un État.

- Pour prétendre à entrer dans l'UE, cet État doit respecter les principes fondamentaux d'un État de droit (dignité humaine, liberté, démocratie, droits de l'homme...).
- Le Conseil de l'UE reçoit la demande d'adhésion, puis se prononce sur le statut du pays demandeur après avis de la Commission européenne. Lorsque la réponse est positive, le pays est admis à candidater.
- Il peut alors signer un « accord d'association » avec l'UE, pour s'habituer à la discipline et aux règles européennes. Il bénéficie d'une aide financière, peut participer à des programmes communautaires et débuter les réformes nécessaires qui lui permettent, à terme, d'être en phase avec les critères européens. Les négociations d'adhésion peuvent alors débuter.

Les **critères d'adhésion**, ou « **critères de Copenhague** » (définis lors du Conseil européen de Copenhague, en 1993) sont les conditions essentielles que tous les pays candidats doivent remplir pour devenir membres de l'Union européenne. Ces conditions sont les suivantes :

- au **niveau politique** : des institutions stables garantissant la démocratie, la primauté du droit, les droits de l'homme, ainsi que le respect des minorités et leur protection ;
- au **niveau économique** : une économie de marché viable et la capacité de faire face à la pression concurrentielle et aux forces du marché ;
- au **niveau administratif et institutionnel** : la capacité à mettre en œuvre l'acquis (ensemble des droits et des obligations qui lient tous les États membres de l'UE) et à assumer les obligations découlant de la qualité d'État membre.

- En 2006, un autre critère a été détaillé ; il ne concerne cette fois pas le candidat mais l'UE elle-même et sa capacité à assimiler de nouveaux membres et à approfondir l'intégration.
- Une fois les négociations d'adhésion ouvertes, la Commission européenne mesure l'application et contrôle le respect des critères de Copenhague. S'ouvre alors l'étude des 35 chapitres de l'acquis communautaire : l'État entrant et l'UE valident que, point par point, le candidat peut être admis ; le résultat des négociations est inclus dans un traité d'adhésion, soumis au Conseil européen d'abord pour approbation et au Parlement européen pour accord.
- Enfin, ce traité d'adhésion doit être ratifié par tous ses signataires ; lorsque cela est effectif, le pays candidat devient un État membre.

  En 2014, le président de la Commission, Jean-Claude Juncker, avait déclaré que l'UE n'accueillerait aucun nouvel État membre dans les cinq prochaines années, délai maintenant dépassé. Aucune date n'est fixée pour un futur entrant et les 27 ont décidé de prendre du temps avant d'admettre un nouveau pays.

  Cinq États, Albanie, Macédoine du Nord, Monténégro, Turquie et Serbie, ont le statut de pays candidats à l'intégration.

  En 2019, la France, les Pays-Bas et le Danemark avaient émis des réserves à l'ouverture des négociations promises à l'Albanie et la Macédoine du Nord. Le président français a estimé nécessaire de réformer au préalable le fonctionnement interne de l'Europe avant d'accueillir de nouveaux entrants. *« La finalité de l'Europe ne doit pas être de s'élargir à tout prix. Elle ne marche pas déjà bien à 27, ça ne marchera pas mieux à 28, 30 ou 32. Avant d'accueillir de nouveaux États membres dans l'Union, réformons-la. Faisons les choses dans l'ordre »*, a écrit Emmanuel Macron.

Aux portes de l'UE

- La **Serbie** pourrait être le prochain entrant. Elle dispose du statut de candidat depuis mars 2012, les négociations d'adhésion ont débuté en janvier 2014, consécutives à une normalisation de ses relations avec le Kosovo, ancienne province serbe à majorité albanaise et autoproclamée indépendante en 2008.
- La **Turquie** est un cas à part, le pays est officiellement candidat depuis 1999. En 2005, elle obtient l'ouverture des négociations avec l'UE. Le processus de négociation s'avère le plus lent jamais mené par l'UE avec un aspirant à l'adhésion. Sur les 35 chapitres des négociations, 14 ont été ouverts et un seul a jusqu'ici pu être bouclé. Les autres chapitres ont été bloqués par la France, l'Allemagne ou Chypre, dont la partie nord est occupée depuis 1974 par les troupes turques. La France et l'Allemagne sont, de longue date, des opposants à l'entrée de la Turquie dans l'UE. Ces deux pays voient d'un mauvais œil l'entrée d'un pays de 85 millions d'habitants à majorité musulmane. La dérive autoritaire du pouvoir turc l'éloigne de plus en plus d'un modèle démocratique et l'écarte chaque jour un peu plus d'une intégration à l'UE, en dépit de la signature d'un accord avec l'UE sur les migrants.
- Le **Monténégro,** qui avait obtenu en décembre 2010 le statut officiel de « pays candidat » à l'Union européenne, a attendu 2012 pour l'ouverture des négociations. L'UE a demandé à Podgorica de lutter contre le crime organisé, la corruption et de mettre en place des mesures liées à l'indépendance de la justice.
- La **Macédoine du Nord** qui a obtenu un calendrier pour l'ouverture des négociations, a changé de nom, de constitution, réglé son différend avec la Grèce pour espérer une intégration à l'UE.
- L'**Albanie** doit renforcer sa lutte contre le crime organisé et la corruption pour convaincre les Européens qu'elle peut intégrer l'UE. La Commission a mis en avant les progrès réalisés par le pays, notamment en matière de normalisation politique. La France est réticente.
- Bruxelles a aussi désigné deux pays comme « candidats potentiels » :
- La **Bosnie**, qui souhaite déposer une demande pour obtenir le statut de candidat à l'adhésion, mais doit d'abord réviser sa Constitution. La Cour européenne des droits de l'Homme juge discriminatoire la Constitution bosnienne à l'égard des communautés rom et juive qui ne peuvent pas accéder à plusieurs fonctions.
- Le **Kosovo**, qui est au tout début du processus d'adhésion.

Union européenne et zone euro

Un vingtième pays a rejoint la zone euro le 1er janvier 2023 : la Croatie, qui a abandonné sa « kuna » au profit de l'euro. Le taux de conversion a été fixé à 7,53450 kunas pour 1 euro.

Depuis le 1er janvier 2023, 20 États sur 27 utilisaient l'euro (soit 340 millions d'Européens). Quatre micro-États (Andorre, Monaco, Vatican et Saint-Marin) l'utilisent également, de même que deux pays européens non-membres, le Kosovo et le Monténégro.

Date d'adoption de l'euro

- 1er janvier 1999 : Allemagne, Autriche, Belgique, Espagne, Finlande, France, Irlande, Italie, Luxembourg, Pays-Bas, Portugal.
- 1er janvier 2001 : Grèce.
- 1er janvier 2007 : Slovénie.
- 1er janvier 2008 : Chypre, Malte.
- 1er janvier 2009 : Slovaquie.
- 1er janvier 2011 : Estonie.
- 1er janvier 2014 : Lettonie.
- 1er janvier 2015 : Lituanie.
- 1er janvier 2023 : Croatie.

Les billets et pièces en euro ont commencé à garnir les portefeuilles des Européens le 1er janvier 2002.
Avant d'être admis dans la zone euro, un État doit d'abord passer deux années dans le **Mécanisme de change européen (MCE II)**. Il doit aussi satisfaire à des critères de convergences. Cela a été le cas de la Croatie avant son entrée dans la zone euro le 1er janvier 2023.
La Bulgarie a lancé le processus pour adopter l'euro, les 7 millions de Bulgares pourraient rejoindre les autres Européens en 2024, mais la question fait débat dans le pays.
La République tchèque, le Danemark, la Pologne, la Roumanie, la Suède sont membres de l'UE mais ne font pas partie de la zone euro.
Le Danemark participe au MCE II, ce qui signifie que la couronne danoise est liée à l'euro. Un mécanisme de régulation du taux de change entre l'euro et la couronne a été mis en place afin que les variations entre les deux soient minimes.

L'espace Schengen en 2022

Approfondir

L'Europe et sa gestion des crises

Par Adrien Tallent

Père fondateur de la construction européenne, Jean Monnet disait : « L'Europe se fera dans les crises et elle sera la somme des solutions apportées à ces crises ». L'histoire lui aura donné raison.

Notre monde est devenu un monde de crises : crise écologique, crise sanitaire, crise économique, crise énergétique, crise politique, guerre aux portes de l'Union européenne… Face à cet état de fait, quelque peu angoissant, le continent européen peut se féliciter d'avoir accompli une chose : la construction européenne. Lorsque la barque tangue, il vaut toujours mieux être plusieurs dans la barque pour être plus stables, solides, et éventuellement pouvoir sauver celui qui tombe à la mer.

Ces dernières années, les attaques contre l'Europe et ses institutions semblaient venir de l'intérieur. La Hongrie et la Pologne formaient le groupe des démocraties « illibérales » qui remettaient régulièrement en question la suprématie du droit européen sur le droit national, l'État de droit, les droits des femmes et des communautés LGBT. Après le référendum de 2016, le Royaume-Uni avait finalement quitté l'Union européenne début 2020 et conclu une histoire complexe et souvent conflictuelle avec « l'Europe continentale ». Dans presque tous les pays, les partis europhobes progressaient.

L'Union européenne représente une peur, une angoisse du futur. En effet, si la construction européenne a été lancée par des sociétés qui craignaient leur passé, ces sociétés ont désormais peur de l'avenir. Dans un monde de crises, les institutions européennes aujourd'hui se doivent de gérer ce sentiment antieuropéen. Si les institutions européennes ont à l'origine été conçues sur la base du droit afin de dépolitiser les relations entre les États européens après la guerre, régulièrement ces institutions ont pu avoir du mal à prendre des décisions importantes dans des contextes de crise. Aujourd'hui, l'appartenance à l'Union européenne ne semble plus être une appartenance à un projet commun tourné vers l'avenir mais « à un système institutionnel » comme le dit Jean-Louis Bourlanges (« Qu'est-ce que l'Union européenne ? », revue *Esprit*, mai 2019). Car, si le nombre fait la force, il fait aussi la confusion et bien souvent lorsqu'il a fallu gérer des crises, les avis ont divergé, et le consensus peinait à se faire autour d'une réponse commune.

La crise sanitaire provoquée par la pandémie de Covid-19 semblait déjà avoir participé aux changements des mentalités des pays « frugaux » du nord de l'Europe quant aux dépenses et à l'ambition des investissements que pouvait réaliser l'Union dans le cadre d'un plan de relance. Mais le 24 février 2022, l'invasion à grande échelle de l'Ukraine voulue par Vladimir Poutine a bouleversé l'agenda européen et mis à plat les divisions. La guerre était de retour sur le sol européen, aux portes de l'UE. De surcroît, Vladimir Poutine s'est mis à menacer le reste de l'Occident, l'Europe en tête. Trop peu préparée à une guerre, sans armée unie, engagée dans une alliance atlantique, l'OTAN, que le président français Emmanuel Macron décrivait comme « en état de mort cérébrale », l'Union européenne est tombée de haut et doit depuis composer avec l'existence de la menace russe.

Très vite, alors que Moscou pensait provoquer la division, l'Europe est parvenue à présenter un front commun face à l'ennemi et à jouer de la solidarité entre les peuples pour acheminer de l'aide en Ukraine. De la même manière, la guerre énergétique lancée par le Kremlin a eu pour effet de souder les Européens qui depuis cherchent la voie de la coopération.

Pourtant, l'UE est bien cet ensemble institutionnel qui cherche à protéger les pays et les citoyens européens car certaines décisions, pour être impactantes, se doivent d'être prises au niveau européen. Face aux crises, l'Europe se mobilise et suit un mantra devenu boussole politique : l'autonomie stratégique.

Avec 700 milliards d'euros, le plan de relance à la suite de la crise sanitaire provoquée par le Covid-19 est – même s'il a fallu passer par d'interminables négociations – un succès et témoigne d'un changement, au moins partiel, des mentalités. L'accession au pouvoir en Allemagne d'Olaf Scholz facilite également les choses, ce dernier étant bien davantage désireux de changements que ne l'était Angela Merkel.

Même si elle rencontre des succès, cette politique tient plus de la modernisation et de l'adaptation des outils de gestion de crise que de la résilience et la prévention face aux défis futurs, à commencer par la crise écologique, domaine dans lequel l'Union européenne a fort à faire et fait pour le moment trop peu.

Ce nouvel élan se trouve peut-être dans les débuts de la Communauté politique européenne, si jamais l'Europe manquait d'une instance politique. Proposée par Emmanuel Macron cinq mois avant sa première réunion le 6 octobre 2022 à Prague, cette organisation hétéroclite regroupe 44 pays dont tous les pays de l'Union européenne, le Royaume-Uni, les pays associés à l'Union, les pays candidats, dont l'Ukraine et la Turquie, auxquels s'ajoutent l'Arménie et l'Azerbaïdjan, pourtant en guerre, ainsi que le Kosovo.

L'Union européenne est avant tout un système institutionnel. Cette approche lui permet une forme d'impartialité qui la rend quelque peu universelle. Elle a alors fait de la norme une arme géopolitique. Pourtant, si cette arme est utile et lui permet d'étendre ses normes, ses réglementations au monde par le biais d'accords commerciaux, il semble que dans la situation géopolitique actuelle, elle soit contrainte de se doter d'une réelle puissance, à commencer par militaire.

Certes, elle est le premier marché de la planète et surtout le marché le plus tourné vers le respect du consommateur. Mais, elle doit former une puissance. Emmanuel Macron voulait d'une véritable armée européenne – la France étant la première armée d'Europe. Or, si ce souhait n'a toujours pas été réalisé, il devient de plus en plus une nécessité. Il semble néanmoins que le choc provoqué par le déclenchement de la guerre en Ukraine et les menaces nucléaires de Vladimir Poutine ont plus que jamais soudé les pays européens, désormais convaincus de la nécessité de se renforcer militairement et géopolitiquement. L'idée d'une paix perpétuelle par le « doux commerce » de Montesquieu a atteint ses limites. Limites qu'expérimentent aujourd'hui les pays de l'Union.

Les défis sont nombreux pour l'Europe et ses institutions. Les multiples crises que l'Union traverse démontrent sa solidité, son unité, la force de son marché et de ses valeurs dans les tempêtes. Néanmoins, l'Europe a du mal à se penser en tant que puissance, chose qu'elle doit absolument faire dans le contexte géopolitique actuel sous peine d'être reléguée au second rang. La guerre en Ukraine aura permis de faire bouger les lignes et aura achevé de convaincre les pays européens de la nécessité de se doter de réels outils de puissance.

Poursuivre le débat

- L'idée européenne profite-t-elle des crises ?
- L'Europe à la recherche du « plus petit dénominateur commun »
- L'union est plus difficile à 27 qu'à deux fois moins. Faut-il réduire l'Union ?
- Un président et un Premier ministre européen pour incarner l'UE
- « Plus le nombre de pays qui la composent sera élevé, plus l'Europe sera forte face aux États-Unis et la Chine. » Que penser de cette idée ?
- Comment l'Europe peut-elle devenir séduisante aux yeux des Européens ?

7

Le Royaume-Uni pleure sa reine

Pendant les soixante-dix ans de son règne, Elizabeth II a symbolisé l'unité du Royaume-Uni. La royauté qu'elle incarnait est aujourd'hui à l'épreuve, comme le gouvernement, d'une importante crise politique et économique.

Les faits

A La mort de la reine Elizabeth II

Le Royaume-Uni a été plongé début septembre 2022 dans une intense émotion. Même si l'âge de la reine, 96 ans, et son état de santé dégradé faisaient craindre sa disparition prochaine, les Britanniques ne semblaient pas avoir anticipé la possibilité de la mort de la souveraine en exercice la plus âgée et la plus célèbre de la planète, entourée des siens, notamment son fils aîné, le prince Charles, héritier au trône sous le nom de **Charles III**.
À l'étranger, les hommages ont afflué, insistant souvent sur l'incarnation de la royauté, la dignité et la longévité de la reine.

Elizabeth II
- 21 avril 1926 : naissance à Londres
- 12 décembre 1936 : son père George VI accède au trône, elle devient héritière de la couronne
- 20 novembre 1947 : épouse Philip Mountbatten
- 14 novembre 1948 : naissance de Charles, premier de ses quatre enfants
- 6 février 1952 : mort de son père, accession au trône à l'âge de 25 ans
- 2 juin 1953 : couronnement à l'abbaye de Westminster
- 31 août 1997 : mort de la princesse Diana, épouse du prince Charles
- 6 février 2002 : 50 ans de règne, jubilé d'or
- 9 septembre 2015 : record de longévité sur le trône britannique
- 9 avril 2021 : décès du prince Philip, à l'âge de 99 ans
- 6 février 2022 : 70 ans de règne

- 2 au 5 juin 2022 : célébration du jubilé de platine
- 6 septembre 2022 : demande à Liz Truss de former un gouvernement
- 8 septembre 2022 : décès dans son château de Balmoral en Écosse

Une longévité hors norme

En soixante-dix années de règne, Elizabeth II a été spectatrice de l'évolution du monde contemporain. Elle a assisté à la construction puis à la chute du mur de Berlin, a connu quatorze présidents américains, a côtoyé Nehru, de Gaulle ou Mandela, a rencontré quatre papes et a nommé quinze Premiers ministres.

Les chefs de gouvernement sous le règne d'Elizabeth II

Début	Fin	Nom	Parti
1952	1955	Winston Churchill	Conservateur
1955	1957	Anthony Eden	Conservateur
1957	1963	Harold Macmillan	Conservateur
1963	1964	Alec Douglas-Home	Conservateur
1964	1970	Harold Wilson	Travailliste
1970	1974	Edward Heath	Conservateur
1974	1976	Harold Wilson	Travailliste
1976	1979	James Callaghan	Travailliste
1979	1990	Margaret Thatcher	Conservateur
1990	1997	John Major	Conservateur
1997	2007	Tony Blair	Travailliste
2007	2010	Gordon Brown	Travailliste
2020	2016	David Cameron	Conservateur
2016	2019	Theresa May	Conservateur
2019	2022	Boris Johnson	Conservateur
2022	2022	Liz Truss	Conservateur

Elizabeth Alexandra Mary Windsor naît le 21 avril 1926, dans le quartier de Mayfair à Londres. Elle a 10 ans lorsque son oncle Edouard VIII abdique et que son père devient roi sous le nom de George VI. Elle devient quant à elle l'héritière de la couronne britannique.

Le 6 février 1952, George VI meurt à l'âge de 56 ans. Elle est couronnée le 2 juin 1953 et devient chef du **Commonwealth**.

Le Commonwealth

Le Commonwealth est une association d'États indépendants née en 1926 de la « déclaration Balfour » et officialisée en 1949 lors de la « déclaration de Londres ». Pendant la période de décolonisation britannique, les anciennes colonies et les anciens protectorats décident de s'unir, tout en gardant allégeance à la couronne britannique.

En 1952, lors de l'accession au trône d'Elizabeth II, le Commonwealth était composé de 9 membres : le Royaume-Uni, le Canada, l'Australie, la Nouvelle-Zélande, l'Irlande, l'Afrique du Sud, le Pakistan, l'Inde et le Sri Lanka. Ils sont aujourd'hui 56 États membres, près du tiers de l'humanité, dont 80 % vivent en Inde, au Bangladesh et au Pakistan.

En tant que chef du Commonwealth, le souverain britannique est le chef d'État de 15 royaumes. Les autres États membres sont 36 républiques et 5 monarchies dont le monarque est différent. L'union des États membres repose aujourd'hui sur l'adhésion à une charte de valeurs communes (démocratie, droits humains, non-discrimination, liberté d'expression, séparation des pouvoirs) et met en place des collaborations entre États membres.

Les 15 royaumes du Commonwealth dont Charles III est désormais le roi sont : Antigua-et-Barbuda, Australie, Bahamas, Belize, Canada, Grenade, Jamaïque, Nouvelle-Zélande, Papouasie-Nouvelle-Guinée, Royaume-Uni, Saint-Christophe-et-Niévès, Sainte-Lucie, Saint-Vincent-et-les-Grenadines, Îles Salomon, Tuvalu.

Rôle et pouvoir de la monarchie

Le souverain britannique est garant du respect des traditions, son rôle est essentiellement cérémoniel et strictement apolitique. La reine Elizabeth n'a, par exemple, jamais pris parti publiquement pour ou contre le Brexit.

En tant que chef d'État, il dispose de pouvoirs constitutionnels.

- Nommer le gouvernement à la suite des élections législatives en invitant le chef du parti disposant du plus grand nombre de sièges de députés à la Chambre des Communes à être Premier ministre et à former un gouvernement.
- Ouvrir le Parlement (le discours du Trône) chaque année et procéder à la lecture d'un texte qui lui est fourni, et qui détaille l'action à venir du gouvernement.
- Dissoudre le Parlement avant de nouvelles élections législatives.
- Promulguer les projets de lois approuvés par la Chambre des communes et la Chambre des lords.
- Rencontrer le Premier ministre. Elizabeth II avait pour rituel de rencontrer ses Premiers ministres chaque semaine, afin de les écouter, voire de les aider.
- Nommer les chevaliers, une décoration pour ceux qui ont apporté une contribution notable à la société britannique.
- Nommer évêques et archevêques, sur avis d'une commission ecclésiastique.

B La reine est morte, vive le roi

Contrairement à Elizabeth qui avait accédé au trône à l'âge de 25 ans dans un contexte favorable à la monarchie, pour y rester pendant sept décennies, Charles devient roi à l'âge de 73 ans, dans un climat de défiance pour la monarchie secouée par les scandales et usée par le temps. Il n'a par ailleurs ni l'aura ni le charisme de sa mère. Il a dû répondre devant l'opinion publique de plusieurs faits divers (notamment sa liaison extra conjugale avec Camilla Parker Bowles, alors qu'il était marié à Diana, des soupçons de favoritisme dans l'octroi de décorations), ou d'interventions auprès du gouvernement de Tony Blair, peu compatibles avec la neutralité exigée de sa fonction. Il doit aussi faire face aux critiques sur le train de vie de la famille royale, aux accusations portées contre son frère, le prince Andrew, mis en cause dans un scandale sexuel.

D'après un sondage de l'institut YouGov, un tiers des Britanniques estimait qu'il ferait un bon roi quand plus de 70 % avaient une opinion favorable de la reine.

Charles accède au trône dans une période compliquée pour le Royaume-Uni, confronté à une violente crise économique, à la gestion complexe post-Brexit qui a affaibli le pays et entraîné des crises politiques à répétition (quatre Premiers ministres en six ans), et aux volontés d'indépendance de l'Écosse.

À savoir

L'hymne britannique a été modifié en 2022 : « God Save the King » a remplacé « God Save the Queen ».

Le couronnement de Charles III

- Le 6 mai 2023 à l'abbaye de Westminster, à Londres : le couronnement n'a pas lieu immédiatement après le décès de son prédécesseur pour respecter une période de deuil.
- Cérémonie religieuse dirigée, comme le veut la tradition, par l'archevêque de Canterbury, première personnalité religieuse de l'Église anglicane.
- Le souverain prononce le serment du couronnement (Coronation Oath Act), s'engage à gouverner selon les lois adoptées au Parlement, et à préserver l'Église anglicane et la religion protestante.
- Bénédiction par l'archevêque de Canterbury et réception des attributs royaux (sceptre, couronne de Saint Édouard, faite de deux kilos d'or, d'argent, de rubis et de saphirs et couronne impériale, composée de 2 868 diamants).

Son règne pourrait n'être qu'une transition avant l'accession au trône du prince William, désormais héritier de la couronne, aujourd'hui âgé de 40 ans, très populaire au Royaume-Uni.

Il forme avec Kate Middleton un couple médiatique qui met habilement en scène ses enfants (George, Charlotte et Louis) et semble représenter les espoirs d'une monarchie moderne, plus proche des Britanniques.

Charles III

- 14 novembre 1948 : naissance à Buckingham Palace
- 6 février 1952 : Elizabeth devient reine à la mort de George VI, il est héritier du trône
- 1er juillet 1969 : couronné Prince de Galles
- 1970 : diplômé de l'université de Cambridge
- 1971-1976 : engagé dans la Royal Navy
- 29 juillet 1981 : mariage avec Lady Diana Spencer
- 21 juin 1982 : naissance du prince William, futur héritier de la couronne
- 15 septembre 1984 : naissance du prince Harry
- 28 août 1996 : divorce avec Diana
- 31 août 1997 : mort de Diana
- 9 avril 2005 : mariage avec Camilla Parker Bowles
- 8 septembre 2022 : devient roi au décès de sa mère, Elizabeth II

Le contexte

A La chute de Boris Johnson

Personnage excentrique de la politique anglaise, adepte des outrances et des polémiques, **Boris Johnson** est aussi connu outre-Manche pour ses prises de position très « évolutives ».

Cet ancien journaliste est fils d'un fonctionnaire européen. Fin tacticien politique, il gagne l'élection municipale de 2008 pour la mairie de Londres face au maire travailliste sortant. Il y effectue deux mandats.

Longtemps proeuropéen, il devient pourtant l'un des plus grands artisans du Brexit en prenant la tête de la campagne du « leave » sur le tard, par opportunisme. Secrétaire d'État aux Affaires étrangères, il œuvre contre la Première ministre Theresa May pour lui succéder en 2019.

Alors très populaire, il remporte en décembre 2019 une majorité historique pour les conservateurs à la Chambre des communes à l'issue d'élections législatives anticipées.

Mais les trois années qui suivent sont tourmentées, et Boris Johnson est de plus en plus contesté.

En décembre 2021, l'affaire du « **partygate** » va l'affaiblir considérablement : pendant les confinements stricts imposés aux Britanniques, il a organisé et laissé organiser des fêtes à son domicile.

Les résultats défavorables aux élections locales de mai 2022 incitent les membres du parti conservateur à déclencher un vote de défiance en juin. Si Johnson y survit (sur les 359 votes des députés conservateurs, 211 se sont prononcés en sa faveur contre 148 frondeurs demandant son départ), l'effondrement de sa popularité est visible, la foule l'avait notamment hué pendant les célébrations du jubilé de la reine en février.
En juillet 2022, lassés par les scandales, le ministre des Finances, Rishi Sunak, et celui de la Santé, Sajid Javid, démissionnent et entraînent dans leur sillage une avalanche d'autres démissions au sein du Gouvernement. Johnson est contraint de démissionner du parti conservateur. Il est resté trois ans à Downing Street.
En octobre 2022, après la démission de Liz Truss, la perspective d'un « comeback » de Boris Johnson avait été évoquée, mais la fracture avec la base du parti était trop forte et il n'a pas obtenu les cent parrainages nécessaires pour espérer revenir à Downing Street. Il fait par ailleurs toujours l'objet d'une enquête parlementaire pour décider s'il a menti au Parlement sur le « partygate ».

Boris Johnson

- 19 juin 1964 : naissance à New York
- 1973 : école européenne de Bruxelles
- 1977 : entre au prestigieux Eton College
- 1983 : études à l'université d'Oxford
- 1988 : journaliste au Times, dont il est licencié pour avoir inventé une citation
- 1989-1994 : journaliste au Daily Telegraph à Bruxelles
- 1999-2005 : rédacteur en chef au Spectator
- juin 2001 : élu député dans la circonscription de Henley, réélu en 2005
- mai 2008 : élu maire de Londres, réélu en 2012
- mai 2015 : élu député d'Uxbridge and South Ruislip, réélu en 2017
- février 2016 : milite pour le Brexit contre le Premier ministre David Cameron
- juillet 2016 : nommé ministre des Affaires étrangères, gouvernement de Theresa May
- juillet 2018 : démissionne du gouvernement
- 23 juillet 2019 : élu à la tête du parti conservateur avec 66 % des voix
- juillet 2022 : démissionne de son poste de chef de gouvernement

B L'éphémère Liz Truss

Liz Truss, 47 ans, a démissionné le 20 octobre 2022 après seulement 44 jours au pouvoir. Nommée par Elizabeth II le 6 septembre, elle a présenté sa démission au roi Charles III, le 20 octobre.

Dès son accession au poste de Première ministre, elle a provoqué une tempête budgétaire dont elle ne se relèvera pas. Annoncé le 23 septembre par son ministre des Finances, Kwasi Kwarteng, son plan économique prévoyait plusieurs dizaines de milliards de baisses d'impôt, sans financement. Ce plan a déstabilisé les marchés, fait chuter la livre et a nécessité une intervention de la Banque d'Angleterre.

Cette énergique militante chantre de « moins d'impôts, moins d'État, plus de libre-échange » avait obtenu le vote des membres du parti conservateur, davantage séduits par son discours libéral et enthousiaste que par celui de son concurrent de l'été, **Rishi Sunak**, raisonné, plus rigoureux mais plus austère.

Mais les failles rapidement décelables de son programme donnent lieu à de vives tensions, à la démission de plusieurs ministres et à des appels à la démission de plus en plus pressants, dans son propre camp déjà très fragilisé par les années de gouvernement de Boris Johnson.

La troisième femme à accéder à Downing Street dans l'histoire du Royaume-Uni, a jeté l'éponge moins de deux mois après sa prise de fonction, rajoutant une crise politique à la crise économique.

Pourtant, Mary Elizabeth Truss a eu un parcours non linéaire qui laissait entrevoir une grande capacité d'adaptation. Élue députée en 2010, dans la circonscription de South West Norfolk (est de l'Angleterre), elle a occupé plusieurs postes aux ministères de l'Éducation, de l'Environnement, de la Justice avant d'être nommée en septembre 2021 à la tête de la diplomatie britannique.

Elle avait voté contre le Brexit en 2016, avant de soutenir la sortie de l'UE ; elle avait milité contre la royauté avant de la défendre ; enfin, elle avait manifesté contre l'ultralibérale Margaret Thatcher, avant d'en devenir une admiratrice.

C Rishi Sunak en terrain miné

Rishi Sunak, 42 ans, ex-ministre des Finances de Boris Johnson qu'il avait contribué à renverser par sa démission, ancien banquier, gardien rassurant, pour les marchés, de l'orthodoxie budgétaire, a été chargé par le roi Charles III de former un nouveau gouvernement en octobre 2022 après avoir obtenu les cent parrainages nécessaires afin de pouvoir être candidat à la tête du parti, devançant l'ex-Premier ministre Boris Johnson et la ministre des Relations avec le Parlement, **Penny Mordaunt**.

Il est le plus jeune chef de gouvernement de l'histoire contemporaine du Royaume-Uni, le premier d'origine indienne.

Partisan de la première heure du Brexit, le nouveau Premier ministre avait dénoncé les promesses de Liz Truss concernant les baisses d'impôt (un « conte de fées »). Il insiste sur la nécessité de lutter contre l'inflation, qui dépasse les 10 % et provoque une importante crise économique et sociale ainsi que de nombreux mouvements de grèves.

Sur l'immigration, il soutient le programme de renvoi des migrants illégaux. Sa tâche apparaît démesurée à deux ans des élections législatives de 2024, alors que les sondages sont très défavorables au parti conservateur, ravagé par des crises internes.

D L'Écosse

La question de l'indépendance de l'**Écosse** ressurgit à la faveur du succès du Parti nationaliste écossais (SNP) de la Première ministre, **Nicola Sturgeon** aux dernières élections locales ; pendant la campagne, la promesse de la tenue d'un référendum sur l'indépendance après la pandémie avait été renouvelée.

À savoir

Édimbourg veut pouvoir s'affranchir du gouvernement central et créer un propre cadre législatif pour décider d'un référendum, mais Londres refuse à l'Écosse le droit de décider de manière unilatérale d'un sujet comme celui de l'union du Royaume-Uni.

Avec 5 millions d'habitants et 200 milliards d'euros de produit intérieur brut, l'Écosse frondeuse a voté à 62 % contre le Brexit et ses dirigeants se sont insurgés contre la sortie imposée de l'UE. Ils estiment que celle-ci rend caduc le dernier référendum d'indépendance (55 % de non en 2014). Fin 2022, Nicolas Sturgeon a ainsi annoncé qu'elle proposerait un référendum en 2023.

Les provinces et grandes villes du Royaume-Uni

Approfondir

L'Angleterre face aux crises

Par Michel Derczansky

En l'espace de six mois, le Royaume-Uni a changé trois fois de chef de gouvernement. Le pays connaît une crise économique et sociale sans précédent depuis les années 1980.

Les chiffres du rapport de politique monétaire de la Banque d'Angleterre sont éloquents :
- les prix à la consommation vont augmenter cet hiver de près de 10,9 % ;
- le taux de chômage, historiquement bas à 3,5 % va presque doubler d'ici 2025 pour atteindre 6,4 % ;
- les taux directeurs sont susceptibles de passer de 2,25 % à 5 % au deuxième trimestre 2023 ;
- les crédits immobiliers à taux variables connaissent une hausse annuelle de 3 400 euros ;
- huit trimestres consécutifs de baisse du PIB sont prévus, une situation inédite en cent ans ;
- la dette publique se monte à 98 % du PIB.

Prise de vertige, la banque centrale du Royaume-Uni a dû intervenir avec vigueur face au risque de défaut de paiement et à la défiance du marché.

Cet effondrement politique, économique et sociétal prend ses racines dans le Brexit. Depuis 2016, les promoteurs d'un Brexit dur avaient exclu ce scénario catastrophe, promettant au contraire un devenir angélique et florissant au Royaume-Uni. Le pays allait être plus attractif pour les investisseurs, devenir l'égal de Singapour aux portes de l'Union européenne et le Commonwealth (Nouvelle-Zélande, Canada, Australie) devait fournir des bénéfices inégalés.

Une des causes principales de ce marasme réside dans le fait que les promoteurs du Brexit avaient conceptualisé la rupture avec l'UE dans un environnement mondial stable, persuadés de la pérennité du modèle de la mondialisation, du néo-libéralisme et du libre-échange, où seule la volonté des acteurs politiques serait déterminante.

Mais le monde change, les crises successives (crise sanitaire, conflit en Ukraine) ont conduit les pays occidentaux à penser l'environnement mondial différemment. Le mirage du souverainisme s'est effondré. Et la sanction est venue des marchés, entraînant la chute de la livre sterling, fatale à la Première ministre Liz Truss, le marasme économique et financier s'adossant à une défiance du politique qui semble montrer les limites du parlementarisme anglais.

Ainsi, entre 1989 et les années 2000, la confiance que les Britanniques accordent à leurs gouvernements successifs s'est effondrée : la défiance s'est durablement installée, passant de 11 % à 34 %. Quant à ceux qui « avaient presque toujours confiance, ou du moins une confiance relative », ils sont passés de 38 % à 15 %. 72 % des Britanniques pensent également qu'il est nécessaire d'améliorer leur système politique et ils sont 50 % à affirmer que les politiques n'ont aucune considération pour leurs électeurs.

Le référendum sur le Brexit semble avoir produit l'effet inverse de ce qu'on aurait pu imaginer en termes de demande de démocratie participative. Il n'a fait qu'amplifier une tonalité préexistante, la rupture entre le peuple et ses représentants.

Dans ce contexte, la cohésion du Royaume-Uni est partiellement, voire durablement ébranlée. Le Brexit a eu un effet délétère, il a amplifié le nationalisme et le populisme et fragilisé le bipartisme.

Les mouvements indépendantistes irlandais, écossais et gallois sortent fortifiés. En Irlande du Nord, la perspective de réunification est mécaniquement renforcée, accentuant les frictions avec la Grande-Bretagne, notamment sur la question de la frontière entre le Nord et le Sud de l'île résultant des accords commerciaux portés par un Brexit dur. Les tensions entre unionistes et nationalistes risquent de mettre à mal l'« accord du Vendredi saint » qui avait permis de mettre fin à la guerre civile.

Dans le pays de Galles, le mouvement indépendantiste (Plaid Cymru) sort lui aussi renforcé à l'issue du Brexit. Selon les derniers sondages, il connaît une hausse de popularité de 20 %.

Enfin, en Écosse, le camp indépendantiste est plus que jamais vent debout face à Londres. Le SNP (Scottish Nationalist Party) reproche notamment le manque de concertation avec le gouvernement régional lors de la mise en œuvre de la sortie de l'Union européenne.

Poursuivre le débat

- La monarchie a-t-elle encore du sens ?
- Le système britannique de désignation des chefs de gouvernement
- L'instabilité politique

L'invasion russe en Ukraine

À la fin de l'année 2022, la Russie semblait embourbée dans le conflit ukrainien qu'elle avait déclenché huit mois plus tôt. Les rêves de grandeur, d'expansion, de « grande Russie » de Vladimir Poutine se heurtaient à une résistance inattendue des agressés et à la mise au ban de la Russie de la communauté internationale.

Les faits

A Moscou déclare la guerre

L'année 2022 avait commencé dans un contexte de tension grandissante entre l'Ukraine et la Russie qui voulait lier la crise ukrainienne à la présence de l'OTAN en Europe de l'Est. En janvier 2022, Moscou poursuivait son aide militaire aux milices pro-russes du Donbass. L'UE et l'OTAN alertaient sur les risques d'escalade et avertissaient la Russie des conséquences importantes qu'aurait une attaque contre l'Ukraine.

Le 21 février 2022, Vladimir Poutine décrétait « l'indépendance » des régions séparatistes pro-russes de l'est de l'Ukraine – les « républiques » autoproclamées de Donetsk et Lougansk – tandis que 150 000 militaires russes étaient massés à la frontière ; les diplomaties mondiales annonçaient l'imminence d'une invasion russe. Dans un très long discours solennel, le président russe a nié l'existence de l'Ukraine et revisité son histoire en la présentant comme une partie intégrante de la Russie.

L'est de l'Ukraine vivait alors sous le régime d'un « processus de paix » régulièrement mis à mal : les accords de Minsk de 2015, signés après l'invasion et l'annexion de la Crimée ukrainienne en 2014. Mais, depuis 2014, Moscou et Kiev s'accusaient mutuellement d'y entretenir la violence et les combats y avaient fait plus de 14 000 morts.

8

À savoir

Les accords de Minsk de 2015

Négociés entre les dirigeants russe, ukrainien, et des représentants de l'OSCE, ces accords visaient à ramener la paix dans l'est de l'Ukraine. Ils prévoyaient notamment un cessez-le-feu et la création d'une zone tampon « sans arme » d'une largeur de 50 à 70 kilomètres.

Le 24 février 2022, l'invasion militaire qualifiée par le Kremlin d'« opération militaire spéciale » était lancée. Après avoir décrété l'indépendance de deux provinces ukrainiennes pour justifier son action militaire en février, Vladimir Poutine, fin septembre, a affirmé que les habitants de Lougansk et Donetsk, mais aussi de Kherson et Zaporijjia devenaient citoyens russes « pour toujours ».

Exode

Dans les 48 heures qui ont suivi l'entrée des militaires russes en Ukraine, plus de 50 000 Ukrainiens ont fui leur pays pour trouver refuge en Moldavie, Pologne, Hongrie et Roumanie. Plus de 100 000 se sont déplacés à l'intérieur du pays pour fuir l'Est et se rapprocher de Lviv et de l'Ouest. La population ukrainienne s'est organisée, femmes et enfants se sont majoritairement déplacés quand les hommes et l'armée ont tenté de résister.
Quinze jours après le début de l'invasion, il y avait selon l'ONU un million de déplacés en Ukraine et plus de 660 000 personnes en exil dans les pays voisins. Deux mois plus tard, ils étaient plus de cinq millions à avoir fui le pays, selon le **Haut-Commissariat des Nations unies pour les réfugiés (HCR)**.
Fin 2022, plus de 100 000 Ukrainiens avaient trouvé refuge en France.

La résistance ukrainienne

Certain de sa force et de son armée, Moscou s'attendait à une intervention militaire rapide et à une faible résistance. La progression russe a effectivement été immédiate jusqu'aux portes de la capitale, Kiev, bombardée et encerclée.
En quelques jours, les troupes russes se sont aussi emparées de la région stratégique de Kherson, au sud, et ont déclenché le siège de Marioupol au sud-est, port stratégique de la mer d'Azov. Les civils et militaires ukrainiens vont résister jusqu'à mi-mai, avant de se rendre.
Mais au fil des semaines, l'organisation de la résistance ukrainienne, l'armée de Kiev, mais aussi les défaillances russes ont poussé l'armée russe à faire machine arrière, à quitter la région de la capitale, pour se redéployer dans le Sud et l'Est.
Dopée par des victoires lors de contre-attaques symboliques, l'armée ukrainienne s'est enhardie et a repris une partie du territoire et notamment, mi-novembre, la ville de Kherson, symbolique, et proche de la Crimée.
Si, sur le terrain, l'armée ukrainienne regagnait entre juillet et novembre des positions perdues entre février et avril, Moscou intensifiait, par vagues, les bombardements sur les villes, même éloignées de la ligne de front – Lviv

(Ouest), Dnipro (centre) et Zaporijjia (sud) – et visait au début de l'hiver les infrastructures énergétiques afin de priver le maximum d'Ukrainiens de chauffage et d'éclairage.

L'enrôlement

Devant l'enlisement, Moscou a lancé plusieurs vagues de mobilisation. Celles-ci sont à double tranchant car elles pourraient être à l'origine d'une perte de confiance de la population, alors que de jeunes Russes ont tenté de fuir le pays pour échapper à l'enrôlement. Le pouvoir a durci la loi, prévoyant de lourdes peines de prison ferme pour les citoyens qui refuseraient cette mobilisation ou pour les militaires qui refuseraient de combattre.

Fin 2022, Moscou annonçait une nouvelle vague de mobilisation pour le début de l'année 2023.

Les faits de guerre

Les conflits sont souvent marqués par des attaques précises, des lieux de combats symboliques qui focalisent l'attention et attestent du trop-plein d'atrocités commises ; c'est aussi le cas dans ce conflit.

Kramatorsk

Début avril, un tir de missile russe sur la gare de Kramatorsk, dans l'Est, a provoqué la mort d'au moins 52 civils, dont 5 enfants, qui attendaient des trains afin de fuir la zone. Une centaine d'autres personnes ont été blessées. Le tir de ce missile, ciblé, délibéré, contre un lieu fréquenté par des civils a profondément choqué.

Boutcha

Lorsqu'ils sont entrés début avril à Boutcha et Irpin, banlieues paisibles Kiev, après le recul des forces russes, les journalistes y ont découvert des dizaines de corps de civils, parfois sur leur vélo, des sacs à la main, parfois les mains attachées dans le dos, tués par arme à feu.

Les photos prises dans la rue Yablonska à Boutcha vont faire la une de l'actualité et marquer l'opinion publique mondiale. Les pays occidentaux ont fait part de leur indignation, ont menacé de nouvelles sanctions et exigé des enquêtes pour crimes de guerre.

Izioum

447 corps ont été déterrés à Izioum, ville reprise aux Russes dans le nord-est du pays. Ils présentaient pour certains des signes de torture.

La centrale nucléaire de Zaporijjia

L'Ukraine dispose de plusieurs centrales nucléaires sur son territoire. Le souvenir de la catastrophe de Tchernobyl, en 1986, a contribué à accentuer l'inquiétude mondiale lorsque les combats se sont rapprochés de celle de Zaporijjia, dans le Sud.

Les deux belligérants se sont accusés mutuellement des bombardements ciblant la centrale. Les troupes russes en ont pris possession et ont tenté de la raccorder à leur réseau électrique.
L'**Agence internationale de l'énergie atomique (AIEA)** a envoyé une mission sur place qui a mis en garde sur un risque d'accident majeur en cas de poursuite de combats à proximité.
Moscou a rapidement agité le chiffon de la menace de guerre nucléaire en affirmant « mettre en alerte toutes les composantes de sa défense ». Le secrétaire général de l'ONU a demandé à la Russie de mettre un terme à sa « rhétorique nucléaire ».

L'offensive russe en Ukraine

B Sanctions et réactions

Provoquant un tollé dans la communauté internationale, l'invasion russe a suscité des prises de position rapides et tranchées.

- *« Ce n'est pas seulement l'Ukraine qui est attaquée. Le droit international, l'ordre international basé sur des règles, la démocratie, la dignité humaine sont aussi attaqués, c'est du terrorisme géopolitique pur et simple »* a déclaré le président du Conseil européen Charles Michel. *« La façon dont nous répondons aujourd'hui à ce que fait la Russie déterminera l'avenir du système international »*, a ajouté la cheffe de l'exécutif européen, Ursula von der Leyen.
- De nombreux États ont annoncé des aides militaires conséquentes à l'Ukraine. C'est le cas des États-Unis mais aussi de l'UE : pour la première fois de son

histoire, l'Union européenne a financé l'achat d'armements et d'équipements pour l'Ukraine, en se dotant d'un instrument extrabudgétaire, le FEP (« Facilité européenne pour la paix »), où elle a puisé 450 millions d'euros. Certains pays européens ont rompu avec leur doctrine et leurs habitudes ; c'est le cas de l'Allemagne qui a renoncé à sa politique d'interdiction d'exportation d'armes létales en zone de conflit, comme la Suède et la Finlande (1 300 kilomètres de frontière avec son voisin russe).

- L'Allemagne a gelé le projet de gazoduc Nord Stream II, qui devait accroître les capacités d'acheminement de gaz russe en Allemagne.
- Les États-Unis et l'UE ont décidé de sanctions financières contre l'État et les banques russes.
- L'Assemblée générale de l'ONU a écarté la Russie de son siège au Conseil des droits de l'Homme des Nations unies et a voté massivement une résolution, non contraignante, exigeant la fin de l'offensive.
- Les espaces aériens ont été fermés, des entreprises ont coupé leurs liens avec la Russie.
- Les médias de propagande de l'État russe ont été interdits en Europe.
- Le Conseil de l'Europe a suspendu la participation des diplomates et délégués russes aux principales instances de l'organisation.
- La Russie a été exclue des grandes compétitions sportives mais pas les athlètes russes, autorisés à concourir sous bannière neutre.

La justice internationale

Au mois de mars 2022, le procureur de la **Cour pénale internationale (CPI)** a annoncé l'ouverture d'une enquête sur la situation en Ukraine, évoquant des « crimes de guerre » et des « crimes contre l'humanité » constitués notamment par des bombardements russes sur des zones civiles, des exécutions, des actes de torture et des violences sexuelles.

L'Ukraine, qui alimentait un dossier pour pouvoir prouver les exactions subies, a accusé la Russie devant la **Cour internationale de justice (CIJ)**, le principal organe judiciaire des Nations unies, de planifier un génocide, un terme employé par le président américain Joe Biden pour qualifier l'action militaire russe en Ukraine.

C Conséquences et répercussions

Les céréales

Fin mars 2022, Moscou était accusé de provoquer une crise alimentaire mondiale en organisant un blocus maritime en mer Noire pour que l'Ukraine, grand exportateur mondial, ne puisse acheminer ses céréales.

Un accord est survenu fin juillet, sous médiation turque, pour le transport de millions de tonnes de céréales bloquées dans des silos. Un premier cargo, rempli de maïs, a pris la mer depuis Odessa, début août, à destination du

Liban, sans être empêché par Moscou. Le blocus a repris partiellement et temporairement ensuite dans des moments de tension diplomatique.
La communauté internationale a accepté de lever des sanctions sur l'exportation de produits russes pour que Moscou lève son blocus.

À savoir
La Russie et l'Ukraine sont deux « greniers à céréales » pour le reste du monde. La Russie est depuis 2018 le premier exportateur mondial de blé, l'Ukraine est le quatrième exportateur mondial de maïs. Juste avant la crise, elle était en passe de devenir le troisième exportateur de blé derrière la Russie et les États-Unis.

Si pour la plupart des pays européens, les conséquences du conflit ont été une flambée des cours des céréales et notamment du blé, pour d'autres pays, les difficultés d'approvisionnement et l'augmentation des prix étaient dramatiques. Elles faisaient courir le risque de pénurie et de famine.

L'Holodomor
Ce terme est revenu dans l'actualité depuis que Vladimir Poutine a décidé de couper l'accès aux céréales et à l'électricité aux Ukrainiens.
L'Holodomor est une famine orchestrée par l'URSS en 1932-1933 sous le régime de Staline, afin de briser la résistance ukrainienne.

Le gaz
Avant le déclenchement du conflit, environ 40 % du gaz consommé au sein de l'UE provenait de Russie (17 % pour la France).
Très rapidement, le gaz et le pétrole sont devenus des enjeux économiques majeurs de ce conflit : les Occidentaux ont menacé la Russie de stopper leurs importations, ce qui entraînerait une perte de ressources pour Moscou. Dans le même temps, Moscou menaçait de ne plus livrer de gaz à l'UE, ce qui entraînerait une hausse massive du prix du gaz et pour certains pays une pénurie. Si la part d'approvisionnement en gaz russe de la France n'était que de 17 %, d'autres pays, l'Italie, l'Allemagne, les pays baltes en étaient bien plus dépendants.
Au cours de la partie de poker menteur que se sont livré les deux parties, Moscou a exigé, en mars 2022, le paiement de son gaz en roubles pour tenter de contrer les sanctions économiques de l'UE sur son système bancaire – l'équivalent de 300 milliards de dollars de réserves russes sont bloqués par les sanctions. Devant le refus des Occidentaux, le géant russe Gazprom a suspendu toutes ses livraisons à la Bulgarie, la Pologne, la Finlande, aux Pays-Bas et au Danemark.

Stratégie des pays dépendants du gaz russe

- Économiser au maximum en se lançant dans des campagnes d'économie d'énergie ; en juillet 2022, Bruxelles a proposé un plan pour réduire de 15 % la demande européenne de gaz.
- Trouver d'autres fournisseurs de gaz : l'UE a annoncé avoir trouvé un accord avec l'Azerbaïdjan pour doubler ses importations de gaz naturel, la France a négocié avec l'Algérie.
- Augmenter les commandes de gaz naturel liquéfié (GNL), notamment aux États-Unis. La France a ainsi décidé d'implanter dans le port du Havre un terminal flottant d'importation de GNL afin de recevoir jusqu'à 5 milliards de m^3 de gaz naturel par an, soit environ 60 % du gaz russe importé par la France en 2021.

En quelques semaines, la France est passée d'une dépendance au gaz russe de 17 % de ses importations totales à 9 %.
Les pays européens ont aussi mis en place un système de répartition pour venir en aide aux pays fortement dépendants du gaz russe. En mai, un accord avait déjà permis de réduire de 90 % leurs importations de pétrole russe.

Le contexte

A La Russie de Poutine

À la tête de la Fédération de Russie depuis la fin des années 1990, Vladimir Poutine n'a jamais caché sa volonté de redonner à la Russie sa « grandeur » ; une grandeur qui aurait été bafouée par l'Occident au moment du démantèlement de l'Union soviétique. Un des moyens de la lui rendre serait ainsi de revenir aux frontières de l'Empire russe, incluant un certain nombre de pays, dont l'Ukraine. Le 24 février 2022, après avoir nié pendant plusieurs semaines l'imminence d'une invasion, Vladimir Poutine lance son armée à l'assaut de l'Ukraine qui, selon son plan initial, devait tomber en quelques jours. Huit mois plus tard, l'armée russe a reculé – mais contrôle toujours près de 20 % du territoire ukrainien – et la Russie est isolée sur la scène internationale, mise au rang de paria, notamment par les pays occidentaux.

La confirmation de l'ambition poutinienne : la Novorossia

Décidé de rendre la Russie incontournable et de la positionner au centre du jeu géopolitique et diplomatique, Vladimir Poutine a enfilé les habits de restaurateur de la « grande Russie », en annexant la péninsule ukrainienne de Crimée après avoir réglé le sort des provinces géorgiennes d'Ossétie du Sud et d'Abkhazie.

L'influence de Moscou sur la scène internationale avait été mise à mal après la chute et la dislocation de l'URSS (1990-1991) et l'indépendance des Républiques.
Pour reconstruire la « Novorossia », la nouvelle Russie, élargie de pays ou de provinces de pays proches, à majorité russophone, Poutine a misé avec succès dans un premier temps sur la désunion des Européens, la politique internationale à géométrie variable et illisible des années Trump, la faiblesse de l'ONU.
Mais il se heurte en Ukraine à des difficultés non anticipées, comme la coalition (certes embryonnaire) des Européens, et la volonté de plusieurs pays de se rapprocher de l'OTAN ou de l'UE.

La Russie et ses voisins

Vladimir Poutine

Vladimir Poutine est né en 1952 dans une famille ouvrière à Léningrad (Saint-Pétersbourg) ; rien ne le prédisposait à une carrière politique. Après des études de droit, il est recruté par le KGB et occupe un premier poste en Allemagne de l'Est entre 1985 et 1990.
Après la chute de l'URSS, il rejoint la mairie de Saint-Pétersbourg où il entame une rapide ascension.
En 1996, il part à Moscou et intègre l'administration du président Boris Eltsine. Nommé à la tête du FSB (successeur du KGB) en 1998, il devient Premier ministre un an plus tard, puis accède à la présidence à la démission de Boris Eltsine.
En octobre 1999, il lance la deuxième guerre de Tchétchénie. Lors de ce conflit sanglant, il ferme les yeux sur les exactions de l'armée russe et le bombardement aveugle de Grozny. Il y gagne une image d'homme fort. Il est respecté par certains, craint par d'autres.
Poutine se débarrasse petit à petit des proches d'Eltsine, des hommes d'affaires riches et influents qui pourraient lui faire de l'ombre. Certains s'exilent ; d'autres sont emprisonnés, comme le dirigeant du groupe pétrolier Ioukos, Mikhaïl Khodorkovski, en 2003.
Poutine l'autoritaire prend aussi le contrôle total des médias. Les chaînes de télévision qui avaient gagné une liberté de ton sont interdites ou deviennent des officines laudatrices à la gloire du pouvoir.
La contestation est réprimée.
En 2012, faute de pouvoir effectuer trois mandats consécutifs après ceux de 2000 et 2008, il confie pendant quatre ans le Kremlin à son ancien Premier ministre Dmitri Medvedev, se fait nommer Premier ministre pendant la présidence de celui-ci, puis se fait réélire président en 2012.
Une réforme constitutionnelle faite sur mesure porte le mandat de quatre à six ans, permettant à Poutine de se représenter en 2018 pour se maintenir

au pouvoir jusqu'en 2024 : réélu pour un quatrième mandat avec 76,69 % des voix, il est débarrassé par la justice de son principal opposant, **Alexeï Navalny**, interdit de se présenter par la Commission électorale puis condamné et incarcéré.
Souvent qualifié de nouveau « tsar » de la Russie, il rejoindra à la fin de son mandat, en 2024, le club des dirigeants restés au moins un quart de siècle au pouvoir. Il est aujourd'hui qualifié de criminel de guerre par de nombreux chefs d'État.

B L'Ukraine et Volodymyr Zelensky

L'Ukraine est indépendante depuis le 1er décembre 1991 après que ses habitants se sont prononcés dans un référendum reconnu par le président russe Boris Eltsine.
La Russie, l'Ukraine et le Bélarus signent un accord dans le cadre de la Communauté des États Indépendants (CEI), par lequel Moscou essaie de garder sous tutelle ses anciennes régions devenues indépendantes.
Si cet accord est accepté par le pouvoir en place en Bélarus, ce n'est pas le cas en Ukraine. En 1994, la Russie s'engage à respecter l'indépendance, la souveraineté et les frontières de l'Ukraine. L'Ukraine s'engage de son côté à abandonner ses armes nucléaires héritées de l'URSS.
En 1997, un traité d'amitié et de coopération est signé entre les deux États. Il règle la place de la flotte russe et fixe un loyer pour l'utilisation du port de Sébastopol.
Sous la présidence de Leonid Koutchma (1995-2004), l'Ukraine tente de ménager le voisin russe à sa frontière est et les pays occidentaux et européens à sa frontière ouest.
En 2004, Moscou cherche à prendre l'avantage avec l'élection d'un candidat ouvertement soutenu par la Russie, Viktor Ianoukovitch. La fraude est évidente, le scrutin annulé, la méfiance forte envers la Russie. L'élection du pro-occidental Viktor Iouchtchenko en 2005, qui annonce vouloir ancrer l'Ukraine dans l'UE et dans l'OTAN, provoque la colère de Moscou. Les tensions sont fortes, marquées par une « guerre du gaz » en 2006 et 2009.
En 2010, Viktor Ianoukovitch est finalement élu. Mais la population ukrainienne ne souhaite pas revenir sous la coupe russe et se soulève. L'épicentre de la contestation est la place centrale de Kiev, le *Maïdan*. En 2014, Viktor Ianoukovitch est destitué, il trouve refuge à Moscou. Il sera condamné pour haute trahison. En représailles, Moscou annexe la Crimée et arme les séparatistes pro-russes du Donbass.
Soutien des contestataires de Kiev, Petro Porochenko, milliardaire de 48 ans ayant fait fortune dans l'industrie du chocolat, remporte l'élection de 2014 après la destitution Viktor Ianoukovitch. Les différents partis pro-occidentaux menés par Petro Porochenko emportent les élections législatives, élections

qui accentuent le rapprochement de l'Ukraine avec l'Union européenne. Mais les accusations de corruption font chuter sa popularité.
En 2019, l'élection présidentielle est remportée par Volodymyr Zelensky.

Le Donbass

Le Donbass est une région industrielle de l'est de l'Ukraine. La population y est majoritairement russophone. Avant le conflit, environ 7 millions d'habitants y vivaient dans deux oblast (régions), Donetsk et Lougansk. Beaucoup ont fui, et les villes et villages, détruits par les combats, sont dévastés. La superficie du Donbass est d'environ 55 000 km^2. Pendant des siècles, cette zone fut très peu peuplée, partagée entre les Tatars et les Cosaques. La découverte dans son sous-sol d'importants gisements de houille, de charbon, de minerais métalliques a contribué au développement industriel de l'URSS, il s'est alors densément peuplé.
À la chute de l'URSS et à l'indépendance de l'Ukraine, le Donbass est resté peuplé de nombreux russophones, descendants des travailleurs russes envoyés à la mine après la Seconde Guerre mondiale. Les liens avec la Russie sont restés forts. Poutine a justifié l'aide aux séparatistes puis l'invasion pour venir en soutien à ces habitants restés proches de la Russie.
Depuis 2014, le Donbass est une zone de conflit entre l'Ukraine et la Russie.

La Crimée

L'attaque russe dans l'est de l'Ukraine a rappelé l'annexion de la Crimée en 2014.
En février 2014, des commandos armés russes prennent le contrôle du Parlement de Crimée à Simféropol et désignent de nouvelles autorités pro-russes qui refusent l'autorité de Kiev. Les militaires ukrainiens sont désarmés, les drapeaux ukrainiens et les symboles de l'Ukraine sont arrachés. Le nouveau Parlement local demande à Moscou le rattachement de la Crimée à la Russie, qui signe un décret reconnaissant l'indépendance de la péninsule séparatiste ukrainienne de Crimée qualifiée « d'État souverain et indépendant où la ville de Sébastopol a un statut spécial » ; un État souverain occupé de fait par les troupes russes et dont le Parlement décide de demander officiellement l'intégration à la Fédération de Russie.
La Crimée est une région agricole et viticole d'environ 27 000 km^2 conquise sur les Turcs et annexée à la Russie par l'impératrice Catherine II en 1783. Elle a été « donnée » en 1954 à l'Ukraine soviétique par Nikita Khrouchtchev, lui-même originaire de cette province.

Ce cadeau n'a cessé d'empoisonner les relations entre Kiev et Moscou après la chute de l'URSS en 1991. Pour prévenir les tentations séparatistes d'une région peuplée majoritairement de Russes et de russophones, Kiev a accordé en 1992 à la Crimée le statut de République autonome avec une constitution, un gouvernement, un parlement.

Kiev et Moscou ont signé un accord autorisant la Russie à utiliser le port de Sébastopol contre une réduction de 30 % sur le prix du gaz russe. C'est en Crimée, dans la station balnéaire de Yalta, que furent signés en 1945 les accords qui virent Staline, Roosevelt et Churchill décider du sort de l'Europe.

Volodymyr Zelensky

Âgé de 44 ans, dynamique, Volodymyr Zelensky est d'abord connu des Ukrainiens comme la star d'une série télévisée « Serviteur du peuple », regardée par 20 millions de téléspectateurs. Cette série, produite par la société de production de Volodymyr Zelensky, raconte la vie d'un professeur qui devient… le président de l'Ukraine.

S'il est facilement élu en 2019, notamment sur la promesse d'une lutte sans répit contre la corruption, il devient rapidement la cible de critiques. Faute de résultats, sa cote de popularité chute.

L'invasion de l'armée russe change totalement la donne. Très vite, il surprend les Ukrainiens en devenant en quelques heures l'incarnation d'un peuple refusant de plier devant les militaires de Vladimir Poutine. Exhortant son peuple à la résistance, il sollicite l'aide internationale, interpelle tous les chefs d'État avec conviction et tient tête sans hésitation à Vladimir Poutine. Son courage impressionne. Sa connaissance des réseaux sociaux et ses habitudes de bon communicant l'aident à être très présent, reconnu et apprécié.

Les États-Unis lui proposent une exfiltration car il est ciblé par les services secrets russes ? Sa réponse est cinglante : « j'ai besoin de munitions, pas d'un taxi ».

Ses plaidoyers font mouche, il est devenu l'interlocuteur crédible des grands de ce monde et obtient une précieuse aide militaire, indispensable à son combat.

C Les pays voisins, l'OTAN et l'UE

Les voisins s'inquiètent

L'attaque russe en Ukraine, comme avant elle l'annexion militaire de la Crimée, ont ravivé des plaies encore sensibles dans les pays voisins.

La **Géorgie** est un petit pays de près de quatre millions de citoyens, victime d'un scénario « à l'ukrainienne » en 2008. Deux de ses provinces, l'Abkhazie et l'Ossétie du Sud avaient été occupées par les forces militaires russes, puis avaient déclaré leur « indépendance », qui est en fait une allégeance à Moscou. En mars 2022, la Géorgie a déposé sa candidature d'adhésion à l'UE, en même temps que la Moldavie et l'Ukraine. La Commission européenne a posé des conditions pour recommander la Géorgie.
La Géorgie n'est pas membre de l'OTAN, mais elle peut être considérée parmi ses plus proches partenaires. Elle aspire à devenir membre de l'Alliance.
La **Moldavie**, ex-République soviétique à majorité roumanophone coincée entre la Roumanie et l'Ukraine, craint une répétition du scénario ukrainien. Sa partie orientale, la Transnistrie, est dominée par des minorités russe et ukrainienne. Cette région avait fait sécession, avec le soutien de Moscou, à l'issue d'une guerre en 1992, un an après la chute de l'URSS, mais son indépendance n'a été reconnue par aucun pays. Le président moldave a demandé de l'aide à l'Union européenne. Le pays a subi les répercussions des bombardements russes en Ukraine avec des coupures de courant sur le territoire moldave.
Le 23 juin 2022, la Moldavie a obtenu, avec l'Ukraine, le statut de candidat officiel pour rejoindre l'Union européenne.

L'UE

Les dirigeants des vingt-sept pays de l'Union européenne ont accordé en juin à l'Ukraine et à la Moldavie le statut de candidat à l'Union européenne. Cette décision très attendue par l'Ukraine a été prise lors d'un sommet des chefs d'État et de gouvernement des pays de l'UE à Bruxelles.

L'OTAN

Historique

L'**Organisation du traité de l'Atlantique Nord** est née à Washington en avril 1949 de la volonté de douze pays : Belgique, Danemark, France, Islande, Italie, Luxembourg, Norvège, Pays-Bas, Portugal, Royaume-Uni, États-Unis et Canada.
Ces pays sont rejoints en 1952 par la Grèce et la Turquie puis en 1955 par l'Allemagne, en 1980 par l'Espagne. La Pologne, la République tchèque et de la Hongrie suivent en 1999, la Roumanie, la Bulgarie, la Slovaquie, la Slovénie, la Lettonie, la Lituanie et l'Estonie en 2004, la Croatie et l'Albanie en 2009, le Monténégro en 2017.
La France a eu une histoire mouvementée avec l'OTAN, elle a quitté le commandement intégré en 1966, puis l'a réintégré en 2009.
L'objectif de l'OTAN est de garantir la liberté et la sécurité de ses membres par des moyens politiques et militaires. Elle s'emploie à faire la promotion des valeurs démocratiques et développe la coopération sur les questions de défense et de sécurité. Au-delà des efforts diplomatiques, l'OTAN

dispose d'une puissance militaire qui peut être déclenchée par le biais de l'article 5 du traité de Washington. Cet article, clef de voûte de l'organisation, précise : *« une attaque armée contre l'une ou plusieurs [des parties] survenant en Europe ou en Amérique du Nord sera considérée comme une attaque dirigée contre toutes les parties »*. Dit autrement, chaque membre de l'OTAN viendra en défense d'un autre membre attaqué.
Elle dispose pour cela d'une force de réaction (NRF), force multinationale (les nations y contribuent) de 25 000 personnes capables de se déployer pour assurer la défense des membres.

Au mois de mai 2022, la Finlande et la Suède ont présenté une candidature commune à l'OTAN. Pour les deux pays, il s'agit d'une réaction à l'agression russe, et d'un changement de décennies de politique de non-alignement militaire. En novembre, tous les pays de l'OTAN avaient validé ces deux adhésions, à l'exception de la Turquie et de la Hongrie. La Hongrie s'était engagée à le faire rapidement, la Turquie a négocié la coopération des deux pays dans la lutte contre le PKK et contre des réfugiés kurdes dans ces deux pays.

À savoir

La Russie et l'OTAN se livrent depuis de longues années à un bras de fer à l'occasion des exercices militaires de l'OTAN qui se tiennent depuis la fin de la Guerre froide, souvent aux portes de la Russie. Moscou dénonce une volonté « d'encerclement » par les pays de l'OTAN.

En novembre 2022, deux avions de chasse russes ont approché dangereusement des navires de l'OTAN qui croisaient en mer Baltique, une illustration supplémentaire de la tension entre la Russie et l'Occident.

L'OTAN en 2022

L'enclave russe de Kaliningrad

Approfondir

Poutine et la falsification de l'Histoire

Par Adrien Tallent

À la différence d'États nations héritiers de vieux royaumes comme la France, la Russie fut un vaste empire et reste une fédération multiethnique. Arrivé au pouvoir après la chute de l'URSS qu'il n'a jamais réellement comprise et qu'il qualifie de « plus grande catastrophe géopolitique du XXe siècle », Vladimir Poutine fonde sa pensée sur une version biaisée de l'Histoire, sur une mythologie nationaliste de l'empire russe. Il ne s'agit pas de reconstituer l'URSS mais de remettre la main sur l'ensemble du « monde russe ». Il n'a jamais caché ses prétentions et sa pensée. Pendant longtemps, l'Europe n'a pas voulu voir le danger que représentait ce nouveau tsar de Russie et l'avait accepté sur la scène internationale, au prix de quelques concessions sur les droits de l'Homme et sur des interventions militaires. Dans sa pensée civilisationnelle, Poutine se pose en défenseur du conservatisme traditionnel russe face au modernisme de l'Occident, qu'il considère comme décadent. Dans son esprit, il mène une guerre de civilisation.

Ainsi, dans sa longue allocution destinée à annoncer le lancement de « l'opération militaire spéciale », le maître du Kremlin est revenu longuement sur sa conception de l'histoire de la Russie, de l'empire russe, et en particulier de l'erreur de Lénine, créateur en 1922 d'une république d'Ukraine, destinée à démontrer la logique de son intervention : l'Ukraine n'existe pas, elle doit être dénazifiée, et ce peuple « frère » doit être protégé. Pour lui, la Russie serait face à un péril existentiel : « ils nous en veulent parce que nous existons ».
Pourtant, quelques mois plus tard, à Marioupol, ville ukrainienne sous contrôle russe, les occupants ont démantelé le mémorial érigé en 2004 en mémoire des victimes de l'Holodomor (la famine organisée par Staline et qui a causé 5 millions de morts entre 1932 et 1935), signe tangible d'une négation complète de l'histoire ukrainienne.
Poutine semblait très sûr de lui et de son pouvoir, peut-être trop ? Certain que les pays occidentaux et notamment européens ne feraient pas front commun face à l'invasion, que l'OTAN était faible et désunie, que son armée, réputée deuxième armée du monde, mettrait rapidement la faible armée ukrainienne en déroute, il s'est lancé dans une campagne militaire insensée et a plongé de nouveau son pays dans l'obscurantisme. Gangrenée par la corruption, confrontée au manque de motivation des soldats, au manque de moyens logistiques, à des sanctions internationales qui paralysent son économie - y compris son économie de guerre - et la formidable résistance - et contre-attaque - ukrainienne, son armée a montré d'étonnantes faiblesses.
Sur le plan intérieur, si la société civile n'ose pour le moment pas défier son pouvoir, certains Russes descendent dans la rue, manifestent contre la guerre ou s'enfuient face à la peur de la mobilisation. L'armée russe, quant à elle, constitue son salut autant que la menace la plus grande, d'où son refus d'en perdre le contrôle et le limogeage des hommes qu'il a mis à sa tête.
Voir Poutine acculé serait presque une bonne nouvelle s'il n'avait pas en sa possession de fortes capacités de destruction et qu'il ait lié son destin à la victoire totale. Aussi, une large partie de sa stratégie repose sur la terreur, nucléaire envers l'étranger (agiter la menace nucléaire n'est pas tant stratégique que destinée à maintenir la perception d'une menace), et sur les bombardements et les meurtres massifs commis contre les populations civiles partout en Ukraine. De ce point de vue, les découvertes de salles de tortures et de centaines de tombes dans les bois des villes reconquises par les Ukrainiens démontrent sa volonté jusqu'au boutiste et atroce.
Sur la question de savoir si Poutine est fou, le neuropsychiatre Boris Cyrulnik explique qu'il a la rationalité de son délire. Le président russe est absolument rationnel à l'intérieur d'un raisonnement qui a peu de rapport avec la réalité.
Mais la guerre de Vladimir Poutine est aussi une guerre hybride. Sa propagande n'a pas pour seul objectif le maintien de son pouvoir en Russie, elle contient également plusieurs dimensions internationales suivant le public visé. En Occident, son but est de tarir le soutien des opinions publiques et donc des gouvernements à l'Ukraine, soutien sans lequel l'Ukraine ne pourra pas maintenir son effort de guerre. Cette guerre « informationnelle » est passée par les antennes médiatiques du Kremlin, *Sputnik* et *Russia Today* - chaînes interdites depuis, mais aussi sur les réseaux sociaux *via* des *bots*, des *fake news* et des relais occidentaux de la propagande de Poutine - convaincus de la légitimité de son action ou simplement vendus aux intérêts russes pour de l'argent. En Ukraine, la Russie a multiplié les cyberattaques destinées à démontrer la faiblesse de l'État ukrainien et a instauré un climat de peur que Poutine pensait favorable à l'arrivée de son armée.
Dans cette guerre, comme dans tant d'autres événements précédents, Vladimir Poutine ne cherche pas tant à justifier son entreprise qu'à démontrer à l'Occident et surtout aux autres pays du monde - jadis victimes de guerres coloniales ou néocoloniales occidentales ou simplement de l'ignorance des pays occidentaux - que sa guerre n'est pas pire qu'une autre...
La crainte entretenue par le régime de Poutine d'un effondrement comme celui vécu par l'Union soviétique en 1991 est un puissant moteur pour garder le contrôle et maintenir

la soumission du peuple russe. Vladimir Poutine s'est attaqué à l'Occident mais surtout au monde démocratique. Les démocraties ont réagi et se doivent, pour leur propre liberté, de continuer de réagir. L'expérience ukrainienne permettra alors peut-être que les Russes eux-mêmes se libèrent de leur nouveau Tsar.

Poursuivre le débat

- L'ordre mondial
- Les frontières et l'histoire des pays
- Les rêves de grandeur des dictateurs
- La dissuasion nucléaire

La Chine se sent pousser des ailes

Le président chinois Xi Jinping a fait taire toute forme d'opposition interne et se sent les mains libres. Il ne cache plus ses volontés d'expansion sur Taïwan, revendique le rôle de première puissance mondiale, persuadé de la supériorité des régimes autocratiques sur les démocraties. L'absence de réaction internationale à la mainmise sur Hong Kong, le développement de son armement maritime amènent Pékin à montrer ses muscles. Le risque d'incident militaire est désormais élevé en mer de Chine méridionale, zone de tension géopolitique et stratégique majeure.

Les faits

A Xi Jinping, seul maître à bord

En octobre 2022, lors du 20e congrès du **Parti communiste chinois (PCC)**, le président Xi Jinping, 69 ans, a obtenu les pleins pouvoirs en renouvelant son mandat de secrétaire général du parti pour cinq ans. En mars 2023, il entame ainsi un troisième mandat de président de la République populaire de Chine. Xi Jinping a fait taire tout ce qui pouvait, de près ou de loin, ressembler à des positions divergentes aux siennes pour avoir une équipe de direction totalement à ses ordres. Les deux plus « modérés » des sept membres du comité permanent du bureau politique, le Premier ministre Li Keqiang et le président de la commission consultative du peuple chinois, Wang Yang, ont été évincés et remplacés par des proches de Xi Jinping dont Li Qiang, très probable futur Premier ministre.

Il a fait abolir la limite de deux mandats présidentiels, a accordé de multiples exceptions à la règle du départ en retraite à 68 ans et a renforcé le rôle du parti communiste au sein du secteur privé.

Le fait marquant de la cérémonie de clôture du congrès du PCC a été l'humiliation publique infligée à l'ancien président Hu Jintao : assis à la gauche de Xi Jinping, Hu Jintao a été évacué de la salle à un moment où tous les journalistes, toutes les caméras et tous les membres de l'assemblée pouvaient l'observer. Puis son nom a été censuré sur tous les réseaux sociaux chinois.

Ce geste, symbolique, d'élimination d'une voix un peu plus réformatrice que la sienne, montre à quel point Xi Jinping n'entend tolérer aucune parole dissidente, ou même seulement légèrement différente de la sienne. Devenu aussi puissant que Mao Zedong, il a fait inscrire son idéologie dans la constitution chinoise. Mais le niveau de vie, le développement de l'économie, ne sont plus les priorités du PCC. Ils ont été remplacés par la « défense de la nation », Xi répétant à l'envi sur presque tous les sujets que « la sécurité nationale » et « la survie de la nation » sont menacées. La Chine se veut en ordre de marche pour un face-à-face avec les États-Unis dans les domaines politique, stratégique, économique, militaire. Fin 2022, de manière inédite, des slogans hostiles au régime ont été scandés lors de manifestations d'opposition aux sévères confinements imposés.

B Taïwan, épicentre des tensions

L'année 2022 a été marquée par de nouvelles tensions entre les États-Unis et la Chine, autour de l'île de Taïwan.

Le 3 août 2022, **Nancy Pelosi**, présidente de la Chambre des représentants et troisième personnage le plus important des États-Unis, a rencontré la Présidente taïwanaise Tsai Ing-Wen. Une première depuis plus de vingt-cinq ans, où aucun grand dignitaire américain ne s'était rendu à Taïwan.

Nancy Pelosi y a réaffirmé publiquement « le soutien inconditionnel » de la première puissance mondiale à la « dynamique démocratique » de Taïwan.

Cette visite « non officielle » a suscité l'ire de la Chine qui considère cette entrevue comme une ingérence dans sa politique intérieure. La réponse est sans équivoque : le 4 août, la Chine déclenche des exercices militaires d'une envergure sans précédent, les plus importants de son histoire autour de Taïwan, et annonce une série de sanctions commerciales.

Brève histoire de Taïwan

Au cours de son histoire, l'île de Taïwan (aujourd'hui 23 millions d'habitants), située à 180 kilomètres au large, fut sous influence chinoise puis occupée par le Japon pendant un demi-siècle, de 1895 à 1945. Après la Seconde Guerre mondiale, elle retourne sous le giron de la Chine. En 1949, après sa défaite face aux communistes chinois, Tchang Kaï-chek se réfugie à Taïwan avec ses troupes. Au fil du temps, Taïwan, officiellement « République de Chine » à ne pas confondre avec la « République populaire de Chine », sur le continent, évolue à l'opposé de la Chine.

La démocratie s'installe et l'industrie se développe, des élections libres y sont organisées, loin du modèle chinois. La Chine laisse faire la doctrine, « un pays, deux systèmes », considère toujours Taïwan comme l'une de ses provinces, mais tant qu'elle ne déclare pas son indépendance, semble se satisfaire du statu quo.

Les relations entre la Chine et Taïwan ont commencé à se tendre en 2013, avec l'arrivée au pouvoir de Xi Jinping en Chine et de Tsai Ing-wen à Taïwan, trois ans plus tard.

La Chine de XI Jinping est expansionniste, elle revendique de plus en plus de territoires proches comme lui appartenant « historiquement » et veut imposer l'idée que Taïwan est une affaire « purement interne » à la Chine. Pékin s'oppose fermement à des échanges officiels entre tout pays et Taïwan et s'oppose à son accession à tout traité ou toute organisation officielle.

En 2022, le congrès du PCC estime qu'il faut « combattre et freiner résolument toutes les tentatives séparatistes prônant l'indépendance de Taïwan », Xi Jinping rappelle que « la réunification de la patrie doit être réalisée et sera réalisée ».

La promotion du général He Weidong, 57 ans, au bureau politique du PCC est un motif d'inquiétude. Ce partisan de méthodes musclées à Taïwan veut faire de l'Armée populaire de libération une armée « de premier plan mondial ».

C La mer de Chine méridionale, une zone de tension

La mer de Chine méridionale est un secteur stratégique où transite annuellement l'équivalent de près de 5 milliards d'euros de fret, un quart environ du commerce mondial. Principale route maritime entre les océans Pacifique et Indien, c'est une zone économique importante. Une partie de son sous-sol, convoité par la Chine et de nombreux autres États, serait riche en hydrocarbures, gaz et pétrole.

La Chine considère comme lui appartenant l'intégralité de la mer de Chine et les îles, îlots, récifs, qu'elle entend défendre en cas « d'agression » : « nous n'abandonnerons pas un pouce du territoire qu'ont laissé nos ancêtres », affirme Xi Jinping.

Pékin joue la carte du fait accompli et entend agir à sa guise en mettant les autres États devant une situation « non négociable ». Elle agrandit artificiellement des îlots et des récifs, dans le but de les équiper en armement ou stations de forage, dans le but aussi de décréter autour d'eux une zone économique exclusive.

Si les ambitions chinoises ne sont pas perturbées par les revendications territoriales de Brunei, Taïwan, la Malaisie, les Philippines ou le Vietnam, qui sont balayées d'un revers de main, y compris lorsque la justice internationale leur donne raison, elles le sont davantage par les États-Unis, qui ont eux aussi réaffirmé une position forte qui n'est pas une revendication territoriale mais un double soutien : aux alliés comme le Japon et à la liberté de circulation dans des eaux internationales remise en cause par la Chine.

Des lectures opposées du droit maritime

Pendant longtemps, la mer a été considérée comme une « chose commune », puis comme une zone de transit, au profit notamment des empires coloniaux pour y développer le commerce. Les accords de Montego Bay ont défini la notion « d'eaux territoriales », et la notion de « **zone économique exclusive** » (ZEE). Pour arbitrer et délimiter les zones d'influence et d'exploitation des différents États, il a fallu neuf années de négociation.
La Chine a utilisé ces accords en tentant de créer et de développer des îlots artificiels afin de créer des zones exclusives autour de ces îlots. Bien qu'elle s'en défende, elle a réactivé la crise sur les territoires disputés en instaurant une zone aérienne d'identification sur une grande partie des mers de Chine orientale et méridionale, entre la Corée du Sud et Taïwan. Cette large zone englobe notamment l'archipel des îles Senkaku, contrôlé par le Japon. Les autorités japonaises, sud-coréennes et américaines n'ont pas reconnu cette zone aérienne et l'ont fait survoler par leurs avions, entraînant de fait de nouvelles frictions avec la Chine.
Ces litiges témoignent en réalité des différentes lectures des accords passés, des conventions signées, ou non, et de leur interprétation.
Les États-Unis considèrent (comme la France et l'Union européenne) que la majeure partie de la mer de Chine méridionale (hors proximité des côtes et zone économique exclusive) est une zone de libre navigation. Les navires américains s'estiment donc en droit d'y naviguer en se signalant auprès des autorités, comme le prévoit le Code maritime international. Des navires français y croisent également. Mais la Chine considère que cette zone est sienne et que les « intrusions » étrangères y sont hostiles et interdites. « Viol des eaux territoriales » pour Pékin, « liberté de navigation internationale » pour les autres. Des navires et avions de reconnaissance américains ont été contrôlés, menacés de tirs s'ils ne se détournaient pas, provoquant à plusieurs reprises un pic de tension, notamment près du récif Mischief, transformé par les Chinois en île artificielle.
Si les États-Unis refusent de prendre parti sur la souveraineté des territoires et renvoient à des discussions entre les acteurs concernés, ils reconnaissent l'administration par le Japon des îles Senkaku, revendiquées par la Chine, et ont affirmé qu'elles entraient dans l'alliance militaire américano-japonaise : l'article 5 de ce traité de défense engage Washington à repousser toute attaque sur le territoire japonais ou sous administration japonaise.

La Chine refuse l'arbitrage de la justice internationale

Les États-Unis et les autres pays concernés s'appuient sur une décision de la Cour permanente d'arbitrage (CPA) de La Haye qui a tranché en juillet 2016 un différend en mer de Chine méridionale entre la Chine et l'archipel philippin en faveur de ce dernier, en refusant à la Chine le droit de décréter territoire national chinois la quasi-totalité de cette zone (2,6 millions de km^2 sur une étendue de 3 millions de km^2). La CPA a affirmé qu'il n'existait pas de

preuve que la Chine ait, historiquement, « exercé un contrôle exclusif sur les eaux et leurs ressources ». La Cour a également refusé à la Chine d'accorder le statut d'îles d'habitation aux îles artificielles créées ces dernières années dans la zone grâce à de vastes travaux de remblaiement, Pékin souhaitant requalifier la zone en ZEE, prévue par le droit international sur 200 milles nautiques autour des îles.
La CPA a affirmé qu'aucune des îles Spratley ne peut générer une zone maritime étendue et reconnaît même que certaines sont situées dans la zone philippine, suscitant la colère de Pékin. Elle précise enfin que la Chine a violé les droits souverains des Philippines en empêchant les navires philippins de passer dans ces zones maritimes, et a porté atteinte à l'environnement.
La Chine a dénié toute compétence de la CPA et a refusé ses conclusions.

Les conflits territoriaux en Asie : les zones revendiquées par la Chine

Le contexte

A Un nouvel ordre mondial

La politique chinoise à l'international a progressivement évolué au fil des dernières décennies. Sous les ordres de son président réformateur Deng Xiaoping, la Chine se donnait pour objectif de progresser économiquement et utilisait toutes ses forces et moyens pour y parvenir. À son arrivée au pouvoir en 2012, Xi Jinping a voulu affirmer la puissance de la Chine, vis-à-vis de ses voisins et du monde. Pékin réagit maintenant plus rapidement et durement à tout ce qui perçu comme pouvant nuire à ses intérêts. En haussant le ton, en déployant ses militaires ou en organisant le boycott économique de marques concurrentes. La Chine a aussi profité du désengagement des États-Unis des organismes internationaux pendant le mandat Trump pour y intensifier sa présence et développer son influence.
La Chine s'est aussi armée ces dernières années, possède désormais plus de 400 navires de guerre, des porte-avions récents, plusieurs sous-marins porteurs de têtes nucléaires. Se sentant forte, elle revendique et estime que 90 % de la mer de Chine est sous sa souveraineté directe et n'entend pas tolérer que cela soit remis en cause. Elle développe l'idée d'un « espace vital » qui ne serait pas forcément délimité par les frontières existantes mais par la puissance, la force, les besoins d'un État.
On assiste ainsi à un jeu de positionnement politique et géostratégique en Asie orientale, où chaque camp – pro-chinois ou pro-américain – cherche à se constituer une sphère d'influence la plus large et solide possible.
En Asie, le respect de la souveraineté, de l'intégrité territoriale et de la non-ingérence reste une norme fortement ancrée. Le compromis territorial n'est

pas chose aisée, les relations internationales s'organisent encore comme des rapports de force.

La création, fin 2021 de l'alliance **AUKUS** entre les États-Unis, l'Australie et le Royaume-Uni directement dirigée contre la puissance chinoise dans le Pacifique démontre avec force les craintes, notamment américaines, du développement de l'hégémonie chinoise dans le Pacifique associée à une course à l'armement dans la région.

Depuis quelques années, en mer de Chine, les sous-marins se croisent, les navires de guerre s'intimident, voire, quand ils sont chinois, empêchent les pêcheurs des pays bordant la mer de Chine de s'aventurer dans les eaux que Pékin considère comme siennes. Si la méthode chinoise a de quoi surprendre, voire faire peur, elle n'est pas étonnante.

En effet, déjà en 1992, la « Loi sur les eaux territoriales » publiée par Pékin revendiquait le contrôle, y compris par la force, des îles Paracels, des îles Spratleys et de leurs eaux adjacentes, tandis qu'à la même date, la « Déclaration de l'ASEAN sur la mer de Chine du Sud » insistait sur la nécessité de règlement des litiges de façon pacifique sans violence.

Les Spratleys et les Paracels sont constituées de centaines d'îlots inhabités mais dont la ZEE représente 700 000 km^2 soit 20 % de la mer de Chine pour les seules îles Spratleys. Ces îles sont un point de passage du commerce international et permettraient à la Chine de passer par le verrou de Balabac, évitant ainsi le détroit de Malacca en cas de conflit international. Cet espace est dès lors un espace privilégié pour la réaffirmation de la puissance navale chinoise dans la région. En effet, alors que les pays riverains de la mer de Chine méridionale possèdent tous une portion de ZEE dans cette mer, la Chine, en revendiquant ces îlots, revendique ainsi la quasi-totalité de la mer comme faisant partie de sa ZEE.

Cette stratégie consistant à sécuriser ses routes maritimes peut, d'une certaine manière, être rapprochée de la stratégie britannique au XVIIIe siècle de sécurisation des routes maritimes en mer Méditerranée - parfois de manière musclée face aux Hollandais qui poursuivaient le même objectif - lorsque Londres prit en main Gibraltar, les Baléares et obtint des avantages portuaires en Sicile et en territoire italien.

La mer de Chine : lieu d'importantes ressources

Halieutiques, d'abord. La Chine, l'Indonésie, la Thaïlande et le Vietnam sont tous parmi les vingt premiers pêcheurs mondiaux - la Chine étant en tête de ce classement - et l'Asie est la première zone de pêche mondiale. La question de la mer de Chine est donc également une question alimentaire. Les agences gouvernementales chargées de la pêche sont ainsi souvent des auxiliaires de l'armée.

D'hydrocarbures ensuite, mais les compagnies pétrolières mondiales ne souhaitent pas encore s'y aventurer face au flou des ZEE.

Touristique enfin puisque la Chine souhaite concurrencer la Thaïlande dans ce domaine. Cette mer est donc au centre des volontés hégémoniques chinoises, volontés que souhaitent contrer les États-Unis, alliés de la plupart des États riverains et qui motivent la création de l'alliance AUKUS et la volonté de l'Australie de s'équiper de sous-marins, français ou non. En cas d'offensive chinoise envers Taïwan par exemple, serions-nous capables - ou tout simplement désireux - de défendre l'île ? Il y a des raisons d'en douter.

La Chine poursuit un agenda politico-militaire affiché : d'une part, elle cherche à établir sa souveraineté indiscutable en mer de Chine méridionale, d'autre part, elle cherche à refaire la Grande Chine. Après avoir intégré Macao et Hong Kong, elle se tourne vers Taïwan qu'elle considère donc comme faisant partie de la Chine. Selon le ministre de la Défense taïwanais, Pékin sera en mesure de lancer une attaque d'envergure en 2025.

Les influences territoriales des États-Unis et de la Chine

B Les revendications territoriales régionales

Chine-Japon : les îles Senkaku/Diaoyu

La tension entre les deux États est forte. Elle est historique et remonte à la Seconde Guerre mondiale.

La nationalisation par le Japon, en 2013, des îles Senkaku, revendiquées par la Chine sous le nom de Diaoyu, a mis le feu aux poudres. Paradoxalement, il s'agissait d'un geste d'apaisement du Japon qui préférait acheter ces îlots plutôt que de les abandonner à des ultranationalistes japonais.

Depuis cette date, les deux États revendiquent ces îlots et leurs alentours. Il s'agit d'un ensemble de cinq îlots non habités, dont la surface totale ne dépasse pas 7 km^2, situés à 200 km au nord-est de Taïwan et à 400 km à l'ouest d'Okinawa (sud du Japon). Leur sous-sol pourrait receler des hydrocarbures, les mers sont riches en poissons.

La Chine revendique la souveraineté sur cet ensemble d'îlots que les aléas de l'Histoire ont placés en 1972 sous la tutelle du Japon depuis leur cession par les États-Unis, qui en avaient pris possession après la Seconde Guerre mondiale. La Chine assure qu'ils sont chinois depuis la dynastie Ming (1368-1644).

Le ressentiment chinois contre l'ancien envahisseur japonais militariste, pendant la Seconde Guerre mondiale, ressurgit au moindre incident. La rivalité entre les deux puissances dominantes en Asie s'inscrit en toile de fond de ce différend territorial apparemment mineur mais révélateur d'un positionnement déterminé. Le Japon bénéficie du soutien des États-Unis pour défendre ces îlots.

Russie-Japon : les îles Kouriles

Les îles Kouriles correspondent à une bande d'une trentaine de petites îles (quatre seulement sont habitées) et de rochers, qui s'étend au nord-est de l'île japonaise d'Hokkaido.
Ce conflit, vieux de plus de 70 ans, empêche la signature d'un traité de paix entre les deux pays.
En dépit d'une trentaine de rencontres, les responsables des deux pays ne sont pas parvenus à un accord.

Historique du litige

Dans les derniers jours de la Seconde Guerre mondiale, l'URSS avait envahi les Kouriles et déporté ses habitants au Kazakhstan et en Ouzbékistan, avec interdiction de retour. En 1945, les accords de Yalta promettent le Sud de l'île de Sakhaline et les Kouriles à l'Union soviétique de Staline, en remerciement de son offensive contre le Japon. Les accords ne précisent pas vraiment le territoire de l'archipel composé d'une multitude d'îles.
Par le traité de San Francisco de 1951, ponctuant la conférence de la paix des campagnes du Pacifique pendant la Seconde Guerre mondiale, Sakhaline est devenu soviétique et les Kouriles méridionales japonaises. Staline a refusé de ratifier ce traité.

Au-delà de l'orgueil, de la fierté nationale et de l'Histoire, les îles Kouriles sont importantes pour la Russie en raison de leurs réserves minières et de la porte d'entrée sur le Pacifique qu'elles représentent pour la base militaire russe de Vladivostok.
Le contrôle des Kouriles fait de la mer d'Okhotsk une sorte de mer intérieure russe protégée.
Si les deux pays maintiennent leurs revendications territoriales, ils se sont toutefois entendus en 2017 sur la mise en place d'une réflexion pour un développement économique conjoint. Depuis, Moscou a créé une zone franche sur les îles Kouriles.

Les conflits territoriaux en Asie : les îles Kouriles et le différend Russie-Japon

Japon-Corée : les îles Takeshima (Japon)/Dokdo (Corée du Sud)

Même si les deux États partagent des intérêts forts, et notamment une politique commune vis-à-vis de la **Corée du Nord**, ils se disputent depuis des décennies deux îlots et environ trente-cinq rochers qui couvrent une superficie de 18,7 hectares, quasiment inhabités. La Corée du Sud maintient toutefois sur place un petit détachement de garde-côtes depuis 1954.

Une étroite coopération économique existe entre les deux pays, mais les 35 années d'occupation japonaise, jusqu'à la capitulation de 1945, ont laissé des traces. Parmi les dossiers qui compliquent les relations : le refus du Japon de dédommager les femmes sud-coréennes forcées à la prostitution pendant la Seconde Guerre mondiale.

Les îles Spratley et Paracels

Pékin revendique la souveraineté sur la totalité des îles de la mer de Chine méridionale. Les revendications concernent des zones très proches des côtes du Vietnam, des Philippines, de la Malaisie, de Brunei, opposés à ce que des îles situées à quelques kilomètres de leurs littoraux soient chinoises.

Les Paracels sont constituées d'une grosse centaine d'îlots minuscules, des îles coralliennes, dont le sous-sol regorge potentiellement de gaz et pétrole, elles sont revendiquées par le Vietnam, les Philippines, Taïwan et la Russie.

Elles sont situées à égale distance entre le Vietnam et la Chine. En 1974, la Chine les envahit et, depuis 1988, possède une base aéronavale dans l'archipel. En 2012, elle forme la préfecture de Sansha, une ville de 1 000 habitants créée ex nihilo avec autorité sur la zone contestée dont les Spratleys, le banc Macclesfield et l'île de la province de Hainan dont dépend Sansha. La loi chinoise donne alors autorisation à ses garde-côtes d'arrêter tout navire ne respectant pas les règles chinoises de sa ZEE.

En outre, la Chine occupe plusieurs îles de l'archipel de Spratleys, même si Taïwan occupe le principal îlot. En 2013, les Philippines, soutenues par les États-Unis, portent la question devant les Nations Unies en déposant une série de plaintes contre la Chine. Avec le soutien de Washington et de Canberra, les Philippines se dotent de dix patrouilleurs et de deux navires de seconde main face aux patrouilles chinoises dans ces eaux que la Chine considère comme ses eaux territoriales. Mais le plus flagrant est la construction sur ces îlots de véritables bases militaires par la Chine. Sur plusieurs d'entre eux, des images satellites montrent un important arsenal militaire composé de drones, de navires de guerres et d'avions de chasse dotés du rayon d'action nécessaire pour couvrir l'ensemble de la zone disputée ainsi que les territoires des autres pays riverains.

Les îles Spratley sont revendiquées par Brunei, la Chine, Taïwan, la Malaisie, les Philippines et le Vietnam.

C Hong Kong

En peu de temps, la Chine a réussi à « mettre au pas » Hong Kong. La loi dite « de sécurité nationale » décidée par Pékin en 2020 s'applique depuis. Elle a pour seul but de faire taire toute voix d'opposition et d'empêcher toute expression démocratique.

La législation donne aux autorités de nouveaux pouvoirs pour réprimer la subversion, le séparatisme, le terrorisme et la collusion avec des forces extérieures. Ces « crimes » sont considérés « contre la sécurité de l'État » et réprimés par la prison à vie. La loi a été adoptée sans recours au parlement hongkongais et sans que la population ne puisse connaître le texte avant son adoption.

Les responsables de médias, les syndicalistes, les visages connus de la mobilisation pro-démocratie ont été arrêtés. Des syndicats, des ONG, se sont sabordés par crainte d'être inquiétés par les autorités. **Amnesty International** a quitté le pays.

Pendant ce temps, une réforme du système électoral à Hong Kong a été imposée par Pékin, elle entraîne, de fait, une marginalisation de l'opposition. La démocratie n'est pas le modèle chinois.

Un peu d'histoire de Hong Kong

Hong Kong est devenu britannique en 1842, à la suite de la première guerre de l'opium. Les Britanniques avaient le monopole de la vente de l'opium, l'Empire Qing a tenté de s'y opposer. Le conflit qui a suivi (1839-1842) a tourné à l'avantage des Britanniques ; le traité de Nankin marque la fin du conflit et le droit pour le vainqueur de vendre de l'opium en Chine et de gérer la ville de Hong Kong. Un « bail » est signé le 1er juillet 1898 pour une durée de 99 ans, avec expiration le 1er juillet 1997.

Dans la négociation de rétrocession, la Chine s'est engagée à tolérer l'existence d'une société civile à Hong Kong et un système démocratique qui dans l'absolu devait garantir jusqu'en 2047 aux Hongkongais des libertés inconnues dans le reste de la Chine (liberté de la presse, liberté religieuse, justice indépendante, liberté d'expression).

Mais le pouvoir chinois ne respecte pas sa parole et a imposé un système autoritaire par la répression.

Approfondir

Taïwan ou le « piège de Thucydide »

Par Michel Derczansky

L'Île de Taïwan sera-t-elle la victime sacrificielle offerte en offrande aux dieux de la guerre ? Le choc titanesque qui pourrait opposer la Chine aux États-Unis est-il rendu inévitable par la fracture géostratégique qui oppose les deux premières puissances mondiales ? Les oracles de la stratégie ont parlé et la voie d'un retour d'une loi de l'Histoire semble s'imposer. Qu'énonce cette loi ? Lorsque deux puissances arrivent au sommet, la confrontation ne peut déboucher que sur la guerre.

Cette leçon de stratégie fut relatée par le politiste Graham Allison dès 2012 dans son ouvrage *Thucydide's Trap Has Been Sprung in the Pacific*.

Ce dernier propose l'analyse suivante : avec une relative certitude, ce qui a conduit à la guerre entre Sparte et Athènes pourrait demain s'appliquer à nouveau dans l'Indo-Pacifique.

L'analyse d'Allison s'appuie sur un comparatif historique de seize grandes transitions de puissances au cours des cinq derniers siècles. Seulement quatre, dont celle entre la Grande-Bretagne et les États-Unis ou entre les États-Unis et l'Union Soviétique, se sont produites sans provoquer de guerre entre la puissance établie et la puissance ascendante.

Quoi qu'il en soit, ces craintes sont parvenues jusqu'en Chine. Elles nourrissent le débat dans l'empire du Milieu sur la possibilité d'un conflit armé avec les États-Unis, et notamment sur la question de Taïwan. Depuis la crise financière de 2008 et, plus encore avec l'arrivée de Xi Jinping, l'affirmation de la puissance chinoise ne fait plus de doute.

La Chine s'est donné les moyens économiques, technologiques et militaires dans le cadre d'une éventuelle confrontation régionale ou mondiale. Le budget chinois de la défense est ainsi passé de 15 milliards de dollars en 2000 à près de 300 milliards de dollars depuis 2020 !

Et si cela n'était pas suffisant, les déclarations du président Xi devraient nous convaincre : en 2017, il affirmait déjà que « l'Armée Populaire de Libération » doit se préparer à « combattre et vaincre » ! Le 16 octobre 2022 lors du 20e Congrès du Parti communiste, ses propos furent sans ambiguïté, décrivant la politique des cinq prochaines années : « nous œuvrons avec la plus grande sincérité et les plus grands efforts pour une réunification pacifique de Taïwan... mais nous ne renoncerons jamais au recours à la force et nous nous réservons la possibilité de prendre toutes les mesures nécessaires ».

Cette rhétorique s'inscrit depuis les années 2000 dans une doctrine nationaliste qui affirme la « renaissance de la nation chinoise » et qui la lie consubstantiellement à la réunification de Taïwan, autrement dit son annexion. Et ceci, au prétexte que l'ancienne île de Formose, il y a plus d'un siècle et demi, fut une province de la dernière dynastie de l'Empire chinois.

Dans ce contexte de tension, il est nécessaire de rappeler dans quelle histoire particulière s'inscrit le statut international de Taïwan.

Le 8 décembre 1949 correspond à la fuite des nationalistes chinois à Taïwan. Après la capitulation du Japon et la fin de la Seconde Guerre mondiale, le leader nationaliste Tchang Kaï-Chek se réfugie sur l'île de Formose.

Le nouveau gouvernement de Taïwan conserve sa légitimité auprès des organismes internationaux notamment auprès du Conseil de Sécurité de l'Organisation des Nations Unies. Il continue de représenter la Chine après 1949.

Mais cette situation sera contestée par la République populaire de Chine et par son leader Mao Zedong. Durant cette période, des liens stratégiques vont s'établir entre Taïwan et les États-Unis, pour aboutir à la signature d'un traité de sécurité mutuelle en 1955.

Il faut attendre 1971 pour que la Chine remplace Taïwan à l'ONU. C'est le Président Jimmy Carter qui effectue ce rapprochement, isolant Taïwan et son gouvernement des instances internationales.

Aujourd'hui, seule une dizaine de pays reconnaissent Taipei, même si les États-Unis maintiennent le Traité de sécurité mutuelle et renforcent leur assistance militaire à Taïwan et lui garantissent son intégrité territoriale. L'Alliance militaire tripartite formée par l'Australie, le Royaume-Uni et les États-Unis (AUKUS), créée officiellement le 15 septembre 2021, a pour objectif stratégique de contrer toute velléité expansionniste chinoise dans la zone indo-pacifique, zone qui inclut Taïwan.

La montée en puissance chinoise peut-elle céder aux passions nationalistes ? Autrement dit, les Chinois croient-ils au piège inéluctable de Thucydide ?

Au-delà des manœuvres d'intimidation et des discours de fureur, il semble nécessaire de rappeler que, pour Xi Jinping les fondamentaux demeurent les mêmes : la survie du

parti et du régime reste la priorité, parallèlement au développement économique et à la stabilité sociale. Si la Chine agite un chiffon rouge, elle refuse jusqu'à présent de s'enfermer dans une situation périlleuse.
L'affrontement la conduirait à perdre toute influence économique, alors que, comme en témoigne la visite récente du chancelier allemand, elle n'est pas près d'abandonner la mondialisation.
Plus qu'une guerre chaude, la Chine préfère visiblement les zones grises.

Poursuivre le débat

- L'évolution de la politique extérieure de la Chine
- Hong Kong : la révolution en douceur
- Le droit maritime international
- Faut-il se battre pour Taïwan ?

Le Brésil, clivé, rappelle Lula

Le président sortant d'extrême droite, Jair Bolsonaro, 67 ans, a perdu son pari. Ses outrances, ses mensonges, sa gestion catastrophique de la crise sanitaire ont provoqué un rejet fort d'une (petite) majorité des Brésiliens. S'il n'a pas réussi à être réélu, ses idées, elles, sont porteuses, le Parlement brésilien penche nettement à droite.
Lula, incroyable rescapé, ayant déjà deux mandats à son actif, emprisonné 18 mois pour corruption avant que les accusations soient levées, entame à 77 ans un troisième mandat, dans un pays coupé en deux.

Les faits

A Les résultats

Le duel attendu entre Luiz Inacio Lula da Silva, dit **Lula**, héros de la gauche brésilienne et le président d'extrême droite sortant **Jair Bolsonaro**, a écrasé le premier tour et effacé les autres candidats. À eux deux, Bolsonaro et Lula ont récolté plus de 91 % des voix au premier tour, ne laissant que des miettes aux autres candidats. Simone Tebet et Ciro Gomes n'ont pas atteint la barre des 5 %, alors que le socialiste Ciro Gomez avait récolté plus de 12 % des suffrages à la dernière présidentielle, quatre ans plus tôt.
Ce résultat est une illustration du clivage important de la société brésilienne, clivage également géographique : le président sortant a réalisé des scores élevés dans tout le sud du pays et deux États du nord, alors que Lula a fait le plein de voix dans ses fiefs du nord-est.
Plusieurs sondages prédisaient une victoire de Lula dès le premier tour, mais le score de Jair Bolsonaro a été une surprise, notamment à Sao Paulo et Rio de Janeiro. Les électeurs des deux villes et des deux États les plus peuplés se sont à l'image du pays partagés entre les deux hommes. Le résultat du second tour montre également que Lula n'a pas fait le plein des reports de voix entre les deux tours, n'atteignant pas les 51 %. Deux millions de voix séparent, au final, les deux hommes alors que 156 millions d'électeurs étaient appelés aux urnes.

Même s'il perd d'un très faible écart, Bolsonaro est toutefois le premier président brésilien à échouer pour sa réélection, preuve du rejet, massif, d'une part de la population brésilienne, ulcérée par ses outrances et la gestion du pays pendant son mandat.

Présidentielle 2022

	1er tour	2nd tour
Lula (Parti des travailleurs, PT) gauche	48,43 %	50,90 %
Jair Bolsonaro (Parti libéral) extrême droite	43,20 %	49,10 %
Simone Tebet (MDB, centre droit)	4,16 %	
Ciro Gomes (PTD, gauche socialiste)	3,04 %	
Soraya Thronicke (UB, centre droit)	0,51 %	
Luiz Felipe d'Avila (Nouveau parti, libéral)	0,47 %	
5 candidats à moins de 0,1 %, en cumulé	0,19 %	

B Lula, le retour

L'élection de Lula est l'un des plus improbables « come-back » politiques au monde. Président du pays pendant deux mandats, de 2003 à 2010, il n'avait pu se présenter à la dernière élection en 2018, empêché par la justice, pour des accusations de corruption.

Condamné dans l'un des plus grands scandales de corruption du Brésil, après une instruction menée par le juge Sergio Moro, qui allait devenir le ministre de la Justice de Bolsonaro, Lula a été incarcéré pendant 580 jours, d'avril 2018 à novembre 2019. Imaginer dans ces conditions un retour à la vie publique et encore plus une élection à la présidentielle apparaissait il y a encore peu, totalement impossible. Mais au Brésil non plus, on ne meurt jamais en politique.

En mars 2021, Lula a bénéficié de l'annulation ou de la prescription de ses condamnations, décidées par la cour suprême du Brésil. Douze années après avoir quitté le pouvoir, Lula était de retour.

Il est toujours perçu par ses partisans comme celui grâce à qui près de 30 millions de Brésiliens sont sortis de la misère pendant ses deux mandats grâce à d'ambitieux programmes sociaux, en bénéficiant des années de croissance portées par le boom des matières premières. Premier chef de l'État brésilien issu de la classe ouvrière, cet ancien métallurgiste, icône internationale de la gauche et symbole de la lutte contre la pauvreté, avait été élu après s'être levé contre la dictature militaire.

Son image est aussi ternie par les scandales de corruption à répétition depuis le scandale « Lavage express » (« Lavo Jato ») et sa condamnation à 18 mois de prison, annulée en 2021. Il est aussi l'homme de la corruption, impliqué

dans un nombre impressionnant d'affaires d'argent sale ; l'homme de l'insécurité qui augmente et celui de l'économie en berne en raison de la corruption et d'une administration étouffante.
Adoré ou détesté, Lula est un personnage central de l'échiquier politique brésilien. Sa chute avait marqué l'année 2018 autant que l'arrivée au pouvoir de Jair Bolsonaro, sa résurrection marque 2022 autant que la chute du président d'extrême droite.

Lula, un destin hors norme

Figure historique du Brésil de l'après-dictature, Lula a un destin extraordinaire. Enfant pauvre des régions du Nord-est, les plus touchées par la misère, ouvrier, syndicaliste, devenu président, il est né en 1945, huitième enfant d'une famille de paysans. Il quitte à sept ans la campagne avec sa mère pour échapper à la misère. À Sao Paulo, il vit de petits boulots comme les enfants des rues brésiliens, fréquente un peu l'école, avant de devenir ouvrier métallurgiste à quatorze ans. Il intègre à 21 ans le syndicat des métallurgistes, dont il devient président en 1975.
En pleine dictature militaire, il lance des mouvements de grève et défie le pouvoir. La prison n'entame pas sa détermination.
Sous la pression de la rue, les militaires rendent progressivement le pouvoir au peuple.
Engagé syndicalement et politiquement, Lula crée le Parti des travailleurs (PT) en 1980. Élu député en 1986, il échoue à trois reprises à l'élection présidentielle en 1989, 1994, 1998.
Lula sait que les Brésiliens craignent d'élire à leur tête un président trop à gauche. Son discours évolue, l'aile gauche du PT s'en émeut mais, grâce à ses qualités de tribun, il devient « l'ami du peuple et des plus pauvres » tout en étant crédible et accepté par la classe dirigeante et les instances économiques du pays.
Il est élu en 2002, réélu en 2006, alors que son parti est secoué en 2005 par un scandale de corruption. Lula se sépare de la direction du PT pour sauver sa réélection.
Capable, avec caractère, d'engager des réformes en profondeur, il lance la « Bolsa Familia » (Bourse famille) qui permet à 29 millions de Brésiliens de sortir de la pauvreté. Il réussit à mener de front une politique de pragmatisme économique et de développement social.
La Constitution brésilienne interdisant au président d'aller au-delà de deux mandats consécutifs, il soutient la candidature de Dilma Rousseff, son héritière. Rattrapé par les scandales de corruption, « Petrobras » puis « Lavo Jato », il assiste, impuissant à la destitution de Dilma Rousseff puis subit ensuite les foudres de la justice, jusqu'à son incarcération et son impossibilité à se présenter à l'élection présidentielle de 2018. Quatre ans plus tard, il redevient président d'un pays profondément marqué par la division.

C Bolsonaro perd, le bolsonarisme gagne

Jair Bolsonaro a été rattrapé par ses excès, outrances, mensonges, attaques virulentes contre ses opposants, contre les institutions qui ont fini par braquer une majorité (même minime) de Brésiliens.
Sa gestion désastreuse de la crise sanitaire, après avoir nié celle-ci, a causé la mort de 680 000 Brésiliens, tandis qu'il refusait les vaccins. Bolsonaro a vécu pendant quatre ans dans un monde qu'il s'est inventé, sans Covid, sans crise climatique, en niant la pauvreté : « la faim n'existe pas vraiment au Brésil », a-t-il affirmé, dans un pays où 30 millions de personnes souffrent de la faim. Quatre années de crise, de provocations permanentes, de nombreuses démissions de ministres (quatre ministres de l'Éducation en quatre ans) et d'attaques contre la presse, la justice, les institutions. Quatre années également marquées par une déforestation record en **Amazonie** et un isolement de plus en plus grand sur la scène internationale. Comme son modèle **Donald Trump**, il a échoué dans sa tentative de réélection mais ses idées conservatrices se sont diffusées sur la scène politique et l'électorat brésilien.
Jair Bolsonaro a conservé un socle important de sympathisants, unis dans la détestation de Lula et du communisme, sensibles à ses valeurs très conservatrices s'appuyant sur la religion, la patrie, la famille, seul rempart contre la corruption endémique mais occultant la démission de plusieurs de ses ministres emportés dans des affaires de corruption… Jair Bolsonaro peut aussi compter sur le soutien des évangéliques et sur le lobby puissant de l'agro négoce.

Bolsonaro, « l'anti Lula »

Né en 1955 près de Sao Paulo dans une famille d'origine italienne, Jair Bolsonaro embrasse une carrière militaire, jusqu'au grade de capitaine, avant d'être placé en réserve.
Il a fait l'essentiel de sa carrière politique à Rio : conseiller municipal en 1988, puis député à partir de 1991. Ses mandats sont déjà émaillés de nombreux dérapages verbaux racistes, misogynes et homophobes et par une nostalgie affichée des « années de plomb » de la dictature militaire (1964-1985).
En 2018, lassés d'une gauche empêtrée dans la corruption et son incapacité à lutter contre l'insécurité et la violence, les Brésiliens l'avaient élu à 55 % malgré ses outrances.
Incarnant l'ordre, la discipline militaire que de nombreux Brésiliens réclament, il met aussi en avant sa foi, jusque dans son slogan de campagne : « Le Brésil au-dessus de tout, Dieu au-dessus de tous ».

Et maintenant ?

Comme son modèle Donald Trump, Jair Bolsonaro va devoir rendre des comptes. À partir du 1er janvier 2023, date de la prise de fonction de Lula, il perdra son immunité présidentielle. Sa gestion de la crise sanitaire sera probablement étudiée par la justice, de même que la déforestation massive en Amazonie qu'il a permise pendant son mandat.

Sa famille intéresse également la justice brésilienne, son fils sénateur Flavio étant soupçonné de « rachadinha », le reversement illégal de salaire d'employés d'un élu rémunérés par l'État.

Resté silencieux plusieurs jours après sa défaite, avant d'autoriser la transition avec Lula et de s'engager à respecter la Constitution, il pourrait, comme Donald Trump, rester en retrait pour préparer un retour en 2026.

Le bolsonarisme a gagné

Le Brésil, s'il a désormais un président de gauche, penche clairement politiquement à droite. Les élections législatives et sénatoriales dans les 27 États qui composent le pays ont confirmé le très fort ancrage du Parti libéral (PL) de Jair Bolsonaro. Ainsi, 14 États sont dirigés par des membres du PL dont les deux plus grands, Rio et Sao Paulo. Il s'agit là de contre-pouvoirs important au président Lula. À la Chambre des députés, le PL est majoritaire (99 membres) devant le Parti des Travailleurs (PT) et ses alliés (80). La particularité du système politique brésilien est que de très nombreux petits partis sont représentés à l'Assemblée et dictent le tempo du Parlement. Au Sénat, le PL de Bolsonaro est également le premier parti avec 13 sénateurs (9 pour le PT).

Les affaires judiciaires n'ont pas gêné l'élection d'anciens ministres, notamment Ricardo Salles, soupçonné de participer à un réseau de contrebande de bois d'Amazonie quand il était ministre de l'Environnement, et Eduardo Pazuello, ministre de la Santé pendant la pandémie niée par le gouvernement.

Le contexte

A Une campagne délétère

« Roi des mensonges », « corrompu », « menteur », « bandit » « déséquilibré », le dernier débat télé avant le second tour entre les deux candidats sur TV Globo, la chaîne la plus regardée du pays, peut se résumer en une suite d'attaques personnelles. Comme en 2018, la campagne a été marquée par des violences verbales entre les deux hommes que tout oppose et par une tension vive sur les lieux des meetings.

Le souvenir de l'agression dont Jair Bolsonaro avait été victime en 2018, était par ailleurs très présent : poignardé à l'abdomen, il avait été hospitalisé durant plus de trois semaines, pendant lesquelles sa cote de popularité avait fortement augmenté.

La campagne présidentielle s'est déroulée sur fonds de diffusion d'informations falsifiées sur les réseaux sociaux. La désinformation est devenue un outil comme un autre du jeu politique, comme les spots de campagne officiels.

B Le Brésil en 2022

Corruption

Le Brésil compose depuis des années avec une corruption qui gangrène cette jeune démocratie. Elle est concomitante de l'accroissement du niveau de vie. **Dilma Rousseff**, a été destituée pour corruption ; Michel Temer, convaincu de corruption, a échappé de peu à la destitution, Fernando Collor de Mello a démissionné après des accusations de corruption, Lula a fait de la prison avant que les accusations soient retirées. Des ministres de Jair Bolsonaro ont été impliqués dans des scandales de corruption pendant son mandat.

À savoir

L'affaire **Petrobras**, du nom du géant pétrolier brésilien, empoisonne la vie politique brésilienne : la compagnie publique aurait versé pendant plusieurs années des pots-de-vin à au moins vingt-cinq députés, six sénateurs et trois gouverneurs. L'affaire « Mensalao », concerne l'achat de votes au Parlement par le PT. « Lavo Jato », en lien avec l'affaire Petrobras, implique de nombreux hommes politiques.

Quelques dates

- 1500 : domination portugaise
- 1822 : monarchie indépendante
- 1889 : devient une République
- 1964 : début de la dictature militaire (jusqu'en 1985)
- 1989 : 1re élection présidentielle au suffrage universel, Fernando Collor de Mello élu
- 1992 : démission du président après des accusations de corruption
- 1995 : présidence du social-démocrate Fernando Henrique Cardoso (jusqu'en 2002)
- 2003 : Lula, premier président de gauche du Brésil
- 2006 : réélection de Lula
- 2010 : élection de Dilma Rousseff
- 2014 : réélection de Dilma Rousseff
- 2016 : destitution de Dilma Rousseff
- 2018 : condamnation et incarcération de Lula
- 2018 : élection de Jair Bolsonaro
- 2022 : troisième élection de Lula

Points de repère

Ancienne colonie portugaise : seul pays lusophone d'Amérique du Sud.
215 millions d'habitants : 47,1 % métis, 43,1 % blancs et 8,8 % noirs (Institut brésilien de géographie et statistique).
Capitale : Brasilia (3 millions) ; ville la plus peuplée : São Paulo (12 millions), devant Rio de Janeiro (7 millions).
8,5 millions km^2 (la moitié de l'Amérique du Sud, cinquième pays le plus étendu au monde, quinze fois la France), 7 400 km de côtes le long de l'Atlantique, plus de 60 % de la forêt amazonienne sur son territoire.
Plus grand pays catholique du monde : 123 millions de fidèles (environ 65 % de la population). Les protestants évangéliques représentent un tiers de la population.
L'un des principaux producteurs et exportateurs de café, sucre, jus d'orange, éthanol, minerai de fer, soja, viande bovine et volaille.
9e pays le plus inégalitaire au monde (Banque mondiale).
L'un des pays les plus violents (20 % des homicides mondiaux), un viol toutes les dix minutes.
Taux de pauvreté passé de 24 % à 30 % entre 2014 et 2022, la faim a progressé de 73 % depuis 2020, affectant 33,1 millions de Brésiliens.
Taux de chômage fin 2022 : 8,7 % (9,5 millions de personnes).
L'économie brésilienne redémarrait après la pandémie avec une croissance à la hausse et un reflux de l'inflation.

Le Brésil, villes et pays voisins

Approfondir

Par Michel Derczansky

Le sociologue Roger Bastide disait à propos du Brésil que, pour comprendre sa singularité, il fallait apprendre à le penser « par la simultanéité des contraires ».
Plus récemment, le philosophe Bruno Latour, à la veille de l'élection présidentielle de 2022, dans un entretien au quotidien *Folha* de Sao Paulo, résumait assez bien les enjeux du devenir du pays : « si vous, les Brésiliens, trouvez une solution, alors le reste du monde est sauvé. Car dans aucun endroit ne se conjuguent avec autant d'intensité les tempêtes écologiques et politiques ».
Le Brésil occupe une place majeure dans le monde. Par sa géographie d'abord, avec l'Amazonie dont plus de 60 % de la superficie se situe sur son territoire et qui constitue l'une des plus grandes réserves mondiales de la biodiversité.
Le Brésil est également un acteur géopolitique incontournable tant au niveau international qu'au niveau du continent américain. Avec une population de 215 millions d'habitants, un corps électoral de 150 millions de citoyens et un espace qui fait huit fois la superficie de la France, le Brésil est la plus grande démocratie d'Amérique du Sud.
Ces éléments de puissance doivent toutefois être pondérés.
Le Brésil connaît des inégalités structurelles, des disparités sociales et territoriales. Il est miné par les discriminations raciales et par la violence endémique liée au trafic de

drogue et à la délinquance ; sans oublier la violence policière. C'est aussi une démocratie récente qui a subi la plus longue dictature du continent sud-américain (1964-1980) – même si, durant cette période, les militaires ont maintenu le principe des élections en instaurant un bipartisme et en tolérant deux partis politiques qui leur étaient inféodés de façon plus ou moins directe.

Il faut attendre 1980 pour que les partis, les mouvements syndicaux et paysans qui avaient basculé dans la clandestinité, reviennent sur la scène politique. Le parti des travailleurs (PT), le Parti du Mouvement démocratique brésilien et le Parti de la sociale démocratie brésilienne vont redonner vie à la démocratie brésilienne.

Sous l'impulsion de Lula, le PT rassemble pratiquement toute la gauche brésilienne et va s'imposer comme une force incontournable.

Comment, dans ce contexte, l'ascension et l'élection de l'homme politique d'extrême droite Jair Bolsonaro, quasiment inconnu quelques mois plus tôt, ont-elles été possibles en 2018 ? Pourquoi les électeurs ont-ils failli le reconduire à la présidence en 2022, alors qu'à peine une année auparavant il avait été accusé de crime contre l'humanité et de charlatanisme par une commission d'enquête parlementaire en raison de son absence de politique sanitaire face à la pandémie mondiale de Covid-19 ?

On pourrait peut-être invoquer ici le concept de « simultanéité des contraires », évoqué précédemment.

Après deux mandats, en 2010, Lula passe la main à sa « dauphine » Dilma Roussef, qui accède à la fonction suprême.

La série des déconvenues judiciaires de Lula puis de Dilma Rousseff s'ajoutant aux difficultés économiques et à l'insatisfaction des classes moyennes a participé à l'ascension fulgurante de Jair Bolsonaro. Une étrange concordance des temps politico-judiciaires va nourrir un climat délétère et l'effondrement de la confiance dans la démocratie.

Le 31 août 2016, la destitution de Dilma Rousseff est prononcée par le Congrès : les 367 députés et les 61 sénateurs votent pour la mesure d'*impeachment*, une mesure qui est en réalité une instrumentalisation politique : ce qu'elle n'avait pu faire par les urnes, la droite le réussit en instrumentalisant la mesure de destitution de la Présidente Rousseff. Cependant, la droite conservatrice ne parviendra pas à endiguer les difficultés économiques majeures ni à lutter contre la corruption. Le conservateur Michel Temer qui succède à Dilma Rousseff est inaudible et impuissant ; il termine son mandat avec une cote de popularité de 5 %.

L'année 2018 accélère la descente aux enfers tant pour le leader de la gauche brésilienne que pour le pays. Condamné à douze ans d'emprisonnement pour corruption passive et blanchiment d'argent, Lula pourtant favori pour l'élection de 2019, se constitue prisonnier le 7 avril 2018.

Dans cette ambiance peu propice à faire vivre les valeurs de la démocratie, Jair Bolsonaro se présente comme l'incarnation de la rupture avec le système en place. Il va bénéficier de la défiance envers le PT incarné par Fernando Haddad et de l'incapacité du Parti social-démocrate d'être une alternative crédible. Il remporte l'élection de 2019 en siphonnant l'ensemble des électorats de droite, du centre, et de gauche.

Lula est définitivement blanchi 580 jours plus tard par la Cour suprême, qui argumentera son verdict notamment en affirmant l'absence de preuves matérielles et en notifiant la partialité des juges qui l'ont condamné. Entre-temps, le juge Moro qui avait ordonné son emprisonnement devient ministre de la Justice de Jair Bolsonaro !

L'histoire de la démocratie brésilienne ne devrait-elle pas nous éclairer, nous, Occidentaux à mieux chérir notre bien commun : la démocratie ?

Poursuivre le débat

- Le populisme politique
- Le rejet des institutions, de la justice, de la presse, des corps constitués
- Quand la religion se mêle de politique
- En politique, on ne meurt jamais. Commentez.

11

La protection des lanceurs d'alerte

Certains sont restés anonymes, d'autres ont été propulsés en « une » de l'actualité, comme **Julian Assange** et **Edward Snowden**. Ils ont en commun d'avoir, au nom de l'intérêt général, mis en lumière des crimes ou délits cachés, commis par leur employeur ou des États, au péril de leur carrière ou de leur vie. Seuls, ou avec l'aide de la presse, ils dénoncent les scandales avec un idéal de justice bien mal récompensé. En France, une loi les protège, la « raison d'État » reste dominante.

Les faits

La loi de mars 2022, dite **loi Waserman** (du nom de Sylvain Waserman, député MoDem du Bas-Rhin), entrée en vigueur le 1er septembre 2022, modifie la première loi de protection des lanceurs d'alerte (Loi Sapin 2). Elle a notamment redéfini la définition du lanceur d'alerte.

Le lanceur d'alerte

Personne physique qui signale ou divulgue, sans contrepartie financière directe et de bonne foi, des informations portant sur un crime, un délit, une menace ou un préjudice pour l'intérêt général, une violation ou une tentative de dissimulation d'une violation d'un engagement international régulièrement ratifié ou approuvé par la France, d'un acte unilatéral d'une organisation internationale pris sur le fondement d'un tel engagement, du droit de l'Union européenne, de la loi ou du règlement. Lorsque les informations n'ont pas été obtenues dans le cadre des activités professionnelles [...], le lanceur d'alerte doit en avoir eu personnellement connaissance.

Ils sont parfois seuls, parfois en lien avec des médias, peuvent travaillent en consortium, les **lanceurs d'alerte** ont depuis plusieurs années multiplié les révélations, notamment de fraudes fiscales, ou de non-respect des législations.

Plusieurs le paient en années de prison, comme Julian Assange ou **Chelsea Manning**, d'autres voient leur carrière brisée.
Les États pris en faute, les employeurs publics ou privés, les grandes multinationales peu respectueuses de la législation fiscale, les considèrent vite comme des traîtres qui doivent être fortement condamnés, moyen habile de ne pas parler du fond, de leurs crimes, et de se focaliser sur le messager plutôt que sur le message. La ficelle ressemble plus à une corde à nœud, mais elle est toujours utilisée.
Moralement, les États démocratiques leur devraient protection pour leur aide et devraient les considérer comme des héros des temps modernes qui informent le grand public au nom de l'intérêt général sur le comportement anormal, délictueux, voire criminel de leurs dirigeants. Il n'en est rien.

A Julian Assange

En avril 2022, le tribunal de Westminster Magistrates, à Londres, a formellement donné son approbation à la remise de l'Australien de 51 ans à la justice américaine. La ministre britannique de l'Intérieur, Priti Patel, a signé le décret d'extradition du fondateur de **WikiLeaks** vers les États-Unis. L'avocate de Julian Assange, son épouse Stella Assange, a fait appel de cette décision.
Le gouvernement britannique, soucieux de ne pas froisser les États-Unis, a décidé de ne pas refuser cette extradition.
Les États-Unis entendent juger le fondateur de WikiLeaks pour avoir diffusé plusieurs centaines de milliers de documents classifiés sur les activités militaires et diplomatiques américaines. Parmi ces documents, des preuves de bavures américaines en Afghanistan et en Irak en 2007 notamment, des tirs américains contre des civils non armés. Dans l'une de ces attaques, 18 civils et des journalistes ont été tués. La vidéo « Collateral Murder » a été diffusée par WikiLeaks et reprise par des médias, le *Guardian* et le *New York Times*.
WikiLeaks a fait le choix de diffuser au fil de l'eau, sans contextualisation, des images et des rapports confidentiels. La diffusion de ces documents avait été très critiquée pour avoir mis en danger des sources par la publication de télégrammes non expurgés du département d'État américain. Julian Assange risque plusieurs dizaines d'années de prison s'il est reconnu coupable d'espionnage, en raison d'une loi interdisant la divulgation d'informations confidentielles.
Julian Assange est détenu depuis 2019 à la prison de haute sécurité de Belmarsh près de Londres. Il avait été arrêté par la police britannique en 2019 à l'ambassade d'Équateur à Londres, où il avait trouvé refuge pendant sept ans.

Julian Assange

- **2006** : création de WikiLeaks, plateforme de diffusion d'informations prouvant la corruption, l'espionnage, les violations des droits humains d'États.
- **Juillet 2010** : WikiLeaks publie 750 000 documents sur les activités militaires et diplomatiques américaines dont des preuves de crimes.
- **Juin 2012** : Julian Assange se réfugie à l'ambassade d'Équateur à Londres.
- **Avril 2019** : le nouveau président équatorien, Lenin Moreno, met fin à l'asile politique de Julian Assange, qui est arrêté par les autorités britanniques et emprisonné à la prison de haute sécurité de Belmarsh.
- **Mai 2019** : procédure d'extradition des États-Unis.
- **Février 2020** : début du procès de Julian Assange devant la justice britannique.
- **4 janvier 2021** : rejet de la demande d'extradition en raison de sa santé mentale.
- **6 janvier 2021** : la justice britannique refuse sa libération sous caution.
- **Février 2021** : les États-Unis font appel de la décision de justice britannique.
- **Décembre 2021** : la justice britannique annule en appel le refus d'extradition vers les États-Unis.
- **24 janvier 2022** : la Haute Cour de Londres autorise Julian Assange à contester son extradition vers les États-Unis.
- **14 mars 2022** : la Cour suprême du Royaume-Uni refuse à Julian Assange la possibilité de faire appel du précédent arrêt de la Haute Cour qui autorise son extradition.
- **20 avril 2022** : la justice britannique ordonne l'extradition de Julian Assange vers les États-Unis.
- **26 août 2022** : Julian Assange dépose un recours en appel devant la Haute Cour du Royaume-Uni contre l'ordre d'extradition.

B La loi française change

La France a décidé en 2017 d'une loi afin de protéger les lanceurs d'alerte, la « loi relative à la transparence, à la lutte contre la corruption et à la modernisation de la vie économique », dite « loi Sapin 2 » du nom du ministre, Michel Sapin.

Elle a été amendée et précisée en mars 2022 par la loi Waserman qui transpose une directive européenne du 23 octobre 2019 sur la protection des personnes qui signalent des violations du droit de l'Union.

- La loi française définit désormais le lanceur d'alerte. Il doit être une personne physique, excluant du champ de la loi les institutions représentatives du personnel dans une entreprise : un comité d'entreprise, un comité d'hygiène et de sécurité (CHSCT), une délégation unique du personnel (DUP) ne peuvent être considérés comme des lanceurs d'alerte.

- Le champ des informations considérées comme une alerte est précisé et la liste des secrets applicables complétée.
- La protection pour le lanceur d'alerte, qui ne pourra subir de pression ou représailles de la part de son employeur, est prévue.
- Les faits dénoncés pourront porter sur « des informations » sur un crime, un délit ou des violations du droit ou sur des « tentatives de dissimulation » de ces violations.
- Pour respecter la loi, le lanceur d'alerte pourra choisir entre le signalement interne et le signalement externe à l'autorité compétente, au Défenseur des droits, à la justice, à un organe européen.
- La dénonciation publique est possible ensuite, sous certaines situations, si le signalement externe n'a rien donné, en cas de risque de représailles ou de « danger grave et imminent ». La loi interdit à tout lanceur d'alerte, sauf « en cas de danger grave et imminent ou en présence d'un risque de dommages irréversibles », de divulguer son information aux médias et à la société civile sans avoir, au préalable, alerté, soit sa hiérarchie soit une autorité judiciaire ou administrative.
- La protection des lanceurs d'alerte est étendue à leur entourage, « aux personnes physiques et aux personnes morales à but non lucratif qui sont en lien avec le lanceur d'alerte ».

La loi européenne

L'Union européenne a élaboré en octobre 2019 une directive sur la protection des lanceurs d'alerte ; elle peut être lue comme une réponse aux scandales « LuxLeaks », « Panama Papers » et « Cambridge Analytica ». Quand les États membres de l'UE l'auront transposé dans leur législation, comme la France avec la loi Waserman, toutes les entreprises de plus de 50 employés en Europe seront dans l'obligation d'établir un dispositif d'alerte interne ; il devra notamment offrir une protection juridique aux lanceurs d'alerte.

La directive couvre de très nombreux secteurs d'activité, dont « la protection des consommateurs » et « la santé ».

Dans les collectivités territoriales et les entreprises, des canaux de signalements devront être mis en place, les lanceurs d'alerte seront encouragés, mais pas contraints, à les utiliser en premier lieu.

Les autorités publiques ou les entreprises auront, elles, l'obligation de répondre dans un délai de trois mois. Le texte prévoit aussi la protection des personnes qui viennent en aide aux lanceurs d'alerte.

Le contexte

A Les cas emblématiques

L'Affaire des « Panama Papers »

L'affaire des « Panama Papers » est la révélation, par le Consortium international des journalistes d'investigation (**International Consortium of Investigative Journalists (ICIJ)** : 190 journalistes issus de 65 pays différents), d'un vaste système d'évasion fiscale et de création de sociétés offshore *via* des sociétés « prête-nom » au Panama.

À partir d'un corpus de plus de 11 millions de documents, une centaine de journaux dans le monde ont décrypté les montages financiers opérés par des hommes politiques, sportifs, entrepreneurs, milliardaires, épinglés dans cette vaste enquête internationale. Le Premier ministre islandais, **Sigmundur David Gunnlaugsson**, avait été poussé à la démission pour avoir profité de cette évasion fiscale. La France a décidé de réinscrire le **Panama** sur la liste des paradis fiscaux et de mener des enquêtes sur les banques ou personnalités citées.

Snowden, toujours réfugié à Moscou

Edward Snowden, un ancien consultant de l'**Agence de sécurité nationale américaine (NSA)**, a révélé des programmes illégaux de surveillance massive des communications aux États-Unis.

Le journal britannique *The Guardian*, et un titre américain, *The Washington Post*, ont relayé que la NSA et le FBI ont fait pression sur les géants américains de l'internet (Microsoft, Yahoo!, Google, Facebook) pour intercepter et surveiller les communications d'internautes.

Edward Snowden fuit alors les États-Unis et, depuis Hong Kong, révèle être la source des fuites. Il affirme que son pays surveille des centaines de milliers d'ordinateurs dans le monde.

Washington commence sa traque et demande l'extradition de l'informaticien. Il est inculpé pour espionnage, vol et utilisation illégale de biens gouvernementaux. Snowden rejoint Moscou, la Russie lui offrant l'asile.

Le journal allemand *Der Spiegel* a publié des informations d'Edward Snowden sur l'espionnage de l'Union européenne par la NSA, notamment dans ses représentations à Washington et à l'ONU, ou encore des téléphones portables de dirigeants européens.

En France, le journal *Le Monde* a révélé que la NSA avait effectué 70 millions d'enregistrements de données téléphoniques de Français entre le 10 décembre 2012 et le 8 janvier 2013.

Les révélations d'Edward Snowden touchent de très nombreux pays.

En 2016, *Le Monde* révèle encore, toujours sur la base des informations d'Edward Snowden, que les services secrets britanniques et américains

espionnaient les communications en vol des avions de plusieurs compagnies, dont Air France. « Le signal transitant par satellite, la technique d'interception se fait par des stations secrètes d'antennes au sol. Le seul fait que le téléphone soit allumé suffit à le localiser, l'interception peut alors être croisée avec le registre des listes de passagers et les numéros des avions, pour mettre un nom sur l'utilisateur du smartphone », écrit le journal.
Toujours réfugié à Moscou, Edward Snowden est considéré comme un criminel par les États-Unis.

WikiLeaks

Fondé par l'Australien Julian Assange, **WikiLeaks** est une ONG qui a rassemblé et diffusé sur le web des milliers de documents classés secret-défense par l'administration américaine ; ces documents concernaient notamment les guerres en Irak et en Afghanistan, ainsi que les échanges entre dirigeants mondiaux, et particulièrement des télégrammes diplomatiques.
Bradley Manning avait transmis environ 700 000 documents militaires et diplomatiques au site WikiLeaks, lorsqu'il était analyste du renseignement en Irak, de novembre 2009 à son arrestation en mai 2010. Certains de ces documents mettent en cause l'armée américaine ; des crimes de guerre perpétrés par les États-Unis y sont mentionnés. On y trouve la vidéo d'une bavure sur des civils irakiens, une autre sur le meurtre de civils afghans par l'armée américaine en mai 2009, des preuves de comportements indécents de soldats sur des détenus, des dossiers confidentiels sur des détenus de Guantanamo qui montrent qu'il n'existe aucune charge pour certains d'entre eux, des preuves d'utilisation de la torture par les militaires.
Les documents ont été publiés par étapes, de février 2010 à septembre 2011. Cinq quotidiens internationaux ont relayé ces informations à partir de novembre 2010 : *The New York Times, The Guardian, Der Spiegel, Le Monde, El Pais.*
Reconnu coupable par la justice militaire américaine, Manning a été condamné à 35 ans de prison, dont il est finalement sorti en 2017.

LuxLeaks

Antoine Deltour et Raphaël Halet ont été employés d'un cabinet d'audit luxembourgeois, PricewaterhouseCoopers. Ils ont découvert un système d'optimisation fiscale complexe qui permet à des grandes entreprises de réduire leurs impôts grâce à des filiales domiciliées au Luxembourg, avec la complicité des autorités luxembourgeoises qui négocient des accords secrets avec ces grandes firmes.
Ils dénoncent ce système, des journalistes enquêtent et le consortium ICIJ dévoile l'affaire LuxLeaks en 2014 : des centaines d'accords fiscaux négociés entre des multinationales et l'État luxembourgeois.

11

SwissLeaks

Ex-informaticien de la filiale suisse de la banque HSBC, Hervé Falciani est l'acteur majeur du scandale « SwissLeaks ». Ses informations ont permis à un consortium de journalistes mené par *Le Monde* de dévoiler en 2015 un immense système d'évasion fiscale européen. Grâce à ces révélations, la France, notamment, a pu identifier des milliers d'évadés fiscaux. Hervé Falciani a été condamné par défaut à cinq ans de prison par la justice suisse, il vit en France sous protection et avec la promesse de ne pas être extradé.

B La frilosité des autorités

De nombreuses voix, peu entendues, se sont élevées ces dernières années pour défendre les lanceurs d'alerte au nom du droit à l'information, essentiel, qui mérite d'être protégé, de même que ceux qui l'exercent.

Edward Snowden a dénoncé les comportements délictueux de l'administration américaine, son espionnage de ses alliés. La France, l'Allemagne, le Royaume-Uni ont appris grâce à lui comment leurs communications étaient captées par la NSA, comment leurs dirigeants étaient espionnés. On peut considérer qu'il n'a absolument rien fait de plus que de dire la vérité au monde. Pourtant, Snowden est réfugié en Russie. La France ne s'honorerait-elle pas d'accueillir sur son sol et de protéger avec un statut de demandeur d'asile, l'un des plus célèbres lanceurs d'alerte ? Un homme qui a permis de dévoiler des secrets d'intérêt public, qui a ouvert les yeux de tous sur les méthodes de la NSA, l'espionnage de ses « partenaires » par les États-Unis ? N'est-il pas curieux que la Russie (qui n'apparaît pas comme le plus exemplaire des États en matière de liberté) soit le pays qui ouvre aujourd'hui ses portes à Snowden ?

Le lanceur d'alerte avait adressé une vingtaine de demandes à de nombreux pays européens, toutes refusées.

L'extradition éventuelle de Julian Assange, la condamnation de lanceur d'alerte n'est-elle pas un risque pour la liberté de la presse et ne pourraient-elles pas avoir des « effets paralysants » pour le journalisme d'investigation ? Dénoncer des faits, réels, avérés qui nuisent aux États-Unis deviendrait un motif de condamnation pour un journaliste ?

La haut-commissaire aux droits de l'homme des Nations unies, **Michelle Bachelet**, s'est inquiétée de cette possibilité.

Le besoin de justice, la morale, le respect des valeurs des pays européens se heurtent ici à la « raison d'État » et la force de la menace potentielle de représailles de Washington.

Approfondir

La protection des lanceurs d'alerte ?

Par Adrien Tallent

En juin 2022, le gouvernement britannique a confirmé l'extradition de Julian Assange vers les États-Unis. La justice américaine souhaite depuis plusieurs années juger le fondateur australien de WikiLeaks pour la diffusion, à partir de 2010, de plus de 700 000 documents classifiés sur les activités militaires et diplomatiques américaines, en particulier en Irak et en Afghanistan. Après sept ans passés à l'ambassade d'Équateur à Londres, Assange avait finalement été arrêté par la police britannique en avril 2019 lorsque l'asile politique équatorien lui avait été retiré par le président de l'époque, Lenín Moreno. Cette nouvelle a relancé le débat sur la protection des lanceurs d'alerte en général et de Julian Assange en particulier, son avocat Antoine Vey ayant même sollicité l'Élysée pour que la France intervienne dans ce dossier.

Lorsque Julian Assange accepte l'hospitalité équatorienne en 2012, il se soustrait à son contrôle judiciaire au Royaume-Uni prononcé dans le cadre d'une procédure d'extradition vers la Suède à l'époque où il était accusé par plusieurs femmes d'agression sexuelle et de viol. Si c'est cette violation de sa liberté sous caution qui a d'abord été mise en avant par la police britannique pour justifier son arrestation – quand bien même la procureure suédoise chargée des enquêtes d'abus sexuels avait abandonné les poursuites, la décision de son extradition vers les États-Unis confirme les soupçons de ses proches soutiens.

Mais le cas de Julian Assange est complexe tant ses motivations paraissent troubles. En effet, personne – hormis les administrations concernées – ne peut lui reprocher d'avoir rendu public des documents top secret à propos de violations des droits de l'homme de la part de l'armée américaine en Irak et en Afghanistan.

Mais certaines de ses révélations ont jeté un doute sur ses motivations (et ses affinités). Ainsi, en 2016, en pleine campagne présidentielle américaine, Wikileaks publie de nombreux documents confidentiels appartenant à des responsables démocrates, causant du tort au Parti démocrate et à sa candidate Hillary Clinton. En réalité, une grande partie de ces fichiers avaient été volés par des hackeurs travaillant pour la Russie et qui les avaient ensuite transmis à WikiLeaks. Si Donald Trump félicite un temps le site web et Julian Assange, en 2017 Mike Pompeo, devenu chef de la diplomatie américaine après l'élection de Trump, qualifie le site de « service de renseignement non étatique fréquemment assisté par des acteurs étatiques comme la Russie » à la suite de la publication de documents décrivant les méthodes utilisées par la CIA pour pirater les communications électroniques dans le monde. En outre, Assange et WikiLeaks ont par la suite également été dans le collimateur du procureur spécial Robert Mueller, chargé d'enquêter sur l'ingérence de la Russie dans les élections américaines de 2016. Assange n'a d'ailleurs jamais cherché à se défendre des accusations de collusion avec la Russie.

De la même manière, en 2017, WikiLeaks rend public des mails de l'équipe de campagne d'Emmanuel Macron, deux jours seulement avant le second tour face à Marine Le Pen. À l'époque, l'implication de bots sur les réseaux sociaux avait suscité le doute sur une possible implication de hackers russes. Depuis, divers éléments ont accrédité cette thèse.

Depuis l'ambassade d'Équateur, Julian Assange s'est mis à régulièrement attaquer des gouvernements étrangers. L'Équateur transforme alors son refuge en prison. Peu à peu, Assange s'affaiblit physiquement et ses relations avec son pays hôte se dégradent jusqu'à la levée de sa protection en 2019.

Il n'en reste pas moins que la situation de Julian Assange et les pressions exercées par l'État américain suscitent, à juste titre, des préoccupations concernant la liberté de la presse comme l'a souligné la haut-commissaire aux droits de l'homme des Nations unies, Michelle Bachelet, en août 2022.

WikiLeaks a ses limites et illustre les dérives de la transparence à l'extrême. Néanmoins, depuis sa création en 2006, le site a révélé des faits de corruption, des abus de pouvoir, des malversations financières, des assassinats de journalistes et de civils par l'armée américaine en Irak, des informations sur la torture à Guantanamo, des renseignements sur le régime d'Assad en Syrie, des programmes de surveillance massifs... Ces révélations ont rappelé la nécessité de voir émerger des contre-pouvoirs indépendants et puissants pour maintenir nos systèmes démocratiques.
Plus largement, la question des lanceurs d'alerte est une question complexe et qui reste peu traitée par les gouvernements.
Depuis plusieurs années, de nombreux lanceurs d'alerte ont révélé au monde et aux opinions publiques des informations de première importance sur des scandales sanitaires, financiers, gouvernementaux. Pour autant, leur protection reste minime. Si le Conseil de l'Europe a publié un « petit guide pour la mise en œuvre d'un cadre national », il est étonnant de constater que bien souvent les États ne prennent pas la défense de ces citoyens très particuliers. L'exemple d'Edward Snowden est de ce point de vue plus éloquent encore que le cas de Julian Assange. En 2013, alors qu'il était employé à la National Security Agency (NSA), il révèle au grand public les programmes de surveillance orwellien de l'État américain en particulier envers les citoyens américains mais aussi du monde entier ainsi que de nombreux dirigeants y compris européens – pourtant alliés des États-Unis.
Ces révélations n'ont pourtant pas poussé les dirigeants européens d'alors à accorder un quelconque asile politique à Snowden. Seule la Russie de Vladimir Poutine lui a accordé ce droit en 2013. Dans sa fuite à Hong Kong d'abord puis en Russie, Snowden avait d'ailleurs reçu l'aide précieuse d'un certain Julian Assange et de sa collaboratrice, Sarah Harrison.
Nous devons beaucoup aux lanceurs d'alerte. WikiLeaks a révélé au monde des scandales que nous étions en droit de connaître. Edward Snowden a mis au jour des programmes de surveillance de nos vies privées par un État tiers. Irène Frachon a dénoncé la toxicité du médicament Mediator. Beaucoup d'autres ont révélé des pratiques d'évasion fiscale, de risques sanitaires, de détournements de fonds publics et d'autres pratiques scandaleuses. Aujourd'hui, leur protection progresse néanmoins. D'après l'ONG Transparency International, environ 60 pays disposent aujourd'hui d'une législation couvrant, du moins partiellement, les lanceurs d'alerte.

Poursuivre le débat

- La morale contre la raison d'État
- Accorder l'asile politique aux lanceurs d'alerte poursuivis ?
- Toute vérité est-elle bonne à divulguer ?
- Snowden, Assange, Manning, traîtres ou héros ?

La justice internationale

La Cour pénale internationale a célébré en 2022 ses vingt années d'existence. Elle est l'un des piliers de la justice internationale. Objet de nombreuses critiques, certaines justifiées, elle se heurte surtout à la frilosité des dirigeants mondiaux, qui réclament de la justice mais sont rétifs à l'idée d'accepter que l'on enquête sur leur propre pays.
CPI, CIJ, tribunaux spéciaux… tour d'horizon des acteurs internationaux de la justice.

Les faits

A La CPI a 20 ans

Née en 2002, active depuis 2003, la **Cour pénale internationale (CPI)** est le premier tribunal international permanent chargé de poursuivre des auteurs de crimes de guerre, de crimes contre l'humanité et de génocide commis depuis 2002. Depuis décembre 2017, elle est également compétente pour le crime d'« agression ».
Contrairement aux tribunaux internationaux spéciaux, la CPI est une institution permanente, basée à La Haye aux Pays-Bas.

À savoir
La CPI ne peut inculper un individu que si ses crimes présumés ont été commis sur le territoire d'un État partie (ou s'il est ressortissant d'un État partie). La CPI ne peut enquêter dans un pays non-membre qu'avec l'autorisation du Conseil de sécurité de l'ONU. C'est arrivé au Darfour (2005) et en Libye (2011). Elle peut aussi le faire quand un État reconnaît la compétence de la Cour pour une période déterminée (l'Ukraine entre novembre 2013 et février 2014).

La CPI réunit les 123 pays ayant ratifié le Statut de Rome, son traité fondateur. C'est là sa plus grande faiblesse. Des pays majeurs, les États-Unis et la Russie notamment, n'en font pas partie car ils n'ont pas ratifié ce traité.
Parmi les autres pays non-membres, figurent Israël, la Chine ou la Birmanie.
L'avocat britannique **Karim Khan** est le procureur général à la Cour pénale internationale ; spécialisé dans les droits humains, Karim Khan était, avant son élection, sous-secrétaire général des Nations unies. Il a notamment

dirigé l'enquête de l'ONU sur les crimes du groupe jihadiste **État islamique**. C'est un bon connaisseur des rouages de la justice internationale, il a travaillé avec les procureurs des tribunaux internationaux des Nations unies pour l'ex-Yougoslavie et le Rwanda. Il a plaidé des deux côtés de la barre (accusation et défense) dans les instances internationales de justice.

En vingt années, la CPI, dont les procédures sont longues et susceptibles d'appel, a prononcé cinq condamnations, mais aussi plusieurs relaxes qui ont entamé sa crédibilité ; elle cherchait toujours fin 2022 à se faire livrer des accusés, protégés par leur pays.

Seulement cinq condamnations

Elles concernent toutes des faits commis en Afrique. C'est l'un des griefs adressés à la CPI, accusée d'être une justice ciblant les pays les moins influents, et en premier lieu les pays africains. La Cour se défend en mettant notamment en avant le fait qu'elle est majoritairement saisie par des responsables africains.

- Les ex-chefs de guerre congolais Thomas Lubanga, Germain Katanga et Bosco Ntaganda ont tous trois été condamnés. L'enquête portait sur les crimes de guerre et crimes contre l'humanité commis dans les régions de l'Ituri et les provinces du Nord et du Sud-Kivu.
- Dominic Ongwen a été condamné, en 2021, à 25 ans de prison pour crimes de guerre et crimes contre l'humanité. Il a été reconnu coupable de 61 chefs d'accusation, dont celui de grossesse forcée, une première pour la CPI, mais aussi des meurtres, viols, esclavage sexuel et enrôlement d'enfants soldats. Les magistrats ont jugé que lui-même enrôlé en tant qu'enfant soldat ne méritait pas une peine supérieure. Il était devenu chef de brigade dans l'Armée de résistance du Seigneur (ARS), une milice du nord de l'Ouganda créée dans les années 1980.
- Le jihadiste malien Ahmad al Faqi al Mahdi a été condamné en 2016 pour des destructions à Tombouctou de mausolées classés au Patrimoine mondial de l'humanité, un crime de guerre.

Des acquittements symboliques

La Cour pénale internationale – et la justice internationale avec elle – a perdu en crédibilité en raison des abandons des procédures, des acquittements après des années de prison préventive, de l'impossibilité de se faire livrer des accusés.

- L'ancien vice-président congolais (RDC), Jean-Pierre Bemba, condamné en première instance, en 2016 à 18 années de prison pour crimes de guerre, crimes contre l'humanité, meurtres et viols attribués aux membres de sa milice en Centrafrique en 2002 et 2003 a été acquitté en appel en 2018. Homme d'affaires devenu chef de guerre, il avait dirigé un groupe de plus de 1 500 combattants, le Mouvement de libération du Congo (MLC), venu en Centrafrique en 2002 pour soutenir le président Ange-Félix Patassé dont le pouvoir vacillait après la tentative de coup d'État du général François Bozizé. Ce groupe avait fait régner la terreur parmi les populations civiles. Quelques jours après son acquittement, Jean-Pierre Bemba a été condamné à de la prison ferme pour « subornation de témoins » dans le même dossier, rendant peu compréhensible la position de la CPI. En raison du temps déjà passé en prison, il a été remis en liberté et s'est installé en Belgique.

- Fin mars 2021, la CPI a prononcé l'acquittement définitif de l'ex-président ivoirien Laurent Gbagbo. L'ancien président et l'un de ses anciens proches et ministre, Charles Blé Goudé ont été acquittés d'accusations de crimes contre l'humanité, meurtres, viols, persécutions et autres actes inhumains, commis entre 2010 et 2011, au cours des violences post-électorales en Côte-d'Ivoire, qui avaient fait quelque 3 000 morts en cinq mois. Laurent Gbagbo avait occupé pendant plusieurs mois le palais présidentiel à l'issue de la proclamation des résultats, avant d'être délogé en avril 2011 par les forces d'Alassane Ouattara, soutenues par les Nations unies et la France. Laurent Gbagbo et Charles Blé Goudé ont été emprisonnés pendant 7 ans avant ce jugement.

Une justice empêchée

Les moyens de la CPI sont limités, son budget est composé des contributions des États, elle doit compter sur leur coopération, qui n'est pas au rendez-vous quand les responsables de l'État sont impliqués.

- Ce fut le cas au Kenya, où la procureure Fatou Bensouda a été dans l'obligation d'abandonner les poursuites intentées contre le président Uhuru Kenyata, soupçonné de crimes contre l'humanité pour son rôle présumé dans les violences post-électorales fin 2007-début 2008, qui avaient fait plus de 1 300 morts et 600 000 déplacés.
  La CPI a dénoncé une « série d'obstacles majeurs qui l'ont empêché d'enquêter de manière approfondie », dont l'absence de coopération du gouvernement kenyan.
- Omar el-Béchir, l'ancien président soudanais, incarcéré dans son pays, est recherché par la Cour pénale internationale pour « génocide » et crimes contre l'humanité lors du conflit meurtrier au Darfour. Il est visé par deux mandats d'arrêt délivrés par la CPI en 2009 et 2010. En exercice, il se moquait ouvertement de la demande de la CPI, il avait même poursuivi des déplacements à l'étranger, sans être inquiété. Omar el-Béchir a été renversé après trente ans de règne autocrate en avril 2019. Son procès au Soudan traîne en longueur et le gouvernement soudanais ne semble guère enclin à remettre l'ancien président à la CPI. Le conflit au Darfour, région de l'ouest du Soudan, a opposé au début des années 2000 le régime de Omar el-Béchir à des rebelles, issus de minorités ethniques, s'estimant discriminés. Le conflit a entraîné la famine des populations civiles, a provoqué environ 300 000 morts et près de 2,5 millions de déplacés.
- Le fils de l'ancien dictateur libyen Mouammar Kadhafi, Seif al-Islam Kadhafi, est lui aussi réclamé par la CPI. Il est incarcéré en Libye, les autorités libyennes

refusent de le renvoyer à La Haye. La CPI enquête sur des crimes contre l'humanité et crimes de guerre qui auraient été commis dans le contexte de la situation en Libye depuis le 15 février 2011. Seif al-Islam fait l'objet d'un mandat d'arrêt pour crimes contre l'humanité.

Les enquêtes en cours

Des examens préliminaires, étape préalable à l'éventuelle ouverture d'une enquête, sont lancés en Afghanistan, en Colombie, en Guinée, en Irak, au Nigeria, en Palestine, aux Philippines, en Birmanie, en Ukraine et au Venezuela. Des enquêtes sont en cours ou terminées (avec ou sans mandat d'arrêt et procès) dans les pays suivants.

- **Ukraine-Russie** : la CPI a ouvert une enquête le 3 mars 2022 après l'agression russe en Ukraine, commencée le 24 février. Ni la Russie, ni l'Ukraine n'ont ratifié le traité de Rome, mais l'Ukraine a donné compétence à la CPI pour poursuivre les auteurs de crimes commis sur son territoire. L'enquête ouverte a obtenu le soutien de plusieurs dizaines d'États, elle donne une opportunité à la CPI de trouver un nouveau souffle.
- **Burundi** : une enquête est en cours sur les crimes commis au Burundi entre le 26 avril 2015 et le 26 octobre 2017. Elle vise notamment les attaques commises contre les opposants au parti au pouvoir. La CPI est aussi compétente pour les crimes commis par des Burundais à l'extérieur du pays.
- **Géorgie** : la première enquête hors d'Afrique mène dans le Caucase, en Géorgie. La CPI enquête sur la guerre d'août 2008 entre la Géorgie et la Russie et affirme détenir des preuves de crimes contre l'humanité et crimes de guerre de la part des deux belligérants. La Russie avait envahi l'Ossétie du Sud et y avait installé des bases militaires, ainsi qu'en Abkhazie, annexant de fait deux régions séparatistes géorgiennes. Le conflit a fait plusieurs centaines de morts. En mars 2022, des mandats d'arrêt ont été lancés contre trois responsables actuels et anciens de l'Ossétie du sud, région séparatiste géorgienne prorusse.
- **Centrafrique** : une enquête vise les crimes des milices armées entre 2012 et 2014.
- **Mali** : Ahmad Al Faqi Al Mahdi, membre d'Ansar Dine, l'un des groupes djihadistes liés à Al-Qaïda au Nord-Mali a été condamné par la CPI à 9 ans de prison, à l'issue du premier procès pour destruction de patrimoine culturel. Il avait participé à la destruction des mausolées de Tombouctou et de la mosquée Sidi Yahia, classés au patrimoine mondial de l'humanité par l'Unesco. D'autres faits sont en cours d'instruction.
- **Soudan** : l'ex-président Omar el-Béchir est poursuivi avec d'autres responsables politiques pour crimes de guerre, crimes contre l'humanité et génocide pendant la guerre de 2003 au Darfour (plus de 300 000 morts et 2,5 millions de déplacés selon l'ONU).

Les crimes génocidaires

À savoir

Génocide

Le terme génocide vient du grec genos, « race », et du latin cide, « tuer ».
Il définit l'extermination physique, intentionnelle, systématique et préméditée d'un groupe humain ou d'une partie d'un groupe en raison de ses origines (nationalité, religion, ethnie, race...). C'est un terme juridique entré dans le droit international après la Shoah, approuvé par l'Assemblée générale des Nations unies avec le texte de la Convention pour la prévention et la répression du crime de génocide (9 décembre 1948). Il est aujourd'hui défini par l'article 6 du statut de la Cour pénale internationale.

Le terme répond donc à des critères précis et non à des considérations morales. Pour être qualifié de génocide, des meurtres doivent être commis « avec l'intention de détruire, en tout ou en partie, un groupe national, ethnique, racial ou religieux ».

L'ONU reconnaît directement trois génocides, d'autres sont reconnus par des tribunaux internationaux sous l'égide de l'ONU, d'autres enfin sont reconnus uniquement par un ou des pays. Le terme est parfois abusivement employé pour donner de l'importance à un crime.

- **Reconnus directement par l'ONU**
  - Le génocide arménien. Il s'agit du massacre, en 1915-1916, de 1,5 million d'Arméniens par les troupes de l'Empire ottoman à la fin de la Première Guerre mondiale. La Turquie, née de la dislocation de l'Empire ottoman refuse le terme de génocide.
  - Le génocide des Juifs commis par les nazis, de 1941 à 1945.
  - Le génocide des Tutsis au Rwanda, en 1994. La minorité tutsie a été victime d'un génocide à l'instigation du régime extrémiste hutu au pouvoir. Plus de 800 000 personnes ont été tuées en peu de temps. De nombreux Rwandais ont été condamnés par les justices du Rwanda, internationales ou de pays occidentaux.
- **Condamnations pour génocide prononcées par des tribunaux de l'ONU**
  - Les dirigeants Khmers rouges au Cambodge ont été condamnés pour génocide, reconnu par la justice internationale *via* un tribunal spécial. D'avril 1975 à janvier 1979, environ deux millions de Cambodgiens sont morts sous la torture ou de famine lorsque le régime maoïste de Pol Pot était au pouvoir.
  - Le massacre de **Srebrenica** (Bosnie) a été reconnu en 2007 comme génocide par la Cour internationale de justice (CIJ). 8 000 hommes et adolescents musulmans ont été assassinés en 1995 par les Serbes de Bosnie. Les responsables politiques et militaires ont été condamnés.
- **Enquêtes en cours ou à venir pour génocide**
  - Les Rohingyas en Birmanie pourraient avoir été victimes d'un génocide, en août 2017. La Birmanie a été accusée de « génocide » devant la CIJ. La CPI a également ouvert une enquête.

- La Cour pénale internationale veut traduire l'ex-président du Soudan, Omar el-Béchir, pour « génocide » au Darfour, où un conflit commencé en 2003 a fait plus de 300 000 morts.
- Les États-Unis accusent la Chine de génocide des **Ouïghours** en Chine, dans le Xinjiang. S'il est établi que la Chine persécute plus d'un million de Ouïghours et d'autres minorités turcophones dans des « camps de rééducation », l'ONU évoque de possibles crimes contre l'humanité, sans mentionner le terme de génocide.

- **Reconnaissance unilatérale**

- L'Allemagne a reconnu en 2021 avoir commis un génocide en Namibie pendant l'ère coloniale entre 1904 et 1908, le massacre de dizaines de milliers de Herero et de Nama.
- Les Yazidis en Irak ont-ils été victimes d'un génocide de la part du groupe terroriste État islamique (EI) ? Un tribunal allemand a répondu par l'affirmative en condamnant un Irakien pour ce génocide.

B Les Khmers rouges

Le tribunal spécial chargé de juger les Khmers rouges a confirmé en appel en septembre 2022 la condamnation à la prison à perpétuité de Khieu Samphan, 91 ans, le dernier dignitaire encore en vie de ce régime. Il était poursuivi pour génocide. L'ancien chef d'État du Kampuchéa démocratique a été reconnu coupable de crimes contre l'humanité, meurtres, esclavage, mariages forcés et viols commis par le régime maoïste des Khmers rouges au Cambodge dirigé par Pol Pot et qui causé la mort d'au moins 2 millions de personnes.

Pour juger les criminels khmers rouges, responsables des massacres commis entre 1975 et 1979 au Cambodge, l'ONU a créé à Phnom Penh une chambre spéciale au sein d'un tribunal cambodgien. Un Code pénal spécial a même été établi pour l'occasion, combinant des éléments du droit cambodgien et des éléments de droit international.

Khieu Samphan est le troisième responsable khmer condamné par cette Cour spéciale, composée de magistrats cambodgiens et internationaux : Kaing Guek Eav, alias « Douch », avait également été condamné à la peine maximale, la perpétuité (le tribunal spécial parrainé par les Nations unies ne prononce pas la peine de mort). Directeur du centre de détention S21, il avait organisé et participé directement à la torture et la mort de milliers de personnes. Il est mort en 2020, à 77 ans en détention. Nuon Chea, l'idéologue du mouvement, a également été condamné à la prison à vie, il est mort en août 2019, à l'âge de 93 ans. Pol Pot n'a jamais été jugé, il est très probablement mort en 1998.

L'audience qui a jugé Khieu Samphan est également historique car c'est la dernière du tribunal spécial chargé de juger les crimes des Khmers rouges. Le tribunal va cesser son activité dans les années à venir, sans procéder à de nouveaux jugements mais uniquement à un travail d'archive.

À l'heure du bilan, les condamnations les plus fortes prononcées devant les familles et descendants des victimes sont un succès. Mais il ne réussit pas à totalement faire oublier l'abandon de poursuites contre d'autres accusés pour génocide. Comme dans d'autres pays meurtris par un génocide, comme le Rwanda, doivent cohabiter dans toutes les composantes de la société, y compris au plus haut niveau de l'État, les victimes et leurs bourreaux, les descendants des victimes et les descendants des bourreaux.
Le Cambodge est aujourd'hui dirigé par un ancien proche des Khmers rouges, repenti.

Le contexte

La CPI n'est pas la seule instance judiciaire. La Cour internationale de justice et les tribunaux spéciaux complètent l'organisation de la justice mondiale.

A La Cour internationale de justice (CIJ)

Principal organe judiciaire des Nations unies, la Cour internationale de justice, fondée en 1946 en remplacement de la Cour permanente de Justice internationale (CPJI), dispose de 15 juges permanents désignés pour neuf ans et rééligibles qui doivent représenter les grandes formes de civilisation et les principaux systèmes juridiques du monde. La CIJ juge les différends entre les États. Il s'agit souvent de différends frontaliers mais d'autres motifs peuvent être avancés (par exemple, nouvelle saisine en 2022 de la Guinée équatoriale contre la France pour violation du droit international dans le cadre de l'affaire des biens mal acquis).
Les États qui saisissent la CIJ et ceux qui sont attaqués doivent d'abord accepter l'arbitrage de la CIJ. Avant la plainte de la Guinée équatoriale, la France avait été attaquée à trois reprises : par Djibouti en 2006, par la République du Congo en 2003 et par le Rwanda en 2007. Paris avait accepté la demande de la République du Congo et de Djibouti mais avait refusé celle du Rwanda.

B Les tribunaux spéciaux

Le Tribunal pénal international pour l'ex-Yougoslavie (TPIY)

Instauré en 1993 par l'ONU pour juger les crimes commis en Croatie, en Bosnie-Herzégovine et au Kosovo, le TPIY était le premier tribunal international chargé de juger les auteurs de crimes de guerre depuis les tribunaux de Nuremberg et de Tokyo. Son mandat s'est achevé en 2017. Un « mécanisme international appelé à exercer les fonctions résiduelles des Tribunaux pénaux » l'a remplacé.

Plus aucun fugitif n'est recherché, 161 personnes, principalement des Serbes, ont été mises en accusation par le TPIY pour des crimes commis entre 1991 et 2001 contre des membres de communautés ethniques sur le territoire de l'ex-Yougoslavie. 90 ont été condamnées, Ratko Mladic a été le dernier, 19 autres personnes ont été acquittées, pour d'autres les procédures ont été abandonnées ou elles ont été transférées vers d'autres juridictions.

Le Tribunal spécial pour la Sierra Leone (TSSL)

Le TSSL a une double particularité : il siège dans le pays où les crimes ont été commis et il est intégré au droit local, fait partie du système judiciaire sierra-léonais.

Il reçoit un important soutien international, ses huit juges sont des juges internationaux. Il a condamné l'ex-président libérien Charles Taylor à 50 ans de prison pour crimes contre l'humanité lors de la guerre en Sierra Leone (120 000 morts entre 1991 et 2001).

Le Tribunal spécial pour le Liban (TSL)

Inauguré en 2009 à proximité de La Haye, aux Pays-Bas, le TSL est le premier tribunal pénal international qui permet la tenue d'un procès par défaut au cours duquel l'accusé est représenté par un avocat.

Il a pour principale mission de poursuivre les responsables de l'attentat à la camionnette piégée du 14 février 2005 à Beyrouth, qui avait coûté la vie à 22 personnes et à l'ancien Premier ministre Rafic Hariri. Il peut se saisir d'autres affaires s'il les juge connectées à l'attentat du 14 février. En 2020, il a reconnu coupable Salim Ayyache, 56 ans, un membre du Hezbollah, pour son rôle dans l'attentat-suicide où Rafic Hariri avait été tué. Le tribunal a acquitté trois autres membres présumés du Hezbollah - Hassan Merhi, Hussein Oneissi et Assad Sabra - en raison de l'insuffisance des preuves. Le principal suspect est mort en 2016 et n'a donc pas été jugé.

Le Tribunal pénal international pour le Rwanda (TPIR)

Le TPIR a été installé en Tanzanie à Arusha pour juger les personnes responsables d'actes de génocide au Rwanda lors du génocide de 1994. Il a prononcé une vingtaine de condamnations pour génocide ou complicité. Après l'achèvement de son mandat en 2015, un « mécanisme international appelé à exercer les fonctions résiduelles des Tribunaux pénaux » l'a remplacé pour notamment rechercher et poursuivre les derniers fugitifs.

Approfondir

Une idée utopique ?

par Adrien Tallent

Fondée à la suite des guerres de Yougoslavie, la Cour pénale internationale (CPI) devait ouvrir la voie d'une justice internationale et surtout universelle. Confrontée à un manque de légitimité et surtout un manque de moyens d'action, cette promesse de paix et de justice qu'elle contenait peut sembler aujourd'hui bien lointaine.

Si l'idée d'une justice internationale adossée à un droit international est ancienne, sa première réalisation, elle, a moins de 75 ans. Du 20 novembre 1945 au 1er octobre 1946, les procès de Nuremberg sont la première tentative d'une justice internationale. 24 criminels de guerre nazis y sont ainsi accusés et jugés de crimes contre l'humanité. Il s'agissait alors du premier tribunal militaire international. Tout était à inventer. Dans sa déclaration liminaire, Robert H. Jackson, représentant du ministère public, déclarait ainsi : « Nous ne devons jamais oublier que les faits pour lesquels nous jugeons ces accusés sont ceux pour lesquels l'Histoire nous jugera demain. Leur donner une coupe empoisonnée, c'est aussi la porter à nos lèvres. Nous devons accomplir notre tâche avec détachement et intégrité intellectuelle afin que ce procès représente pour la postérité la réalisation des aspirations humaines à la justice ». Organisé par les Américains, le procès n'échappe néanmoins pas à l'accusation d'être un tribunal des vainqueurs.

Ainsi, dans les années 1990, la création de deux tribunaux pénaux internationaux pour l'ex-Yougoslavie en 1993 et le Rwanda en 1994 remet alors à l'ordre du jour le projet de création d'une juridiction internationale et universelle. Le statut de Rome crée ainsi la Cour pénale internationale (CPI) en 1998. Elle entre en vigueur en 2002. Le XXIe siècle s'ouvrait ainsi sur un espoir, celui de voir la CPI prendre le relais de ces tribunaux temporaires – et imparfaits – pour tous les conflits à venir.

Mais aujourd'hui qu'en reste-t-il ? L'idée d'une justice internationale semble cependant inapplicable aux grandes puissances. Depuis sa création, les États-Unis se sont ainsi toujours opposés à la Cour, et n'en ont même jamais ratifié le statut. Cette méfiance s'est ainsi illustrée en 2002 dans le vote de l'American Service-Members' Protection Act par le Sénat qui permet jusqu'à une intervention militaire afin de soustraire un ressortissant américain à la Cour. Sous pression américaine, la Cour a par exemple décidé de ne pas enquêter sur les crimes de guerre en Afghanistan commis par les talibans et leurs alliés mais aussi par les forces américaines, internationales et les services sécuritaires afghans. La Chine de son côté a certes signé pléthore de conventions internationales depuis son ouverture au monde à partir des années 1980, néanmoins celle-ci reste un pays autoritaire et refusera toute ingérence dite étrangère dans ses affaires internes. À l'instar des États-Unis, elle n'a pas non plus ratifié le statut de Rome.

La Chine est cependant à la recherche de reconnaissance internationale et cherche à étendre son influence. Ainsi, depuis quelques années un changement d'attitude des dirigeants chinois vis-à-vis des normes internationales s'est esquissé. En octobre 2014, le 4e Plénum du Comité central du 18e Congrès du Parti communiste chinois a fait de l'État de droit une priorité, et a appelé le pays à prendre part à l'élaboration des normes internationales. Mais entre les paroles et les actes il y a un monde. Son refus de reconnaître la sentence arbitrale relative à la Chine méridionale, rendue par la Cour permanente d'arbitrage de La Haye en juillet 2016 en faveur des Philippines a été un exemple de sa défiance permanente vis-à-vis du droit international. Et que dire de la répression des manifestations à Hong Kong ? Que dire de la persécution étatique des Ouïghours, plus grand internement de masse du XXIe siècle ? Les dossiers ne manquent pas et une plainte avait notamment été déposée par un groupe d'avocats du cabinet Temple Garden Chambers pour que la CPI ouvre une enquête sur les crimes de l'État chinois contre

la minorité Ouïghour. Mais sans surprise, en décembre 2020, la CPI a annoncé qu'elle n'enquêterait pas sur la situation de cette minorité.
Néanmoins, dans le contexte de l'invasion russe en Ukraine, la question d'une condamnation de crimes de guerre par la justice internationale refait surface quant au bombardement des populations civiles et surtout après les découvertes des exactions commises par les soldats russes dans les villes et villages ukrainiens libérés. Chefs d'États, personnalités politiques, activistes... tous affirment que la Russie doit être jugée pour ce qu'elle a fait. Mais le sera-t-elle vraiment ? Cela dépendra sans doute de l'issue de la guerre. Il semble évident que si la Russie ne perd pas et si Vladimir Poutine n'est pas destitué d'une manière ou d'une autre, les criminels responsables des atrocités russes en Ukraine ne seront jamais poursuivis. La Russie ayant retiré sa signature du statut de Rome, les responsables russes ne pourront dès lors pas être arrêtés hormis sur le territoire d'un pays reconnaissant la juridiction de la cour, ce qui est le cas de l'Ukraine qui a saisi la Cour deux jours seulement après le début de la guerre et qui a par la suite plaidé contre la Russie de Vladimir Poutine devant la Cour notamment quant aux « fausses allégations de génocide » dans le Donbass de la part de Vladimir Poutine.
Jamais une guerre n'avait aussi rapidement fait l'objet d'une enquête de la Cour pénale internationale, ouverte dès le 2 mars 2022. Une nouvelle ère s'est ouverte, celle des images et des vidéos de guerre en temps réel. Pour la première fois, le monde assiste à la guerre en direct et les images de crimes de guerre ne nous sont jamais parvenues aussi vite. La documentation n'a jamais été aussi forte et n'a été aussi facile d'accès pour l'opinion publique internationale. Ainsi, pour la première fois dans l'Histoire, la justice internationale s'est saisie d'un crime en cours avec l'accord de plus d'un tiers des États ayant ratifié le Statut de Rome. Comment la cour jugera-t-elle ces faits ? Comment se saisira-t-elle de ce flot d'images ? Nous ne pouvons pas le savoir mais nous pouvons espérer que les crimes commis à l'encontre des populations civiles ukrainiennes ne restent pas impunis. Il en va de la responsabilité – et de la crédibilité – de la Cour pénale internationale.
Tout ne semble donc pas perdu pour la justice internationale. 77 ans après l'ouverture des procès de Nuremberg qui marquèrent les débuts de la justice internationale dans une ville symbole du nazisme, le droit international progresse lentement mais sûrement, et cherche à consolider progressivement, entre les tumultes, une légitimité parfois contestée et contestable.

Poursuivre le débat

- Intérêt et pertinence d'un organisme judiciaire « au-dessus » des États
- Un droit international applicable à tous est-il possible ?
- Les droits de l'homme ne veulent pas dire la même chose dans tous les États. Développez.
- La tentation de la « justice des vainqueurs »

Le monde au rythme des épidémies

Fin 2022, la crise sanitaire semblait derrière nous. Les alertes de l'Organisation mondiale de la santé (OMS) à ne pas la penser terminée ne trouvaient que peu d'échos. La baisse continue du nombre de cas et de décès masquait le besoin de poursuivre le traitement d'une crise sanitaire, certes endiguée, mais toujours présente. Le développement d'autres épidémies sonnait comme un rappel à la vigilance sanitaire.

Les faits

A Vers la fin de la crise du Covid-19

À la mi-novembre 2022, les chiffres officiels pour la France faisaient état d'environ 37 millions de cas avérés, chiffre correspondant au cumul des déclarations de cas reconnus depuis le début de la pandémie. Cela ne signifie donc pas que 37 millions de personnes ont été contaminées, certains ayant contracté la maladie à plusieurs reprises.
Près de 160 000 personnes sont mortes en France des suites du Covid-19.
Les données compilées par l'université américaine Johns-Hopkins montraient les mêmes ordres de grandeur.

Du début de la pandémie au 15 novembre 2022

	Monde	Europe	France
Cas avérés	630 382 131	262 088 023	36 934 617
Décès	6 584 104	2 122 204	157 671

Santé Publique France

À la fin de l'année 2022, les chiffres de nouvelles contaminations et d'hospitalisation en service de réanimation étaient à la baisse. En septembre, selon le président de l'OMS, Tedros Adhanom Ghebreyesus le monde n'avait jamais été « en aussi bonne position pour mettre fin à la pandémie de Covid-19 ».

Pour autant, en octobre, l'OMS annonçait maintenir son niveau d'alerte maximale et mettait en garde contre une pandémie qui « nous a déjà surpris et pourrait très bien encore le faire ». Et Tedros Adhanom Ghebreyesus de reprendre une image sportive pour expliquer la situation, vue de l'OMS : « quelqu'un qui court un marathon ne s'arrête pas quand il aperçoit la ligne d'arrivée. Il court plus vite, avec toute l'énergie qui lui reste. Et nous aussi ».
L'année civile 2022 avait débuté avec la fin de la cinquième vague, avant de voir globalement la situation s'améliorer au fil des mois.

La vaccination

L'amélioration de la situation repose évidemment sur la vaccination. 53,7 millions de Français avaient un schéma vaccinal complet à la mi-novembre 2022, 54,6 millions avaient reçu au moins une dose de vaccin. Le taux de personnes vaccinées se montait, fin 2022, à 92,2 % pour les personnes majeures. Globalement, les Français vivant sur la façade ouest de la France ont de meilleurs taux de vaccination ; la réticence aux vaccins est surtout perceptible en outre-mer, avec des taux de vaccination très faibles et donc une propagation plus rapide et proportionnellement plus de cas avérés.
La politique de vaccination a été relativement bien acceptée, malgré les sceptiques. L'instauration du passe sanitaire, dénoncée par certains pour son aspect liberticide, a fortement joué pour décider les récalcitrants à la vaccination.
Pourtant, même avec des taux de vaccination supérieurs à 80 % (population complète), les pays européens n'en ont pas fini avec la maladie. L'apparition de nouveaux variants et la perte d'efficacité des vaccins dans le temps sont deux explications possibles.
Certains pays ont adopté une position similaire à la France (incitation forte à la vaccination et instauration d'un passe sanitaire obligatoire) ; d'autres, ont décidé d'une stratégie dite « zéro Covid » imposant des confinements supplémentaires et très stricts. Ce fut par exemple le cas de l'Australie ou la Chine. Ces pays « zéro Covid » ont fortement limité les décès, mais ont été perturbés par les versions plus contagieuses du virus, comme les variants delta et omicron.

B L'arrivée ou le réveil d'autres épidémies

La variole du singe

La variole du singe est connue depuis 1970 (premier cas détecté au Zaïre, devenu République démocratique du Congo). Elle a ensuite été observée dans une dizaine de pays africains (Bénin, Cameroun, Côte-d'Ivoire, Gabon, Liberia, Nigeria, République centrafricaine, Congo, RDC, Sierra Leone et Soudan du Sud). Elle se manifeste notamment par de la fièvre et des lésions cutanées. Le virus est proche de celui de la variole humaine, éradiquée depuis 1980.

En 2022, l'épidémie s'est propagée dans de nombreux autres pays, en Europe et en Amérique principalement ; son ampleur a surpris, même si en 2003 des cas avaient été enregistrés aux États-Unis. À partir du mois, des cas ont été détectés dans des pays où la maladie n'était jusqu'alors pas présente de façon endémique.
Le profil des malades a également changé ; alors que, jusqu'à présent, en Afrique, les enfants étaient les plus atteints, la maladie a touché davantage des hommes, souvent ayant des rapports sexuels avec d'autres notamment hommes. Pour autant, il ne s'agirait pas forcément d'une maladie sexuellement transmissible, mais le contact de la peau pourrait être déterminant ; la transmission par voie aérienne n'est, elle, pas prouvée.
Depuis le début de l'épidémie, 107 pays membres de l'OMS ont enregistré des cas de transmission. Les pays les plus touchés sont par ordre de cas décroissants : les États-Unis, le Brésil, l'Espagne, la France, la Grande-Bretagne, l'Allemagne, le Pérou, la Colombie, le Mexique et le Canada. Ces pays comptabilisent 90 % des cas dans le monde.

À savoir

Devant la recrudescence du nombre de cas, l'OMS a déclenché fin juillet 2022 son plus haut niveau d'alerte, « urgence de santé publique de portée internationale » (USPPI). Cette alerte est donnée dans des situations « graves, soudaines, inhabituelles ou inattendues » que l'OMS juge « événement extraordinaire » et dont la propagation constitue un « risque pour la santé publique ».

À la fin de l'année 2022, plus de 70 000 cas avaient été enregistrés depuis le début de l'épidémie en mai (60 % en Amérique) et le nombre de nouveaux cas était à la baisse. Une trentaine de morts étaient recensés.
De nombreuses autres questions restaient sans réponse fin 2022 : on ignore si la transmission par des personnes infectées asymptomatiques est possible. On ignore également si la transmission de l'homme à l'animal est possible. La réponse est importante car dans ce cas de figure, l'épidémie peut devenir incontrôlable, notamment si un animal sauvage était atteint. Enfin, la variole du singe avait été identifiée comme une maladie plutôt transmise à l'homme par des rongeurs, la rapidité de la diffusion ne peut pas être expliquée en 2022 par ce biais.
Un vaccin existe, efficace en prévention mais aussi après un contact à risque.

Les sept déclenchements USPPI depuis 2009

- 23 juillet 2022 : variole du singe
- 30 janvier 2020 : virus du Covid-19
- 17 juillet 2019 : virus Ebola en République démocratique du Congo
- 1er février 2016 : virus Zika
- 8 août 2014 : virus Ebola en Afrique de l'Ouest
- 5 mai 2014 : virus de la poliomyélite, (Afghanistan, Israël, Syrie, Pakistan)

25 avril 2009 : grippe H1N1

Le choléra

À la fin du mois d'octobre 2022, l'OMS a donné l'alerte sur une épidémie de choléra au Liban, où, en trois semaines, presque 1 500 personnes ont été jugées « cas suspects », tandis que 400 cas étaient confirmés et qu'une vingtaine de décès étaient dénombrés. L'épidémie, qui a débuté dans le Nord, s'est étendue à l'ensemble du pays et touche principalement des réfugiés syriens. Ces derniers sont environ deux millions au Liban, qui compte de nombreux camps de réfugiés. La souche de choléra identifiée est la même que celle qui est présente depuis le mois de septembre en Syrie, ruiné par des années de guerre et dont l'État n'organise pas la reconstruction. Les usines de traitement de l'eau, les stations de pompage, les châteaux d'eau sont endommagés, partiellement ou totalement détruits.

Le Liban est quant à lui confronté à une grave crise, politique, économique et sociale, les infrastructures sanitaires sont détériorées, favorisant le développement de la maladie en raison de l'absence de réseau d'évacuation des eaux usées et d'un réseau d'eau potable fortement détérioré.

Le choléra est souvent contracté à partir d'aliments ou d'eau contaminés, la maladie provoque des diarrhées et vomissements, sans soin, elle est rapidement mortelle même si elle peut être assez facilement traitée. L'OMS, tentait en fin d'année d'acheminer vers le Liban des doses de vaccin afin d'endiguer l'épidémie.

Ebola

Fin 2022, l'Afrique des Grands Lacs craignait un nouvel épisode épidémique d'Ebola. Le nombre de cas augmentait en Ouganda et notamment dans la capitale Kampala, peuplée d'environ 1,5 million de personnes et à proximité du Kenya, de la Tanzanie, du Rwanda.

Le virus, identifié fin septembre 2022, avait causé la mort d'une cinquantaine de personnes à la mi-novembre et continuait à se propager, provoquant l'inquiétude de l'OMS qui a mis en alerte les pays voisins.

Il n'existait pas, fin 2022, de vaccin contre la souche du virus, appelée « souche soudanaise », détectée en Ouganda.

À savoir

Ebola est un type de fièvre hémorragique, causée par une infection provoquée par un virus. Le nom « Ebola » vient d'une rivière du Nord de la République démocratique du Congo (RDC), ex-Zaïre. Le virus y a été identifié pour la première fois en 1976. Il se transmet par contact direct avec des fluides corporels (sang, salive, sueur, sperme) ou des tissus de personnes ou d'animaux infectés.

La résistance de communautés à la vaccination et les coutumes d'enterrements des corps, contraires aux règles pour lutter contre la propagation sont autant de contraintes dans la lutte contre le développement de la maladie.

La cause initiale de l'apparition d'Ebola est inconnue. Plusieurs explications sont avancées. Les chauves-souris sont le réservoir naturel de ce virus qui se transmet ensuite à l'homme, principalement par le contact avec des grands mammifères, les singes en particulier. Autre hypothèse, corrélée à la précédente : la déforestation. Les chauves-souris qui peuplaient la forêt doivent, pour continuer à se nourrir, s'installer près d'arbres fruitiers, proches des habitations humaines. Les animaux se trouvent plus directement en contact avec les hommes. Les animaux chassés et consommés sont également facteurs de contagion.

La période d'incubation de la maladie est comprise entre 2 et 21 jours ; les symptômes sont ensuite : montée brutale de température, grande faiblesse, douleurs musculaires, insuffisance rénale et hépatique, vomissements, diarrhées et, dans certains cas, hémorragies internes et externes. La maladie est extrêmement contagieuse.

L'épisode le plus important de l'épidémie a commencé en décembre 2013. Le pic de contamination est survenu à l'été 2014. L'épidémie a ravagé trois pays d'Afrique de l'Ouest, le Liberia, la Sierra Leone et la Guinée (90 % des victimes à eux trois) et s'est répandue à plusieurs autres. Après deux années d'intenses actions de prévention, la crise s'est éteinte en juin 2016. Cet épisode a provoqué plus de 11 300 morts, d'après l'OMS qui reconnaît un bilan largement sous-évalué puisque ne sont recensés que les décès identifiés, beaucoup dans les zones reculées ne l'ayant pas été.

Un autre épisode épidémique, en 2019, a causé la mort d'environ 2 400 personnes, principalement au Kivu, en République démocratique du Congo.

La tuberculose

La pandémie de Covid-19 a inversé la tendance observée depuis des années dans la lutte contre la tuberculose, maladie causée par une bactérie qui s'attaque principalement aux poumons. Après des années positives et une baisse de la maladie, les confinements qui ont limité les dépistages et l'accès aux soins ont engendré une hausse des cas et une hausse de la mortalité due à la tuberculose.

L'OMS évoque 10,6 millions de personnes malades en 2021 et 1,6 million de décès dans le monde, à la hausse de 4,5 %. Après une baisse continue de 2005 à 2019, le nombre de décès est reparti à la hausse depuis 2020, concentrée sur quatre pays : Inde, Indonésie, Birmanie et Philippines.

La tuberculose est la 13e cause de mortalité dans le monde, elle était la première pour maladie infectieuse avant le Covid-19.

13

Le contexte

A Les vaccins

Il existe trois types de vaccins, correspondant à trois méthodes de fabrication. Deux sont dits « traditionnels » un troisième est plus récent.

Le premier est dit à virus inactivé (à base de vecteur viral) qui permet de véhiculer l'instruction du virus afin que les cellules de l'organisme fabriquent la protéine spécifique au virus. Le système immunitaire, le reconnaissant, réagit en produisant des défenses naturelles contre l'infection. Le vaccin contre la grippe, par exemple, utilise cette technique. Pour le Covid-19, c'est l'option choisie par les vaccins **Astrazeneca** et **Johnson & Johnson**. La difficulté de cette méthode réside dans la maîtrise de la culture du virus et dans le fait que le vaccin est moins immunogène que les autres types.

Le deuxième est dit protéique ou à protéines recombinantes. Il s'agit de fabriquer artificiellement des protéines Spike (la protéine d'ancrage du virus) et de les injecter dans les cellules, afin d'activer le système immunitaire. Cette fabrication est délicate, pour deux raisons. Tout d'abord, car elle nécessite l'utilisation de cellules dont on va modifier l'ADN : c'est pourquoi on nomme ces dernières « cellules à ADN recombiné (ou recombinant) », et les molécules qu'elles produisent « protéines recombinantes ». Ensuite, car elle nécessite l'ajout d'un adjuvant, afin d'activer le système immunitaire en produisant une réaction inflammatoire qui va attirer les cellules là où se trouvent les protéines virales, afin de les mémoriser. C'est la méthode que Sanofi utilise, avec un adjuvant fourni par le laboratoire GSK (vaccin **Sanofi-GSK**).

Enfin, il existe un troisième type de vaccin utilisant la technique à **ARN messager**, à base d'acides nucléiques. Il s'agit d'injecter directement dans les cellules les instructions, ou « mode d'emploi », sous forme d'ARN, de fabrication d'une protéine spécifique (antigène), donc, pour le Covid, des protéines Spike. Les cellules produisent alors d'elles-mêmes ces protéines, qui se fixent à leur surface. La réponse immunitaire se fait sans besoin d'adjuvant. C'est la technique qui a été utilisée pour produire les vaccins **BioNtech/Pfizer** et **Moderna**.

On doit à une équipe française, incluant Jacques Monod, François Jacob et François Gros d'avoir, les premiers, émis et démontré le concept de ce mécanisme de l'ARNm, dans un article publié en 1961, ce qui leur valut le Prix Nobel de physiologie et de médecine en 1965.

C'est une Hongroise, Katalin Kariko qui, avec Drew Weissman, décida d'appliquer cette technique à des visées thérapeutiques, étant ainsi la première à avoir maîtrisé les réactions immunitaires liées à la transcription de l'ARN messager.

Les vaccins autorisés en France

	Laboratoire	Type	Date d'autorisation
Comirnaty	Pfizer/BioNTech	Vaccin à ARNm	21-déc-20
Spikevax	Moderna	Vaccin à ARNm	06-janv-21
Vaxzevria	AstraZeneca	Vaccin à vecteur viral vivant non réplicatif	29-janv-21
Jcovden (ex-Vaccine Janssen)	Janssen-Cilag	Vaccin à vecteur viral vivant non réplicatif	11-mars-21
Nuvaxovid	Novavax	Vaccin à protéines recombinantes	20-déc-21
Valneva	Valneva	Vaccin à vecteur viral vivant non réplicatif	27-juin-22
Comirnaty Original/ Omicron BA.1	Pfizer	Vaccin à ARNm	06-sept-22
Spikevax Original/ Omicron BA.1	Moderna	Vaccin à ARNm	06-sept-22
Comirnaty Original/ Omicron BA.4-5	Pfizer	Vaccin à ARNm	12-sept-22

La levée des brevets

En période de pandémie, l'idée de faire circuler au maximum les vaccins apparaît comme nécessaire, humaine, évidente. Il est évidemment souhaitable de distribuer largement des vaccins aux pays qui n'en ont pas, pour au moins deux raisons : par humanité et par pur pragmatisme, puisque c'est sur une vaccination mondiale que repose l'extinction de la pandémie.

Exiger la levée de brevets de vaccin est pourtant complexe pour des raisons d'ordre juridique, et même de simple justice. Pour « supprimer » un brevet, il faudrait qu'un État exproprie un propriétaire selon le droit commun et une expropriation sans indemnisation est juridiquement impossible. Une solution existe au regard de l'article 30 du code de l'**Organisation mondiale du commerce (OMC)** : le système de licence obligatoire qui incite le titulaire d'un brevet à autoriser plus d'acteurs à produire un médicament contre indemnisation. La levée des brevets créerait un précédent au droit de propriété intellectuelle, menacerait l'innovation et ne serait pas juste, ne récompensant pas les laboratoires et leur pays d'accueil pour leurs efforts financiers dans la recherche, ni pour leur engagement dans les partenariats pour la production. L'alternative peut être la conclusion d'accords industriels pour la production de vaccins, incluant des transferts de technologies.

L'obligation vaccinale en question

La réticence vis-à-vis de l'obligation vaccinale est distincte de l'attitude « anti-vaccin ». Si la première peut être légitime, au regard de certains scandales sanitaires passés et peut disparaître à la lumière d'arguments, la seconde renvoie à une posture irrationnelle, systématiquement hostile vis-à-vis des autorités.

L'obligation vaccinale n'est pas née avec la crise du Covid-19. En France, huit vaccins sont obligatoires chez les nourrissons nés à partir du 1er janvier 2018 (contre la diphtérie, le tétanos, la poliomyélite, la coqueluche, l'infection à Haemophilus influenzae b, l'hépatite B, le méningocoque C, le pneumocoque, la rougeole, les oreillons et la rubéole).

L'OMS avait déjà alerté en 2019 sur le fait que « l'hésitation vaccinale » constituait une des dix menaces pour la santé de l'humanité. « La réticence ou le refus de (se) vacciner en dépit de la disponibilité des vaccins menace d'inverser les progrès accomplis dans la lutte contre les maladies évitables par la vaccination ». On estime que, grâce à la vaccination, deux à trois millions de morts sont évitées chaque année.

Cette attitude s'explique en partie par une méfiance de principe vis-à-vis des autorités, une posture de plus en plus courante dans les pays démocratiques ; mais aussi par une perte du sentiment collectif ; de la rareté, dans les pays riches, des pathologies contre lesquelles la vaccination protège.

La divulgation de fausses nouvelles, les « arrangements » avec la vérité, avec les faits avérés ou reconnus scientifiquement ont marqué la période de la crise sanitaire. Motivé par des raisons politiques, le mouvement « antivax » peut également trouver des arguments dans la sphère scientifique. Des experts, chercheurs ont ainsi contribué à entretenir la confusion entre vérité scientifique et mensonges. Dans des médias, ils se sont montrés peu respectueux des principes d'intégrité scientifique. Le professeur Didier Raoult, l'ancien ministre de la Santé Philippe Douste-Blazy et le professeur en santé publique Christian Peronne ont été épinglés par un rapport du Comité d'éthique du CNRS.

B Définitions et épidémies

Définitions

- **Épidémie** : apparition accidentelle d'un grand nombre de cas d'une maladie infectieuse transmissible ou accroissement considérable du nombre de cas dans une région ou un lieu donné.
- **Épizootie** : épidémie touchant les animaux.
- **Pandémie** : extension d'une épidémie au sens spatial (exemple du sida, pandémie mondiale). Propagation d'une maladie infectieuse à presque tous les habitants d'une région plus ou moins étendue, parfois à l'humanité tout entière.

Les principales épidémies depuis un siècle

- Grippe espagnole (1918-1919) : pandémie au sortir de la Première Guerre mondiale. Selon l'OMS, elle a fait au moins 40 millions de morts, principalement chez des victimes affaiblies par les privations de la guerre.
- Grippe asiatique (1957-1958) : pandémie qui fit, selon l'OMS, entre 1 et 4 millions de morts.
- Grippe de Hong Kong (1968-1969) : de 1 à 2 millions de victimes ; première pandémie depuis le développement des transports aériens rapides, et première épidémie surveillée par un réseau international.
- SIDA (depuis 1981) : pandémie contemporaine la plus meurtrière : selon des estimations d'ONUSIDA, environ 78 millions de personnes auraient été contaminées depuis 1981 ; 40 millions en sont mortes et 38 millions vivent avec la maladie.
- SRAS (2002-2003) : syndrome respiratoire aigu sévère, apparu en Chine en 2002 ; 8 000 personnes touchées et plus de 800 morts dans le monde.
- Grippe aviaire H5N1 (2003) : a touché les élevages de poulets de Hong Kong avant de se transmettre à l'homme. Comme pour Ebola, l'OMS avait décrété « une urgence de santé publique de portée mondiale ». Bilan : 400 morts dans le monde.
- Grippe A, H1N1 (2009) : alerte lancée en 2009. 18 500 décès dans le monde ; un vaccin a été rapidement opérationnel.
  Ebola (2014 et 2019) : environ 15 000 morts en Afrique de l'Ouest (Guinée, Sierra Leone, Liberia) et en RDC.

Approfondir

Par Michel Derczansky

Les maladies infectieuses, émergentes ou plus anciennes, continuent de présenter une menace pour la santé publique dans le monde entier. Les causes en sont l'urbanisation rapide, la mobilité accrue, l'interdépendance économique mondiale.

L'épidémie de Covid-19 est la sixième qui frappe le monde depuis la grippe espagnole de 1918. Ce phénomène pourrait connaître une accélération, notamment à cause de l'incroyable capacité adaptative des virus. C'est une des conclusions de la Plateforme intergouvernementale scientifique et politique sur la biodiversité et les services écosystémiques (IPBES). Ce sont près de 827 000 virus qui auraient la capacité d'infecter les humains. Ces nouvelles pandémies virales naissent en général de zoonoses, autrement dit de transmission d'agents pathogènes des animaux à l'humain. Rassurons-nous, ces 827 000 virus ne provoquent pas tous des pandémies. Des conditions spécifiques doivent se réaliser afin qu'une pandémie fasse son œuvre ; il aura fallu plusieurs centaines d'années pour que le virus du sida, qui provient d'un virus du chimpanzé, devienne une pandémie.

Autrefois, les épidémies telles que la peste ou le choléra étaient en grande majorité liées à des bactéries : avec l'évolution de la recherche médicale, l'amélioration des conditions de vie, la découverte des antibiothérapies, elles ont quasiment disparu.

L'humanité est plutôt menacée par la multiplication des virus, qui ont la spécificité de posséder une plasticité génétique déterminante pour le passage et la transmission d'une espèce à l'autre.

Rappelons-nous le long voyage du virus H1N1 : nous sommes en Chine, fin 1917. Un bataillon de l'armée américaine quitte la ville de Canton et retourne vers sa base de Boston aux États-Unis. Au début du mois de décembre 1918, les premiers décès de soldats sont recensés sur différentes bases militaires et notamment au Kansas. Les Américains sont entrés en guerre contre l'Allemagne, et entre le printemps et l'automne en Europe, une étrange grippe se développe. Les premiers symptômes seront ceux de la grippe saisonnière : courbatures, fièvre, maux de gorge, etc. Assez vite, la maladie entraîne des complications bactériennes, des surinfections pulmonaires causant la mort.
L'épidémie, devenue pandémie, se propage sous la forme de trois vagues jusqu'au printemps 1919. Elle a provoqué, en un peu plus d'un an, entre 40 et 50 millions de morts !
En 2009, une grippe identifiée comme étant portée par le virus A (H1N1), qui résulte d'une combinaison de différents virus grippaux d'origine aviaire, porcine et humaine, va sévir pendant un an jusqu'en 2010. Le virus de 2009 est un lointain descendant de la grippe espagnole, dont la séquence génomique a pu être identifiée en 2005 grâce à un ARN viral isolé dans les poumons d'une jeune Inuit qui fut victime de la grippe espagnole. Elle fut exhumée en Alaska, en raison de la fonte du permafrost.
Toutefois, malgré nos performances scientifiques, aucune explication ne permet aujourd'hui de comprendre pourquoi le virus de 1918 fut si virulent, les risques liés à sa plasticité génétique restent inconnus...
Parfois, nous avons la connaissance, mais nous ignorons à court terme les réelles conséquences des signes annonciateurs d'une épidémie. Depuis de longues années, l'OMS savait qu'une pathologie particulière circulait dans différentes provinces de Chine, provoquant parfois la mort de sujets contaminés. Ainsi, en février 2003, dans un hôtel de Hong Kong, deux clients se croisent dans un ascenseur. Le premier tousse avec modération, la femme qui est à ses côtés rentre sur le continent nord-américain. Quelques semaines plus tard, une alerte remonte à l'OMS. C'est le début d'une nouvelle épidémie : le SRAS (Syndrome respiratoire aigu sévère), dont l'origine serait à attribuer à la consommation de civettes de palmistes masquées de l'Himalaya, consommées dans différente provinces chinoises. Le commerce en sera interdit et les élevages abattus. Bilan : 8 000 personnes contaminées, 800 en meurent. Il en coûte près de vingt-cinq milliards de dollars.
La cohabitation entre le monde animal et les hommes a conduit l'anthropologue Claude Lévi-Strauss à nous enseigner que la relation particulière entre le monde animal et l'homme pouvait parfois nous amener à un stade de régression, le cannibalisme.
Sa réflexion s'appuie d'une part sur la maladie de Creutzfeldt-Jacob et d'autre part sur l'épidémie de la vache folle qui avait été déclenchée parce qu'on avait donné aux bovins des farines d'origine animales. Cette analyse dépasse de loin les débats sur une opposition au régime carnivore. L'auteur nous rappelle ainsi que « pour les Amérindiens et la plupart des peuples restés longtemps sans écriture, le temps des mythes fut celui où les hommes et les animaux n'étaient pas réellement distincts les uns des autres et pouvaient communiquer entre eux... Aujourd'hui, nous restons confusément conscients de cette solidarité première entre toutes les formes de vie ». Mais ne serions-nous pas nous « les humains » parfois un peu trop humains ?

Poursuivre le débat

- Jusqu'où doit aller le principe de précaution ?
- Rendre tous les vaccins obligatoires ?
- Liberté individuelle *vs* sécurité collective
- Les limites de l'OMS

La planète en surchauffe

Alors que les effets du réchauffement climatique sont de plus en plus concrets et mesurables, quelques semaines seulement après un été marqué par les inondations, méga-feux et sécheresse, la 27e conférence des Nations unies sur le climat, COP 27 à Charm el-Cheikh en Égypte a accouché d'un texte qui n'évoque pas le besoin de sortie des énergies fossiles. Le secrétaire général de l'ONU, Antonio Guterres dénonce des engagements internationaux non tenus qui laissent le monde sur la trajectoire d'un réchauffement dramatique de 2,6 °C.

Les faits

Le constat change peu d'une année sur l'autre. Il n'émane pas d'une source unique mais de tous les acteurs concernés par la question climatique et ses conséquences. ONU, ONG, chercheurs, scientifiques, tous illustrent le dérèglement par des exemples précis.
La planète se réchauffe en raison de l'activité humaine, n'en déplaise aux climatosceptiques, c'est un fait avéré. La quantité de CO_2 rejeté est responsable de la hausse des températures, qui battent des records tous les ans. Avec la montée du niveau des océans, la fonte de la banquise, la disparition d'espèces animales, les conséquences sont connues mais les dirigeants mondiaux ne transcrivent pas encore en actions réelles et suffisantes les accords internationaux.

A L'été de la prise de conscience

L'été 2022 pourrait être celui de la prise de conscience écologique. Il a matérialisé la réalité du réchauffement climatique pour des milliards de personnes dans le monde.
Il aura fallu des inondations dévastatrices (1 700 morts au Pakistan), des vagues de chaleur hors normes (pour la première fois, plus de 40 °C au Royaume-Uni), des incendies inhabituels (660 000 hectares de forêts brûlés en Europe à la mi-août, y compris dans des lieux jusqu'alors épargnés), des

rivières asséchées, des tornades puissantes et plus fréquentes, pour que de nombreuses personnes semblent désormais accepter les messages d'alerte, pourtant déjà présents depuis de nombreuses années.
Des entreprises, des branches professionnelles, ont présenté des mesures internes, des plans de formation, illustrant l'impression d'une amorce de changement collectif et de prise de conscience du besoin de modifier nos habitudes de consommation, de déplacement, de vie.

Le réchauffement sous les yeux

Depuis 1947, 45 vagues de chaleur ont été recensées en France, selon **Météo-France**. Les observateurs de Météo-France estiment que « sur les 35 dernières années, elles ont été trois fois plus nombreuses que sur les 35 années précédentes ». L'été 2022 en France métropolitaine a battu un nouveau record avec 33 jours d'une vague de chaleur qui a la particularité d'être aussi la plus précoce jamais enregistrée. La chaleur s'accompagne de déficit de précipitations, juillet 2022 a été le deuxième mois le plus sec jamais enregistré en France, après mars 1961. Outre la canicule, certaines régions du monde connaissent une forte sécheresse.
Au niveau européen, le constat est identique : l'été 2022 a été le plus chaud enregistré en Europe, d'après le service européen sur le changement climatique, **Copernicus**.
L'**Organisation météorologique mondiale (OMM)**, une agence spécialisée de l'ONU, observe les mêmes phénomènes, dans le monde : juillet 2022 a été l'un des mois de juillet les plus chauds jamais enregistrés, avec juillet 2016 et juillet 2019.

Le réchauffement climatique absent des débats avant l'été

Si les catastrophes climatiques estivales pouvaient avoir enfin éveillé quelques consciences, la campagne de l'élection présidentielle 2022 n'a pas laissé de place aux questions écologiques, environnementales.
« L'affaire du siècle », un regroupement de quatre ONG militantes sur la question du réchauffement climatique, estime que le climat n'a occupé qu'environ 5 % du temps des débats entre candidats.
Pendant des heures d'antenne, les candidats ont effectivement pu s'exprimer ou débattre sur tous les sujets, mais quasiment jamais sur les risques réels du dérèglement climatique en cours, sur l'habitabilité de la planète, sur l'adaptabilité des sociétés, des économies aux changements en cours.
L'écologie, qui aurait dû être au cœur de la campagne des candidats à l'élection présidentielle, en a été presque absente. Parce que le sujet est complexe, parce que les réponses ne sont pas aisées, sont des enjeux de long terme, les politiques ne s'y aventurent pas.

B COP 27, une avancée, un raté

La conférence sur le climat de l'ONU (COP 27) de Charm el-Cheikh, en Égypte, a adopté deux textes conclusifs le 20 novembre 2022. Une déclaration finale et une résolution dite « pertes et dommages » sur la compensation des pays riches, pollueurs anciens envers les pays les plus vulnérables et qui subissent les effets du réchauffement climatique.

Le fonds « pertes et dommages »

Ce terme dissimule une avancée historique : alors que de nombreuses réticences existaient, notamment dans les pays de l'Union européenne et globalement dans les pays riches, un accord a finalement été trouvé afin d'aider les pays en développement et ceux particulièrement vulnérables, en raison des conséquences du réchauffement climatique. L'UE s'est ralliée à cette idée à la fin de la COP, les États-Unis ont suivi.

À savoir

Cela faisait plusieurs décennies que les pays du Sud réclamaient que les pays riches, responsables de la situation actuelle, viennent en aide aux pays émergents qui subissent aujourd'hui les conséquences des choix d'hier. C'est une forme de « dette climatique » et de dette morale que les pays riches se sont engagés à régler.

Les pollueurs historiques pouvaient difficilement s'exonérer d'aider les pays qui en subissent les conséquences.

Les pays particulièrement vulnérables, notamment les petites îles, avaient fait de la création de ce fonds une priorité de la COP 27.

Un « comité de transition » de quatorze pays du Sud et de dix pays du Nord va élaborer pendant un an un mécanisme de calcul afin que le fonds soit opérationnel en 2023, lors de la COP 28. Ce fonds sera abondé par une quarantaine de pays qui se sont déjà engagés à mobiliser l'équivalent de 338 millions d'euros ; il sera aussi étendu à d'autres sources de financement. Si de nombreux points demeurent en suspens, la COP a acté le principe de fonds financier spécifique. Le plus difficile reste toutefois à établir, les pays en développement n'ont pas oublié la promesse des pays riches, en 2009, de verser cent milliards de dollars par an aux pays en développement. Une promesse non tenue, les pays riches craignant le risque juridique lié à la reconnaissance d'une responsabilité historique dans les catastrophes climatiques.

Un texte final bien timide

Après 15 jours de travaux, la COP a adopté une déclaration finale qui appelle les pays à une réduction rapide des émissions de gaz à effet de serre et qui réaffirme l'objectif de contenir le réchauffement à 1,5 °C. Ce texte final est le fruit de nombreux compromis entre les pays représentés. Il ne va pas plus loin que les anciens engagements des différents États, il ne s'attaque pas non plus aux énergies fossiles, principales responsables du réchauffement climatique ; il n'évoque ni le pétrole ni le gaz. L'Union européenne et des grands

producteurs de pétrole, comme les États-Unis, le Canada, la Norvège et la Colombie étaient disposés à avancer vers une sortie progressive de l'exploitation du gaz du charbon et du pétrole mais les pays du Golfe et la Chine s'y sont opposés.
Enfin, le texte final ne fait aucune référence à la COP15 de Montréal sur la biodiversité. La lutte contre le dérèglement climatique va pourtant de pair avec la lutte contre la destruction des écosystèmes.

Extraits de la déclaration finale

Sur les émissions de gaz à effet de serre (GES)

« Souligne le besoin urgent de réductions immédiates, profondes, rapides et soutenues des émissions mondiales de gaz à effet de serre ».

Sur les objectifs de limitation du réchauffement

- « Réaffirme l'objectif de l'accord de Paris de contenir l'augmentation de la température moyenne nettement en dessous de 2 °C au-dessus des niveaux préindustriels et poursuivre les efforts pour limiter l'augmentation de la température à 1,5 °C ».
- « Rappelle que les impacts du changement climatique seront beaucoup plus faibles avec une augmentation de 1,5 °C contre 2 °C et décide de poursuivre ses efforts pour limiter l'augmentation de température à 1,5 °C ».

Sur l'énergie

- Appelle à « accélérer les efforts vers la réduction progressive de l'utilisation du charbon sans capture (de CO_2) et la suppression des subventions inefficaces aux combustibles fossiles ».
- Appelle à « accélérer les transitions propres et justes vers les énergies renouvelables ».

Les réactions

- Antonio Guterres, secrétaire général de l'ONU : « Nous devons drastiquement réduire les émissions maintenant - et c'est une question à laquelle cette COP n'a pas répondu (...) Cette COP a fait un pas important vers la justice. Je salue la décision d'établir un fonds pour les pertes et dommages et de le rendre opérationnel dans un futur proche ».
- Frans Timmermans, vice-président de la Commission européenne : « Le monde ne nous remerciera pas quand il entendra uniquement des excuses demain (...) c'est un pas en avant trop court pour les habitants de la planète. Il ne fournit pas assez d'efforts supplémentaires de la part des principaux émetteurs pour augmenter et accélérer leurs réductions d'émissions ».
- Agnès Pannier-Runacher, ministre française de la Transition énergétique : « Aucune avancée n'a été obtenue sur la nécessité de faire des efforts

supplémentaires de réduction des gaz à effet de serre et sur la sortie des énergies fossiles. C'est une vraie déception ».

- Alliance des petits États insulaires (Aosis) : « Aosis avait promis au monde de ne pas quitter Charm el-Cheikh sans réussir à établir un fonds de réponse pour les pertes et dommages. Cette mission de 30 ans est maintenant accomplie ».
- Laurence Tubiana, architecte de l'Accord de Paris de 2015 : « L'influence du secteur des énergies fossiles était omniprésente. Cette COP a affaibli les obligations pour les pays de présenter des engagements nouveaux et plus ambitieux ».
- Gabriela Bucher, directrice générale d'Oxfam International : « Si nous nous félicitons de la création du fonds pour les pertes et les dommages, nous restons profondément préoccupés par l'incapacité des pays à s'entendre sur une élimination progressive équitable et urgente de toutes les énergies fossiles ».

C Le rapport du GIEC

En avril 2022, les experts du climat de l'ONU ont dévoilé le troisième volet de leur rapport, consacré aux solutions pour réduire les émissions de gaz à effet de serre. Il faisait suite au deuxième volet (28 février 2022) dédié aux effets, vulnérabilités et capacités d'adaptation à la crise climatique. Le premier volet (août 2021) concluait que le changement climatique était plus rapide que prévu.

Selon le GIEC, sans une réduction « rapide et radicale » des émissions de gaz à effet de serre dans tous les secteurs, maintenir le réchauffement à +1,5 °C par rapport à l'ère préindustrielle sera impossible. Le monde se dirige, d'après le groupe d'experts, vers un réchauffement de +3,2 °C d'ici 2100 (ou +2,8 °C si les engagements pris par les États étaient tenus). Dans les deux cas, les conséquences sur la planète seraient bien pires que les phénomènes climatiques observés en 2022. Pour tenir le cap fixé, le GIEC table sur un pic d'émissions avant 2025, puis une diminution de près de la moitié d'ici 2030 par rapport à 2019.

Les préconisations du GIEC

Les préconisations de ce troisième volet ont pour but de limiter le réchauffement climatique à 1,5° comme prévu dans l'accord de Paris de 2015.

- **Remplacement des énergies fossiles** : pour tenter de limiter la hausse mondiale des températures, la première action recommandée par les experts du GIEC est de remplacer les énergies fossiles, le charbon, le pétrole, le gaz, par d'autres sources d'énergie neutre ou bas carbone comme l'hydroélectricité, le photovoltaïque ou l'éolien. Aujourd'hui, même si la production d'énergie photovoltaïque et d'énergie éolienne a fortement augmenté ces dernières années, elles ne représentent en cumulé que 8 % de la production électrique mondiale. L'énergie nucléaire est aussi une alternative non émettrice de gaz à effet de serre (GES), elle pose toutefois une autre problématique autour de la gestion des déchets nucléaires. Le GIEC estime que si tous les actuels gisements de pétrole, de gaz et de charbon sont exploités jusqu'à leur terme, maintenir l'augmentation des températures à +1,5 °C sera impossible. Pour rester à +2 °C il faudrait accepter de ne pas exploiter une partie des réserves connues. Pour respecter la trajectoire de l'accord de Paris, +1,5 °C, l'usage du charbon devrait être totalement abandonné, celui du pétrole diminué de 60 % et celui du gaz de 70 %, d'ici à 2050 par rapport à 2019. Imaginer que les exploitants des gisements aujourd'hui connus stoppent leur exploitation apparaît illusoire, c'est pourtant nécessaire. Le GIEC suggère aussi la fin des subventions aux énergies fossiles, estimant que cela ferait baisser les émissions de GES de 10 %. Les conséquences de la guerre en Ukraine montrent à quel point les pays sont aujourd'hui dépendants des énergies fossiles. Les textes finaux de la COP 26 à Glasgow en 2021 et celui de la COP 27 à Charm el-Cheikh ne comportent pas d'engagement à sortir des énergies fossiles, refusé par les pays du golfe et la Chine.

Pays émetteurs de CO_2 (en millions de tonnes)

Pays émetteurs de CO_2 par habitant (en tonnes)

Pays producteurs de pétrole (en millions de tonnes par an)

Pays producteurs de gaz (en % de la production mondiale)

Principaux pays émetteurs de gaz à effet de serre (en % des rejets mondiaux)

- **Captage de CO_2** : la baisse des émissions doit, selon le GIEC, s'accompagner de nouvelles techniques d'élimination du dioxyde de carbone afin d'atteindre la neutralité carbone au début des années 2050 pour respecter +1,5 °C. La capture naturelle de CO_2, par la plantation d'arbres ne suffira pas, développer des technologies d'extraction du CO_2 de l'atmosphère est une piste évoquée, mais cette technique n'est à ce jour pas au point.
- **Limiter les émissions de méthane** : le méthane est l'autre gaz à effet de serre ciblé par les experts du GIEC. Sa durée de vie est bien plus courte que le CO_2 mais 21 fois plus puissant. Il contribue pour environ 20 % du réchauffement. L'exploitation des puits, des gazoducs, cause des émissions importantes de méthane tout comme l'élevage animal. L'objectif de réduction des émissions de méthane devrait être de 50 % en 2050 par rapport à 2019 pour atteindre les objectifs de l'accord de Paris.
- **Réduire la demande énergétique** : l'une des marges de manœuvre importante se situe dans le changement des comportements des consommateurs. Les experts du GIEC estiment qu'une réduction des émissions de 40 à 70 % d'ici 2050 pourrait être atteinte par une action offensive sur les comportements des consommateurs. Pour l'atteindre, il faudrait une prise de conscience

et un changement radical des modes de vie des citoyens et notamment de ceux à l'empreinte carbone la plus importante. Au niveau mondial, les 10 % des ménages les plus riches représentent 45 % des émissions totales. Cette sobriété passerait par des régimes alimentaires, moins carnés (pour agir sur l'élevage), une meilleure isolation des bâtiments, des habitudes de chauffage modifiées, un développement du télétravail, l'utilisation de véhicules électriques ou de mobilité douce, la limitation des voyages en avion. Le GIEC met aussi en évidence l'importance de la limitation du gaspillage et notamment du gaspillage alimentaire.

Les missions du GIEC

Prix Nobel de la paix 2007, le Groupe intergouvernemental d'experts sur l'évolution du climat (GIEC) a été créé en 1988 par l'ONU. Il siège à Genève, où un groupe de personnes travaille et traite des données fournies par des milliers de climatologues, océanographes, spécialistes des sciences de l'atmosphère, entre autres. Les rapports du GIEC sont faits en échanges et discussions avec de très nombreux spécialistes et experts du monde entier.
Le GIEC établit régulièrement des rapports qui dressent un état des connaissances scientifiques sur le réchauffement climatique et sa principale cause, l'émission de gaz à effet de serre. Sa mission est d'éclairer les connaissances des décideurs mondiaux. Il ne fait pas de préconisations directes mais expose les options possibles aux décideurs.
Ses rapports ont contribué à donner l'alerte sur l'urgence climatique. Le financement du GIEC est assuré par les États, sur la base du volontariat.

D'autres études alarmantes

- Dix jours avant le début de la COP 27, le secrétaire général de l'ONU, Antonio Guterres a dénoncé des engagements internationaux non tenus qui laissent la Terre sur la trajectoire d'un réchauffement de 2,6 °C. L'accord de Paris, traité de référence dans la lutte contre le réchauffement fixe comme objectif une « élévation de la température moyenne de la planète nettement en dessous de 2 °C et si possible à 1,5 °C par rapport à l'ère préindustrielle ». « Les engagements à la neutralité carbone ne valent rien sans des plans, des politiques et des actions pour les soutenir, (...) notre monde ne peut plus se permettre de faire du *greenwashing*, d'avoir des faux-semblants, des retardataires », s'est agacé le secrétaire général de l'ONU.
- Selon une étude du Centre national de la recherche météorologique (CNRM), le changement climatique en France pourrait être pire que prévu dans l'hypothèse où les émissions de gaz à effet de serre ne seraient pas réduites sensiblement. Dans cette hypothèse, les températures pourraient augmenter de 3,8° en 2100. Les phénomènes climatiques extrêmes seraient alors très sensiblement supérieurs à ceux observés à l'été 2022, plus intenses et plus fréquents.

- L'Organisation météorologique mondiale (OMM) a révélé fin octobre 2022 que la concentration de méthane, puissant gaz à effet de serre, avait enregistré un record sans précédent dans l'atmosphère en 2021.

Le contexte

A L'accord de Paris

L'accord de Paris : une base de référence

L'accord de Paris sur le climat de 2015 est une base de référence pour établir la suite des objectifs des États. Pour la première fois, à l'issue de longues discussions et de longs mois de négociations préalables, il a été accepté par les représentants de 195 États.

Ils ont tous reconnu la réalité et la gravité de l'urgence climatique. Il s'agit du premier accord de ce type dans la lutte collective contre le réchauffement de la planète, après l'échec du sommet de Copenhague, en 2009, où les pays s'étaient séparés sans même parvenir à un semblant d'accord.

À Paris, des États jusqu'à présent réticents se sont engagés : la Chine, les États-Unis ont suivi la présidence française, l'Inde a accepté de suivre. L'accord a le mérite d'exister, d'être le premier et d'être ambitieux. Le document (32 pages en anglais, 39 en français) comporte deux parties, un premier texte non soumis à ratification par les États, et l'accord à ratifier dans chaque État représenté à Paris. L'accord est entré en vigueur, puisque ratifié par « au moins 55 pays » représentant « au moins 55 % » des émissions mondiales de gaz à effet de serre (GES).

Le contenu de l'accord

L'accord a fixé un objectif ambitieux : la limitation du réchauffement sous le seuil de 2 °C, si possible 1,5 °C par rapport aux niveaux préindustriels.

L'accord note que cela « réduirait significativement les risques et impacts du changement climatique ». 186 États sur 195 avaient annoncé des mesures pour limiter ou réduire leurs émissions de GES à l'horizon 2025-2030.

L'accord prévoit une distinction entre les pays en développement et les pays développés, responsables du réchauffement déjà enregistré, en différenciant les responsabilités et les efforts demandés à chacun « sur la base de l'équité ».

Concrètement, les pays du Nord avaient promis de financer à hauteur d'au minimum 100 milliards de dollars (91 milliards d'euros) par an, d'ici à 2020, les efforts des pays non développés. Cette promesse n'a pas été pleinement tenue.

Les pays développés avaient accepté d'aider les pays en développement mais avaient obtenu que ne soient pas prévues d'indemnisations au profit des pays qui vont subir des préjudices climatiques.
Les engagements des États devaient être revus tous les cinq ans. À ce jour, ils ne permettraient pas d'atteindre l'objectif fixé mais mettraient la planète sur une trajectoire d'environ + 2,8 °C, bien loin des 2 °C envisagés.
Si une forme d'unanimité s'était dégagée pour se réjouir d'un accord historique et volontaire, des voix s'étaient vite élevées pour en souligner les limites.

B Le coût de l'inaction

L'extrême difficulté de la lutte contre le réchauffement climatique est de réussir à faire comprendre aux populations et à ceux qui les gouvernent le danger de l'inaction. C'est autant par cette prise de conscience individuelle que par l'action des gouvernants que passera le salut.
Pour agir efficacement aujourd'hui, les pays riches qui ont déjà l'impression de dépenser beaucoup, devraient dépenser deux à cinq fois plus. Pour atteindre l'objectif de +1,5 °C, il faudrait un investissement de 2 300 milliards de dollars par an entre 2023 et 2052 (pour uniquement se passer totalement du gaz, du pétrole, et du charbon). En 2021, 750 milliards ont été dépensés dans le monde pour les énergies propres.
Une action volontariste et efficace mobiliserait de manière totalement inédite les investissements et financements mondiaux. Ces sommes colossales, jamais mobilisées, doivent être mises en relation avec le coût qu'engendrerait demain une inaction aujourd'hui. Le GIEC précise que les avantages budgétaires des scénarios qui permettent de limiter le réchauffement à 2 °C dépassent les coûts de l'inaction : le coût des catastrophes climatiques, tempêtes, inondations, pénuries d'eau, des crises alimentaires, de l'effondrement des écosystèmes, des pertes de récoltes agricoles est jugé bien plus important.

C À venir...

Les Émirats arabes unis (EAU) accueilleront à Dubaï le prochain rendez-vous mondial du climat, la 28e Conférence internationale sur le climat (COP 28), fin 2023.

Approfondir

Le début de la prise de conscience ?

Par Adrien Tallent

Après un été 2021 déjà marqué par des inondations monstres en Europe et en Asie, des épisodes de chaleurs extrêmes nommés « dômes de chaleur », l'été 2022 a été marqué par une sécheresse historique en France et en Europe. Devant des températures inédites, des pénuries d'eau, des restrictions d'eau... Les Français et les Européens se sont retrouvés confrontés frontalement au réchauffement climatique. Sommes-nous enfin au début d'une prise de conscience généralisée de l'importance de la lutte contre le réchauffement climatique ?

En 1972, le Club de Rome publiait un rapport intitulé « Halte à la croissance », rédigé par une équipe du MIT dirigée par Dennis Meadows, dans lequel les experts avertissaient déjà des dangers notamment environnementaux liés à notre quête de la croissance infinie. Pourtant, ce premier appel a été très peu entendu. En effet, jusqu'au développement récent de l'écologie, la fin du XXe siècle a été marquée par une expansion tous azimuts de notre modèle de consommation et de production prédateur sur les ressources naturelles.

En 1987, le concept de « développement durable » apparaît pour la première fois dans le rapport Bruntland et en 1988 le Groupe d'experts Intergouvernemental sur l'Évolution du Climat (GIEC) est créé. Ce dernier en est aujourd'hui à son sixième rapport et si les estimations sont plus précises l'essentiel était prévu dans divers travaux parus dans les années 1970. Ainsi, en 1979, un rapport rendu à l'administration du président américain Jimmy Carter estimait déjà que *« le réchauffement le plus probable pour un doublement du* CO_2 [était] *proche de 3 °C, plus ou moins 1,5 °C »*. En 2002, au sommet de la Terre à Johannesburg, Jacques Chirac disait : *« notre maison brûle et nous regardons ailleurs »*.

Entre-temps, le changement climatique n'est plus visible uniquement dans des courbes, graphiques ou des projections, il s'est matérialisé. Il est à espérer que les différents rapports du GIEC, assortis des catastrophes toujours plus nombreuses et désastreuses, marquent un tournant majeur dans la lutte contre le réchauffement climatique.

Si les épisodes de fortes chaleurs à répétition et la sécheresse historique ont marqué les Français cette année, les questions écologiques restent très largement portées par la jeunesse qui a l'impression de vivre avec une épée de Damoclès au-dessus de la tête, et, tel un instinct de survie, se mobilise pour s'opposer aux attaques faites contre son unique condition d'existence.

Nous aimerions nous dire que tout le monde est désormais convaincu de la nécessité de prendre des mesures drastiques contre le réchauffement climatique. Et pourtant, l'été 2022 a été l'été de la reprise du trafic aérien mondial, les émissions mondiales ont augmenté en 2021 et augmenteront en 2022 encore, nous sommes contraints de rouvrir une centrale à charbon pour passer l'hiver, une coupe du monde de football se joue au Qatar, dans des stades climatisés, les plus riches et les sportifs continuent de voyager en jet privé... Aujourd'hui, en moyenne, un Français consomme dix tonnes d'équivalent CO_2 par an, là où il faudrait ne consommer que deux tonnes si l'on souhaite rester sous la barre des 1,5 degré de réchauffement. Certes, la prise de conscience est là, mais nous manquons d'actions concrètes et ambitieuses.

Mais la société bouge. 2022 a vu fleurir sur les réseaux sociaux des comptes suivant les trajets en jet privé des milliardaires, sportifs, chanteurs, acteurs partout dans le monde, rendant encore plus visibles les différences de train de vie et surtout de responsabilité quant au réchauffement climatique. Sur les réseaux sociaux, de nombreux comptes traquent les pratiques de *greenwashing* des entreprises et cherchent à apporter leur pierre à l'édifice de la prise de conscience globale des enjeux. En ligne ou en physique, des militants de tous horizons alertent ici et là sur l'urgence de la situation. Si les plus riches – qui sont aussi de loin les plus gros pollueurs – ne changent pas, il sera plus que compliqué de faire accepter au reste de la population de faire des efforts, quand bien même l'impact global d'une interdiction des jets privés par exemple n'est pas phénoménal.

L'économiste John Maynard Keynes disait *« à long terme nous sommes tous morts »* pour expliquer pourquoi les hommes politiques multiplient les décisions inappropriées, parfois dramatiques, voire ne prennent aucune décision. En effet, puisque tous ces responsables politiques mourront demain ou après-demain, ils ne voient aucun avantage à prendre des décisions courageuses quand bien même elles seraient bénéfiques à long terme si elles n'ont pas d'effet immédiat. Les électeurs, dans leur majorité, ne leur en voudront pas de ne pas prendre ces décisions car eux-mêmes ne voient pas le long terme, ils veulent des effets immédiats sur leur santé, leur pouvoir d'achat, leurs impôts. Dès lors, les responsables politiques n'avanceront globalement sur la question que s'ils sentent qu'ils répondent par là à une volonté largement partagée au sein de la population.

On entend régulièrement que l'écologie ne doit pas être « punitive ». Il ne faudrait pas taxer davantage l'essence ou empêcher les gens de prendre leur voiture ou l'avion. Nous voudrions vivre comme si de rien n'était et simplement remplacer le pétrole par l'électricité. Malheureusement, ce n'est pas possible. Il faudra changer un certain nombre de nos comportements. Néanmoins, il revient à l'État et aux pouvoirs publics de proposer des moyens de changer. Comment peut-on demander à des citoyens de ne pas utiliser leur voiture lorsque ceux-ci n'ont pas accès à des transports en commun près de chez eux ?

Aucune décision n'est facile à prendre et les effets de communication – *make our planet great again* – ne font pas une politique environnementale. Tout se passe comme si nous ne cherchions même pas imaginer un monde différent, souhaitable, en changeant certains comportements, certaines habitudes... Selon une étude menée dans différents pays, les trois quarts (74 % en France) des 16-25 ans des dix pays interrogés – du Nord comme du Sud – sont inquiets par le futur qu'ils jugent « effrayant ». Personne n'aime avoir la position du donneur de leçon, du « rabat-joie », et pourtant ce sont régulièrement les qualificatifs affublés aux personnalités, militants, qui rappellent des faits simples. Que nous soyons heureux ou non de consommer moins, de prendre moins l'avion, de manger moins de viande, de changer nos déplacements, nous n'avons pas le choix. Plus nous prendrons des mesures tôt et plus nous aurons un futur enviable devant nous. Il n'y a pas de fatalité. De cause, nous pourrions devenir la solution au réchauffement climatique. La tâche est immense mais nous ne pouvons pas nous en sortir autrement.

Poursuivre le débat

- 2022, année de la prise de conscience ?
- Les COP, « blabla » ou « grande messe salutaire » ?
- Consommateur ou Consom'acteur ?
- Le coût de l'inaction écologique
- Changer de modèle de consommation
- La décroissance
- La lutte contre le réchauffement climatique, une affaire de générations ?
- Faut-il choquer pour faire prendre conscience ?

C'est aussi arrivé en 2022

Les Jeux olympiques de Pékin

En 2022, Pékin est devenu la première ville au monde à avoir accueilli à la fois des jeux d'été (en 2008) et des jeux d'hiver.

Les Jeux d'hiver de février 2022 ont d'abord été marqués par des événements non sportifs : le boycott de plusieurs États et la menace épidémique liée à la pandémie de COVID-19.

Plusieurs pays occidentaux, les États-Unis en tête, ont annoncé un boycott diplomatique au nom de la défense des droits de l'Homme, afin de protester contre la situation des **Ouïghours** dans la province chinoise du Xinjiang, au nord-ouest du pays. Cette population musulmane turcophone est discriminée et victime de persécution, de la part des autorités chinoises. Selon plusieurs experts internationaux, près d'un million de Ouïghours seraient internés dans des camps de rééducation.

Les JO ont également été compliqués par la pandémie de COVID-19. Les sportifs, les journalistes, les organisateurs, ont vécu pendant toute la période des jeux à l'écart des populations et du tout petit nombre de spectateurs. Le principe de « bulle sanitaire » a été décidé : des bulles indépendantes, sans porosité, dont tous les membres étaient soumis quotidiennement à des tests de dépistage.

Les JO ont aussi été marqués par une affaire de dopage, une de plus, qui a concerné la patineuse russe Kamila Valieva.

En dépit de ces aléas, l'objectif du président Xi Jinping de mettre en place des JO « sûrs et splendides » a été atteint d'autant que la Chine a terminé à la troisième place au classement des médailles (15 médailles, dont 9 titres), devant le grand rival américain.

La France a récolté 14 médailles, dont 5 en or, soit une de moins que le record établi lors des deux éditions précédentes (15 médailles en 2014 et 2018).

Les cinq médailles d'or françaises ont été conquises en patinage (Gabriella Papadakis et Guillaume Cizeron), ski alpin (Clément Noël) et biathlon (Quentin Fillon Maillet et Justine Braisaz-Bouchet). Quintuple médaillé olympique (deux médailles d'or, trois en argent), le biathlète de 29 ans Quentin Fillon Maillet a marqué ces JO de son empreinte et s'est forgé un palmarès qui l'amène tout en haut du sport français.

En 2026, les prochains JO d'hiver auront lieu en Italie, dans un duo inédit de deux villes, Milan et Cortina d'Ampezzo, du 6 au 22 février.
D'ici là, en 2024, les JO d'été se tiendront en France du 26 juillet au 11 août.

Les femmes iraniennes font trembler le régime

« **Femme, vie, liberté** ». Le slogan résonne dans les rues et s'écrit sur les murs et les pancartes depuis le 16 septembre 2022, date de la mort à Téhéran de **Masha Amini**. Cette jeune femme de 22 ans, qui visitait la capitale, a été interpellée par la police des mœurs, elle aurait porté son voile de façon inappropriée et enfreint le code vestimentaire strict de la République islamique. Conduite dans un poste de police, elle y est morte « d'une crise cardiaque » trois jours plus tard. Le 17 septembre 2022, au lendemain de sa mort, la colère explose. Les manifestations commencent, dans sa ville d'abord, puis partout dans le pays.
Au cours des dernières années, l'Iran a connu plusieurs manifestations contre la dureté du régime, contre la vie chère, pour plus de démocratie. Elles ont toutes été étouffées dans la violence et la répression aveugle.
Le même scénario s'est joué en 2022 mais il comporte des variantes inédites. Les jeunes se sont massivement approprié le mouvement de ras-le-bol contre le manque de liberté, le manque d'expression, les pénuries, en partie causées par les sanctions américaines consécutives à l'échec de l'accord sur le nucléaire. Les femmes sont bien sûr descendues nombreuses dans la rue et ont enlevé leur voile en bravant les autorités, au risque d'être interpellées et lourdement condamnées.
En fin d'année, on ne comptait plus le nombre de manifestations, et la répression, l'emprisonnement de nombreux journalistes et manifestants n'ont pas suffi à faire baisser la tension. Des scènes inimaginables ont été abondamment relayées sur les réseaux sociaux.
Tandis que le régime reprenait ses éléments de langage habituels (les manifestations seraient soutenues par Israël et par le grand Satan américain), de nombreuses actions à la symbolique forte se sont produites (les footballeurs de l'équipe nationale refusant de chanter l'hymne iranien lors du premier match de la Coupe du monde au Qatar, des sportives ôtant leur voile dans des manifestations sportives, de nombreuses initiatives dans les pays occidentaux ayant pris fait et cause pour les femmes iraniennes).
Le régime se heurtait à un mouvement de protestation inédit. Celui-ci allait-il être réprimé jusqu'à son extinction ou se transformer en révolution ?

L'Italie vire à l'extrême droite

Le parti d'extrême droite **Fratelli d'Italia** de **Giorgia Meloni** a obtenu 26 % des voix lors des élections législatives de fin septembre 2022. Il est le parti dominant d'une coalition des droites, majoritaire à l'issue du scrutin, avec la Ligue (anti-migrants) de Matteo Salvini (8,8 %) et Forza Italia (droite) de l'ancien Premier ministre Silvio Berlusconi (8,1 %).

Cette alliance dispose de 237 sièges sur 400 à la Chambre des députés et de 115 sièges sur 200 au Sénat. Son principal rival est le Parti démocrate (PD) de centre gauche (19 %), et le Mouvement 5 étoiles, populiste (15,4 %).
Giorgia Meloni est la première femme à la tête d'un gouvernement italien. Cette Romaine de 45 ans dirige Fratelli d'Italia, un mouvement postfasciste nostalgique du dictateur Benito Mussolini.
Elle veut en priorité « fermer les frontières pour protéger l'Italie de l'islamisation », dénonce régulièrement « le remplacement ethnique », entend « lutter contre le lobby LGBT » et se montre très critique vis-à-vis de l'Union européenne.
Dans la tradition de l'extrême droite italienne, elle est héritière du Mouvement social italien (MSI), parti néofasciste créé après la Seconde Guerre mondiale dont elle a repris l'emblème pour fonder Fratelli d'Italia, fin 2012.
Giorgia Meloni se livre à un jeu d'équilibriste en regroupant derrière elle à la fois les mécontentements d'Italiens inquiets par la vie chère et la hausse de l'inflation et des populistes de gauche du Mouvement 5 étoiles. La porosité entre les mouvements politiques extrêmes s'observe aussi en Italie.
En quête de « respectabilité », elle dénonce les lois antijuives de Mussolini, son autoritarisme mais loue « son travail bien accompli ». Cette position pas toujours cohérente se retrouve aussi dans sa relation avec l'Union européenne ; elle est très critique de Bruxelles, tout en envoyant des gages à l'UE et en nommant Giancarlo Giorgetti, un proeuropéen modéré à l'Économie.
Ses opposants mettent en évidence une « dédiabolisation » de pure façade, en relevant le passé trouble de nombre de ses ministres : le président du Sénat, Ignazio La Russa, est un collectionneur de bustes de Mussolini ; le ministre du Travail, Claudio Durigon, a souhaité débaptiser un parc portant le nom d'un juge anti-mafia assassiné pour lui donner celui du frère du dictateur ; Galeazzo Bignami, ministre délégué aux Infrastructures, a été pris en photo avec un brassard nazi ; Augusta Montaruli, secrétaire d'État aux Universités, a effectué des pèlerinages fascistes dans la ville natale de Mussolini ; Andrea Delmastro Delle Vedove, sous-secrétaire à la Justice, citait sur ses réseaux sociaux Léon Degrelle, figure de l'extrême droite catholique en Belgique, engagé pendant la Seconde Guerre mondiale dans une division SS.

Les élections de mi-mandat aux États-Unis

Les élections de mi-mandat, les « midterms » sont traditionnellement difficiles pour les présidents sortants. Cette fois encore, les sondages prévoyaient une élection compliquée pour le président démocrate **Joe Biden**, après deux années de mandat marquées notamment par la crise du Covid-19 et par une hausse de l'inflation.
Le statu quo a prévalu au Sénat, où les Démocrates sont finalement restés majoritaires de très peu, les Républicains reprenant, de peu également, la Chambre des représentants.

Les électeurs n'ont pas voulu donner un blanc-seing à Donald Trump. Mal inspiré, l'ancien président avait sorti trompettes et tambours, avant les résultats, pour déclarer qu'il surferait sur une nette victoire du « Grand Old Party » pour annoncer sa candidature à l'élection présidentielle de 2024.
Mal lui en a pris. Le « tsunami » républicain n'a pas eu lieu. Pire pour Donald Trump, plusieurs candidats républicains, proches de l'ancien président, sur la même ligne politique complotiste que lui, ont échoué dans des États sociologiquement favorables. Donald Trump voit se dresser face à lui des membres du Parti républicain candidats plausibles à la prochaine élection présidentielle, comme le gouverneur de Floride, Ron DeSantis. Ils partagent, à quelques minces détails près, la même ligne politique mais ils sont persuadés que les années Trump sont derrière eux et que le changement de leader est indispensable pour reprendre la Maison-Blanche aux démocrates en 2024.
On le savait après la dernière élection présidentielle américaine, les élections de mi-mandat viennent de le confirmer, la polarisation de la vie politique américaine est à son paroxysme.
Une grande partie de l'électorat conservateur et de leurs représentants est convaincue que les Démocrates représentent le « *deep state* » : l'État profond. Ce concept politique, remis au goût du jour par Donald Trump, désigne au sein de l'État ou de sa bureaucratie une hiérarchie parallèle qui détiendrait secrètement le vrai pouvoir décisionnel, quand l'État de droit ne serait qu'une chimère. Le refus des défaites électorales, scrutins forcément « volés » s'inscrit dans cette croyance.
En octobre 2022, l'agence de presse Associated Press a publié une étude sur les représentations et perceptions politiques des Démocrates et des Républicains.
Pour les premiers, le « trumpisme » est une menace pour les institutions et la démocratie américaine. Les seconds sont très peu nombreux à faire confiance aux institutions, et notamment seuls 25 % croient aux résultats des élections de midterms de novembre 2022.
L'électorat démocrate se mobilise contre les armes à feu, sur le changement climatique, sur le droit à l'avortement, pour le droit à la santé, sur le renforcement des infrastructures.
Les thématiques de prédilection des Républicains sont un traitement ferme de la question de l'immigration, souvent représentée symboliquement par le sort de la frontière mexicaine, mais aussi l'insécurité, la criminalité, le désengagement maximal de l'État des questions économiques, la lutte contre l'inflation.
Trouver un sujet de chevauchement entre les uns et les autres devient, élection après élection, de plus en plus difficile.

La Coupe du monde de football au Qatar

Il n'est pas nouveau que des compétitions sportives internationales, comme une Coupe du monde de football, des Jeux olympiques, soient organisées dans des pays peu respectueux des droits de l'homme et soient éloignées des critères dits « occidentaux ».

Un flot de critiques s'est abattu sur le Qatar en 2022. Il avait aussi touché la Chine, organisatrice des JO de Pékin (hiver et été) et la Russie, organisatrice de la dernière Coupe du monde de football en 2018.

Si l'on remonte un peu dans le temps, la question du boycott de la Coupe du monde de football en 1978, en Argentine, en pleine dictature militaire, avait déjà été posée avec force avant la compétition. Et la lancinante question « faut-il mélanger sport et politique ? » a une nouvelle fois été au centre des débats.

Rarement toutefois, l'intensité des critiques avait été aussi forte et audible pour dénoncer la tenue de la Coupe du monde de football 2022 au Qatar. Des critiques très présentes même si les appels au boycott n'ont pas été suivis d'effets, le premier match de l'équipe de France a été regardé par plus de 12 millions de téléspectateurs, 50 % des téléspectateurs français.

Une des premières critiques est écologique. Organiser une compétition sportive dans des zones désertiques, écrasées de chaleur, en allant jusqu'à prévoir la climatisation des stades n'est pas « planet friendly » et est même très éloigné de la responsabilité écologique nécessaire.

Une autre critique concerne les conditions de vie des ouvriers qui ont construit les stades. Le Qatar est un pays très jeune, qui fait beaucoup appel à des populations immigrées pour son développement. Les lois sociales du pays ne sont pas celle existantes en Europe. Les pays occidentaux se sont émus des conditions de vie et de travail de ces travailleurs.

Enfin, l'homosexualité s'est invitée sur le terrain de football. Au Qatar, les relations sexuelles hors mariage sont interdites par la loi et s'imposent aux spectateurs du monde entier. La législation punit également la sodomie ou les relations sexuelles entre hommes qui sont des infractions passibles de peines pouvant aller jusqu'à sept ans de prison. « Provoquer ou séduire un homme ou une femme, de quelque façon, dans le but de commettre des actes immoraux ou illégaux » constitue une infraction. Les associations de défense des droits des homosexuels ont déploré le choix du Qatar comme pays organisateur. La FIFA, la fédération internationale de football a interdit aux équipes qui l'avaient souhaité de porter un brassard « arc-en-ciel » en soutien aux associations LGBT – afin de ne pas froisser les autorités.

À l'inverse, ces critiques ont aussi provoqué des réactions de rejet au Qatar et dans les pays arabes mais aussi en France et en Europe. Le « Qatar bashing » des pays occidentaux a été dénoncé comme une vision nombriliste des Européens, donneurs de leçons et voulant imposer leurs codes, leurs mœurs, leur mode de vie.

Israël, le retour de Benjamin Netanyahou

Dans la rubrique des retours politiques de l'année 2022, celui du président Lula au Brésil est hors norme. Juste après lui, l'Israélien Benjamin Netanyahou mérite également attention. En novembre, **Benjamin Netanyahou**, dit « Bibi », a été chargé par le président Isaac Herzog de former un nouveau gouvernement, la tâche confiée au représentant du parti vainqueur des élections législatives. Arrivé en tête avec 32 sièges, le Likoud (droite) a décidé de s'allier avec les partis ultraorthodoxes (18 sièges au total) et différents autres partis d'extrême droite (14 sièges). Cette alliance de 64 sièges est majoritaire, elle donne à Israël le gouvernement le plus à droite et extrémiste de son histoire. En face, le bloc du Premier ministre sortant **Yaïr Lapid**, centriste, a remporté 51 sièges.

Premier ministre de 1996 à 1999 puis de 2009 à 2021, Benjamin Netanyahou est une figure de la vie politique et de l'histoire récente de l'État hébreu.

Empêtré dans plusieurs affaires de corruption, poursuivi en justice, écarté du pouvoir en juin 2021 après un vote de défiance du Parlement (la **Knesset**), Bibi l'inoxydable paraissait cette fois durablement écarté. Mais il est passé maître dans l'art de rebondir, de former, faire et défaire des coalitions avec des partis, y compris loin de ses convictions, à géométrie variable, y compris ultraorthodoxes. Ses partisans admirent sa longévité, sa force, ses détracteurs dénoncent une dérive autocratique et un homme prêt à toutes les compromissions pour conserver le pouvoir.

Si beaucoup d'incertitudes demeuraient fin 2022 sur sa capacité notamment à présenter un gouvernement composé d'extrémistes ultraorthodoxes mais aussi de ministres issus de la droite classique, une chose en revanche était assez établie : rien ne devrait changer dans la politique israélienne vis-à-vis de la Cisjordanie. Le développement illégal de nouvelles colonies en Cisjordanie occupée devrait se poursuivre, voire s'accentuer au mépris du droit international.

La France quitte le Mali, pas le Sahel

L'opération « **Barkhane** » au Sahel s'est officiellement terminée fin 2022, après presque dix ans de présence militaire française au Mali. Elle avait débuté en janvier 2013, avec le lancement de l'opération « Serval », rebaptisée « Barkhane », en août 2014.

Décidée par François Hollande au lendemain de la prise de la ville de Konna, dans le centre du pays, par les islamistes qui menaçaient de descendre sur la capitale, Bamako, l'opération Serval avait pour but de pilonner les colonnes de pick-up et les bases arrière des islamistes armés. Serval a mobilisé environ 2 000 militaires. Parallèlement, le Conseil de sécurité de l'ONU a créé la **Minusma**, une force de maintien de la paix de 12 600 Casques bleus, pour stabiliser le nord du Mali.

Barkhane a regroupé jusqu'à 5 000 hommes et a utilisé les moyens matériels (hélicoptères, véhicules blindés et logistique, avions de transport tactique et stratégique, avions de chasse et drones) des opérations Serval au Mali, et Épervier au Tchad, avec pour missions d'appuyer les forces armées des pays partenaires dans leurs actions de lutte contre les groupes armés terroristes et de contribuer à empêcher la reconstitution de sanctuaires terroristes dans la région.

L'opération Barkhane s'est déployée en partenariat avec la Mauritanie, le Mali, le Burkina Faso, le Niger et le Tchad. Ces cinq pays sont regroupés sous l'appellation « **G5 Sahel** » que soutient la France.

La pression militaire exercée sur les groupes djihadistes a toutefois eu un effet pervers : ils se sont divisés en de plus petites structures, mobiles et se sont installés dans les pays voisins, les zones rurales du Burkina Faso, l'ouest du Niger, le nord de la Côte-d'Ivoire, du Ghana, du Togo, du Bénin, l'est du Sénégal. Ces zones de repli sont devenues des points d'appui impossibles à tous sécuriser.

La France n'était plus en mesure de sécuriser à elle seule des vastes zones difficiles, voire impossibles à contrôler et s'est concentrée sur des cibles terroristes mieux définies.

Le choix de quitter le Mali a été décidé alors que les relations entre Paris et Bamako se sont compliquées après deux putschs en moins d'un an et un effondrement de l'État malien qui a décidé de collaborer avec le groupe paramilitaire Wagner, proche du pouvoir russe.

Le président Macron avait alors annoncé la réduction progressive des effectifs militaires français au Sahel et une réorientation de la stratégie française en fermant les bases les plus au nord (Kidal, Tombouctou et Tessalit) et en réorganisant les troupes avec un dispositif allégé de 2 500 à 3 000 hommes.

L'opération Barkhane a laissé place à « **Takuba** », une alliance internationale européenne axée sur la lutte contre le terrorisme au Sahel.

Boîte à outils

France

Europe

International

L'élection présidentielle

Nombre de candidats par élection

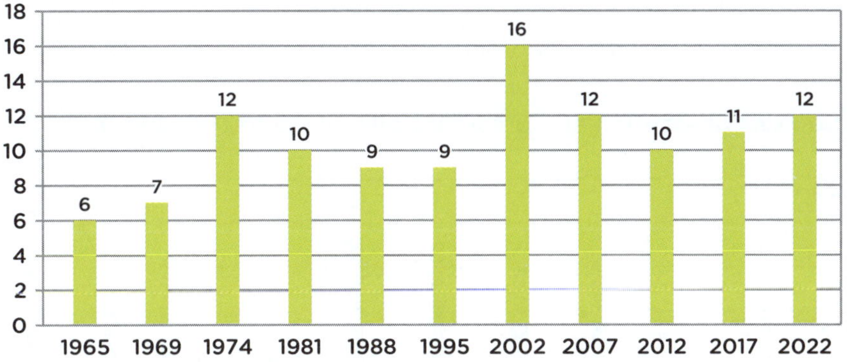

Liste des présidents de la République

Sous la Ve République	
Emmanuel Macron	2017-
François Hollande	2012-2017
Nicolas Sarkozy	2007-2012
Jacques Chirac	1995-2007
François Mitterrand	1981-1995
Valéry Giscard d'Estaing	1974-1981
Alain Poher	intérim en 1969 et 1974
Georges Pompidou	1969-1974
Sous la IVe République	
René Coty	1954-1959
Vincent Auriol	1947-1954
Albert Lebrun	1932-1940
Paul Doumer	1931-1932

Sous la IIIe République	
Gaston Doumergue	1924-1931
Alexandre Millerand	1920-1924
Paul Deschanel	fév-sept 1920
Raymond Poincaré	1913-1920
Armand Fallières	1906-1913
Émile Loubet	1899-1906
Jean Casimir-Perier	1894-1895
Marie-François Sadi Carnot	1887-1894
Jules Grévy	1879-1887
Patrice de Mac Mahon	1873-1879
Adolphe Thiers	1871-1873

L'âge des présidents de la République

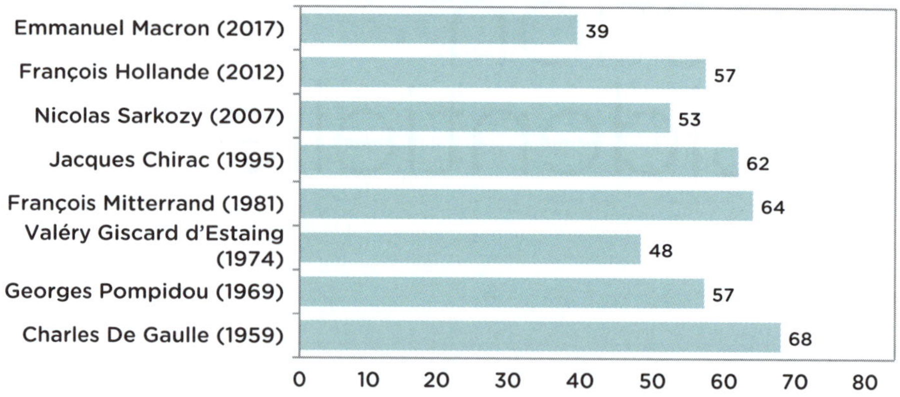

Évolution de l'abstention aux présidentielles de la Ve République

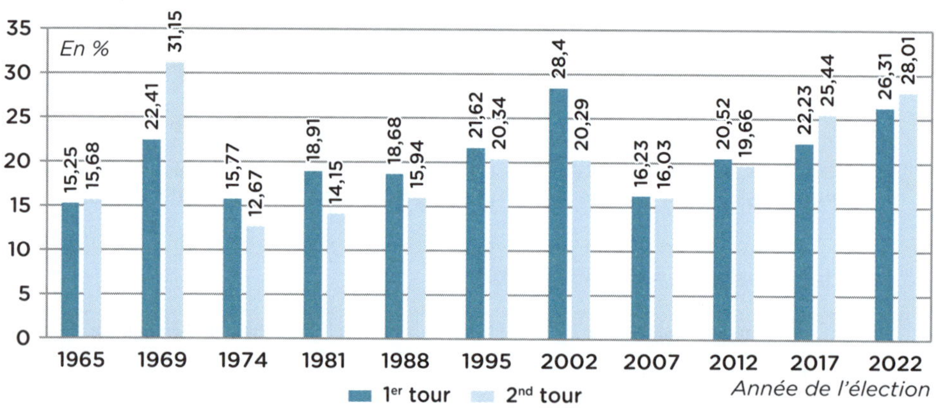

Évolution des votes blancs et nuls aux présidentielles de la Ve République

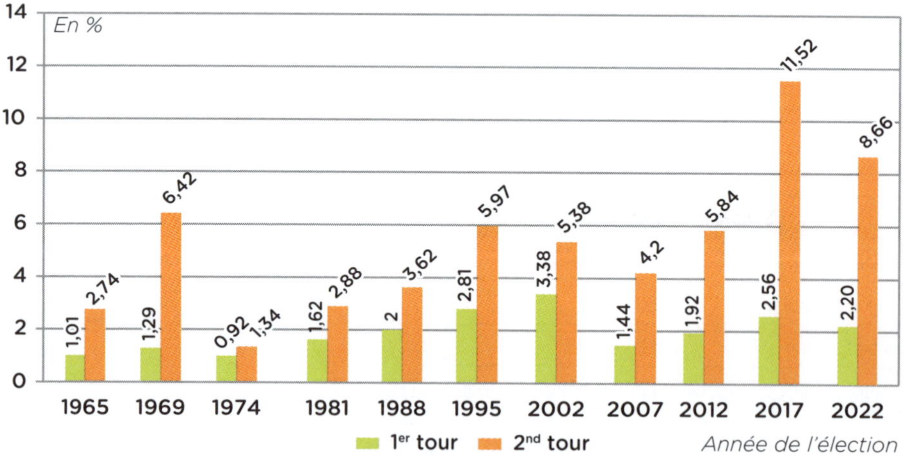

Les grandes dates du FN/RN

1972	Création
1983	Début des succès électoraux avec le score élevé de **Jean-Pierre Stirbois** à Dreux
1986	9,7 % aux législatives : **35 députés FN à l'Assemblée nationale** (proportionnelle intégrale)
1988	9,6 % aux **législatives : une seule élue** (Yann Piat, exclue du parti fin 1988)
1993	12,41 % aux législatives : **pas de député**
1994	Assassinat de **Yann Piat**
1995	Victoire aux municipales à Toulon, Marignane et Orange
1997	Victoire aux municipales partielles à **Vitrolles**
1999	**Bruno Mégret** quitte le parti pour fonder le MNR
2003	Jean-Marie Le Pen place sa fille Marine à la vice-présidence du parti
2007	**4,29 % aux législatives** (pas de remboursement des frais de campagne)
2009	6,34 % aux européennes
2010	**11,42 % aux régionales**, le parti se maintient au second tour dans 12 régions
2011	Congrès de Tours : élection de **Marine Le Pen à la tête du FN**
2012	17,9 % au 1er tour de la présidentielle
2012	13,6 % au 1er tour des législatives
2014	Pour la première fois, élection de **deux sénateurs FN**
2014	Une douzaine de villes aux municipales
2014	**24,86 % aux européennes, 23 élus** : premier parti devant l'UMP et le PS
2015	**31 cantons gagnés** aux départementales
2015	Jean-Marie Le Pen est exclu du parti
2015	27,73 % au 1er tour des régionales mais aucune région gagnée
2017	Marine Le Pen dépasse les 7 millions de voix (21,3 %) au 1er tour de la présidentielle et **10 millions (33,9 %) au second**, mais est largement battue par Emmanuel Macron
2017	**8 sièges aux législatives** (5 dans le Nord et le Pas-de-Calais)
2018	Le parti et ses dirigeants **mis en examen pour des emplois présumés fictifs au Parlement européen**
2018	Le parti change de nom et devient le RN (Rassemblement National)
2018	Le RN en difficulté financière après une saisie judiciaire
2019	**Élections européennes** : la liste de Jordan Bardella en tête avec **23,31 %** des suffrages
2020	**Élections municipales** : bilan mitigé, le RN remporte Perpignan et Bruay mais perd Mantes-la-Ville et Le Luc ; le sénateur Stéphane Ravier est défait à Marseille
2021	Perte de 20 cantons aux départementales
2021	Perte d'un tiers des élus aux régionales (de 358 à 252 conseillers)
2022	Marine Le Pen dépasse les 8 millions de voix (23,15 %) au 1er tour de la présidentielle et 13 millions de voix (41,45 %) au second, mais est battue par Emmanuel Macron
2022	Le RN obtient un groupe aux législatives : 89 députés (88 + une apparentée Ligue du Sud)
2022	Marine Le Pen quitte la présidence du parti pour diriger le groupe de députés RN, Jordan Bardella élu président du parti

Évolution du vote FN/RN au cours des dernières élections nationales

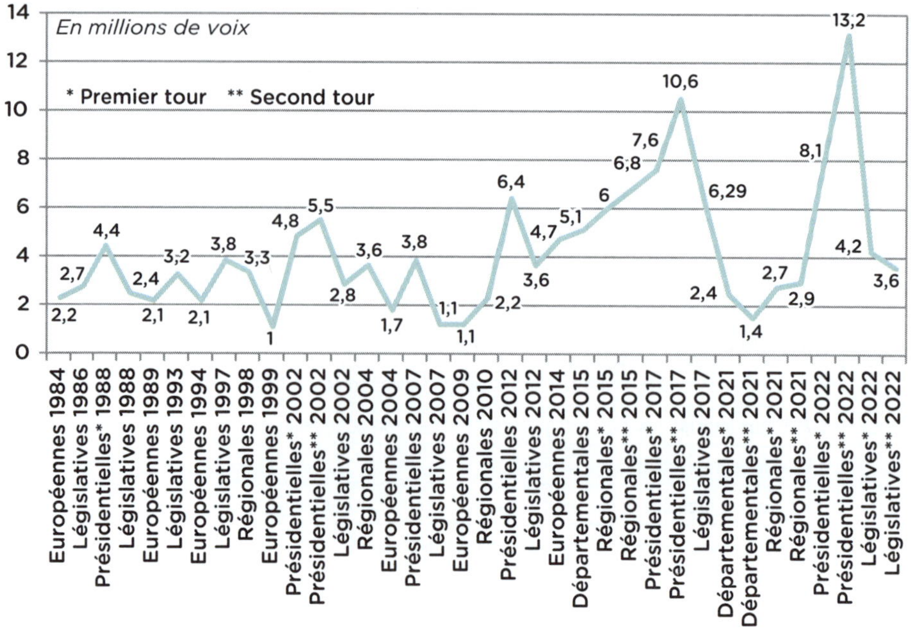

Les élections présidentielles de la Vᵉ République

2022 **Emmanuel Macron**, élu surprise cinq ans plus tôt dans un mouvement de « dégagisme » de la classe politique, se représente en plein crise ukrainienne, après avoir géré pendant un premier mandat la crise sociale des « gilets jaunes » et sanitaire du Covid-19. Le scrutin confirme une forme de « triangularisation » de la vie politique française avec un bloc centriste représenté par le président sortant, un bloc d'extrême droite mené par le RN de **Marine Le Pen** et un bloc de gauche mené par le représentant de la gauche radicale de **Jean-Luc Mélenchon** (LFI), incapable, comme en 2017, d'atteindre le second tour. Emmanuel Macron remporte le premier tour puis bat Marine Le Pen (RN) au second.

2022	1er tour	2nd tour
Nombre de candidats	**12**	
Taux d'abstention	**26,31 %**	**28,01 %**
Votes blancs et nuls	**2,20 %**	**8,66 %**
Emmanuel Macron	**27,85 %**	**58,55 %**
Marine Le Pen	**23,15 %**	**41,45 %**
Jean-Luc Mélenchon	21,95 %	
Éric Zemmour	7,07 %	
Valérie Pécresse	4,78 %	

	1er tour
Yannick Jadot	4,63 %
Jean Lassalle	3,13 %
Fabien Roussel	2,28 %
Nicolas Dupont-Aignan	2,06 %
Anne Hidalgo	1,75 %
Philippe Poutou	0,77 %
Nathalie Arthaud	0,56 %

2017 **François Hollande**, président en exercice très impopulaire, ne se représente pas. Le candidat de droite, **François Fillon**, mène campagne en étant mis en examen, il est lâché par une grande partie de ses soutiens ; dans ce contexte, **Emmanuel Macron** incarne le renouveau, il est le seul recours aux extrêmes. En tête au premier tour, il bat **Marine Le Pen** (FN) au second.

2017	1er tour	2nd tour
Nombre de candidats	**11**	
Taux d'abstention	**22,23 %**	**25,44 %**
Votes blancs et nuls	**2,56 %**	**11,52 %**
Emmanuel Macron	**24,01 %**	**66,10 %**
Marine Le Pen	**21,30 %**	**33,90 %**
François Fillon	20,1 %	
Jean-Luc Mélenchon	19,58 %	

	1er tour
Benoît Hamon	6,36 %
Nicolas Dupont-Aignan	4,70 %
Jean Lassalle	1,21 %
Philippe Poutou	1,09 %
François Asselineau	0,92 %
Nathalie Arthaud	0,64 %
Jacques Cheminade	0,18 %

2012 **François Hollande**, vainqueur de la Primaire de la gauche, veut incarner une présidence « normale » en opposition à Nicolas Sarkozy dont il dénonce les excès et la « droitisation ».

2012	1er tour	2nd tour
Nombre de candidats	**10**	
Taux d'abstention	**20,52 %**	**19,66 %**
Votes blancs et nuls	**1,92 %**	**5,84 %**
François Hollande	**28,63 %**	**51,6 %**
Nicolas Sarkozy	**27,18 %**	**48,4 %**
Marine Le Pen	17,90 %	
Jean-Luc Mélenchon	11,10 %	

	1er tour
François Bayrou	9,13 %
Eva Joly	2,31 %
Nicolas Dupont-Aignan	1,79 %
Philippe Poutou	1,15 %
Nathalie Arthaud	0,56 %
Jacques Cheminade	0,25 %

2007 Jacques Chirac avait été le troisième président de la République à avoir effectué deux mandats (après le général de Gaulle : 1958-1965 ; 1965-1969) ; et François Mitterrand (1981-1988 ; 1988-1995) **Nicolas Sarkozy** lui succède en battant au 2e tour la socialiste Ségolène Royal.

2007	1er tour	2nd tour
Nombre de candidats	**12**	
Taux d'abstention	**16,23 %**	**16,03 %**
Votes blancs et nuls	**1,44 %**	**4,20 %**
Nicolas Sarkozy	**31,18 %**	**53,06 %**
Ségolène Royal	**25,87 %**	**46,94 %**
François Bayrou	18,57 %	
Jean-Marie Le Pen	10,44 %	
Olivier Besancenot	4,08 %	

	1er tour
Philippe de Villiers	2,23 %
Marie-George Buffet	1,93 %
Dominique Voynet	1,57 %
Arlette Laguiller	1,33 %
José Bové	1,32 %
Frédéric Nihous	1,15 %
Gérard Schivardi	0,34 %

2002 La gauche part éparpillée et le paye ; elle est éliminée dès le premier tour. L'extrême droite se hisse au second tour de la présidentielle pour la première fois. Le président sortant - avec pourtant moins de 20 % des voix au premier tour - est élu avec plus de 80 % des suffrages.

2002	1er tour	2nd tour
Nombre de candidats	**16**	
Taux d'abstention	**28,40 %**	**20,29 %**
Votes blancs et nuls	**3,38 %**	**5,38 %**
Jacques Chirac	**19,88 %**	**82,21 %**
Jean-Marie Le Pen	**16,86 %**	**17,79 %**
Lionel Jospin	16,18 %	
François Bayrou	6,84 %	
Arlette Laguiller	5,72 %	
Jean-Pierre Chevènement	5,33 %	
Noël Mamère	5,25 %	

	1er tour
Olivier Besancenot	4,25 %
Jean Saint-Josse	4,23 %
Alain Madelin	3,91 %
Robert Hue	3,37 %
Bruno Mégret	2,34 %
Christiane Taubira	2,32 %
Corinne Lepage	1,88 %
Christine Boutin	1,19 %
Daniel Gluckstein	0,47 %

1995 Retour de la droite gaulliste au pouvoir ; Jacques Chirac remporte un duel à droite contre Édouard Balladur au premier tour, puis bat le candidat socialiste Lionel Jospin au second tour.

2012	1er tour	2nd tour
Nombre de candidats	**9**	
Taux d'abstention	**21,62 %**	**20,34 %**
Votes blancs et nuls	**2,81 %**	**5,97 %**
Lionel Jospin	**23,30 %**	**47,36 %**
Jacques Chirac	**20,84 %**	**52,64 %**
Édouard Balladur	18,58 %	

	1er tour
Jean-Marie Le Pen	15,00 %
Robert Hue	8,64 %
Arlette Laguiller	5,30 %
Philippe de Villiers	4,74 %
Dominique Voynet	3,32 %
Jacques Cheminade	0,28 %

1988 François Mitterrand est réélu pour un second mandat, il se présente devant une droite divisée entre Jacques Chirac et Raymond Barre. Première percée électorale de Jean-Marie Le Pen.

1988	1er tour	2nd tour
Nombre de candidats	**9**	
Taux d'abstention	**18,65 %**	**15,94 %**
Votes blancs et nuls	**2,00 %**	**3,62 %**
François Mitterrand	**34,11 %**	**54,02 %**
Jacques Chirac	**19,96 %**	**45,98 %**
Raymond Barre	16,54 %	

	1er tour
Jean-Marie Le Pen	14,38 %
André Lajoinie	6,76 %
Antoine Waechter	3,78 %
Pierre Juquin	2,10 %
Arlette Laguiller	1,99 %
Pierre Boussel	0,38 %

1981

Pour la première fois sous la Ve République, le calendrier est respecté, et pour la première fois de son histoire, la gauche accède à l'Élysée.

1981	1er tour	2nd tour
Nombre de candidats	**10**	
Taux d'abstention	**18,91 %**	**14,15 %**
Votes blancs et nuls	**1,62 %**	**2,88 %**
Valéry Giscard d'Estaing	**28,32 %**	**48,24 %**
François Mitterrand	**25,85 %**	**51,76 %**
Jacques Chirac	18 %	
Georges Marchais	15,35 %	

	1er tour
Brice Lalonde	3,88 %
Arlette Laguiller	2,3 %
Michel Crépeau	2,21 %
Michel Debré	1,66 %
Marie-France Garaud	1,33 %
Huguette Bouchardeau	1,1 %

1974

Le calendrier électoral est bouleversé par la mort de Georges Pompidou. Pour la première fois une femme est candidate.

1974	1er tour	2nd tour
Nombre de candidats	**12**	
Taux d'abstention	**15,77 %**	**12,67 %**
Votes blancs et nuls	**0,92 %**	**1,34 %**
François Mitterrand	**43,25 %**	**49,19 %**
Valéry Giscard d'Estaing	**32,6 %**	**50,81 %**
Jacques Chaban-Delmas	15,11 %	
Jean Royer	3,17 %	
Arlette Laguiller	2,33 %	

	1er tour
René Dumont	1,32 %
Jean-Marie Le Pen	0,75 %
Émile Muller	0,69 %
Alain Krivine	0,37 %
Bertrand Renouvin	0,17 %
Jean-Claude Sebag	0,16 %
Guy Héraud	0,08 %

1969

Cette élection est provoquée par le départ de Charles de Gaulle consécutif au rejet de son référendum sur la modification du Sénat. La gauche part divisée et se retrouve éliminée dès le premier tour. Le second tour oppose le centriste Alain Poher, président du Sénat assurant l'intérim, et Georges Pompidou, Premier ministre.

1969	1er tour	2nd tour
Nombre de candidats	**7**	
Taux d'abstention	**22,41 %**	**31,15 %**
Votes blancs et nuls	**1,29 %**	**6,42 %**
Georges Pompidou	**44,47 %**	**58,21 %**
Alain Poher	**23,31 %**	**41,79 %**

	1er tour
Jacques Duclos	21,27 %
Gaston Defferre	5,01 %
Michel Rocard	3,61 %
Louis Ducatel	1,27 %
Alain Krivine	1,06 %

1965 À la suite du référendum de 1962, cette élection présidentielle est la première de la Ve République à se dérouler au suffrage universel direct. Elle oppose le président sortant Charles de Gaulle à François Mitterrand, candidat unique de la gauche, qui l'a mis en ballotage.

1965	1er tour	2nd tour
Nombre de candidats	6	
Taux d'abstention	15,25 %	15,68 %
Votes blancs et nuls	1,01 %	2,74 %
Charles de Gaulle	44,65 %	55,2 %
François Mitterrand	31,72 %	44,8 %

	1er tour
Jean Lecanuet	15,57 %
Jean-Louis Tixier-Vignancour	5,2 %
Pierre Marcilhacy	1,71 %
Marcel Barbu	1,15 %

1958 Le général de Gaulle est élu au premier tour face à un candidat communiste, Georges Marrane, et un centriste, Albert Châtelet.

1958	1er tour
Nombre de candidats	3
Suffrage universel indirect	
Charles de Gaulle	78,51 %
Georges Marrane	13,03 %
Albert Châtelet	8,46 %

Le Parlement et le Gouvernement

Évolution de l'abstention aux législatives

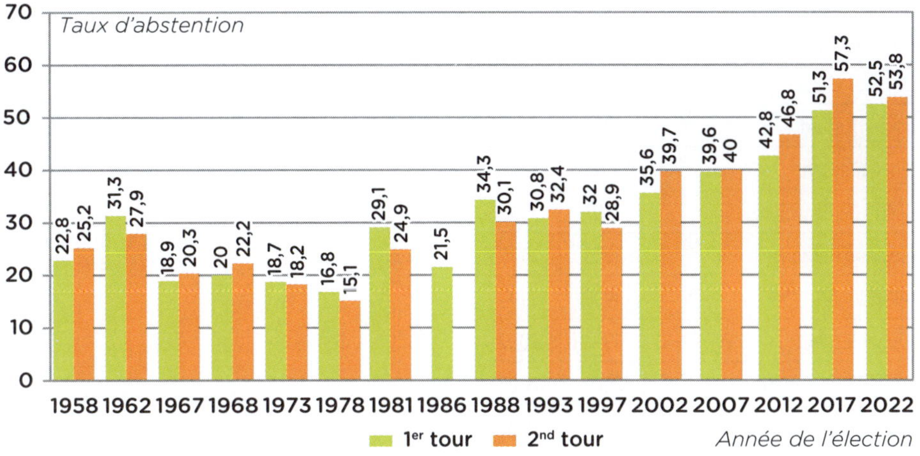

Nombre de recours au 49.3 par gouvernement

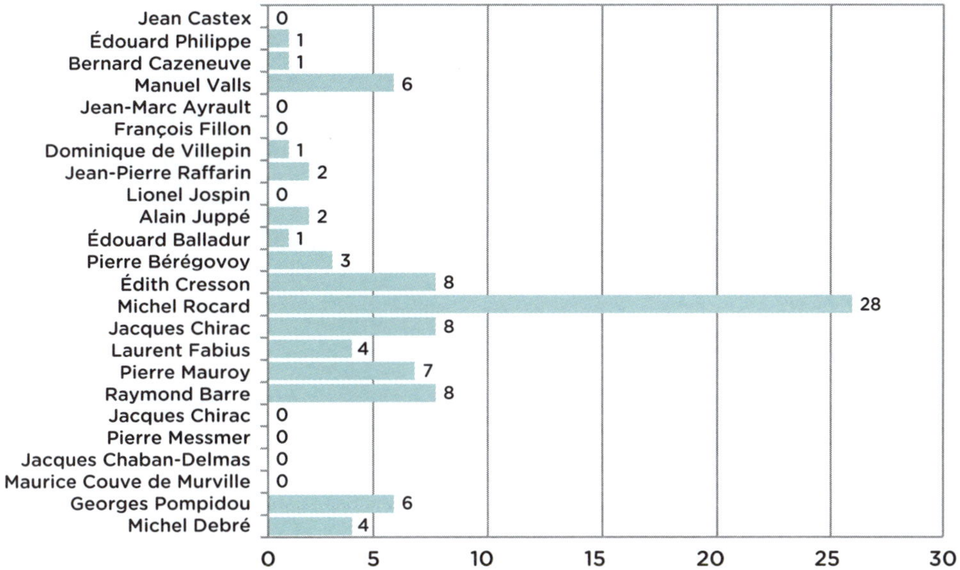

Les Premiers ministres de la Ve République

Michel Debré	1959	1962
Georges Pompidou	1962	1968
Maurice Couve de Murville	1968	1969
Jacques Chaban-Delmas	1969	1972
Pierre Messmer	1972	1974
Jacques Chirac	1974	1976
Raymond Barre	1976	1981
Pierre Mauroy	1981	1984
Laurent Fabius	1984	1986
Jacques Chirac	1986	1988
Michel Rocard	1988	1991
Édith Cresson	1991	1992
Pierre Bérégovoy	1992	1993
Édouard Balladur	1993	1995
Alain Juppé	1995	1997
Lionel Jospin	1997	2002
Jean-Pierre Raffarin	2002	2005
Dominique de Villepin	2005	2007
François Fillon	2007	2012
Jean-Marc Ayrault	2012	2014
Manuel Valls	2014	2016
Bernard Cazeneuve	2016	2017
Édouard Philippe	2017	2020
Jean Castex	2020	2022
Élisabeth Borne	2022	

Les présidents de l'Assemblée nationale

Jacques Chaban-Delmas	1958-1969
Achille Peretti	1969-1973
Edgar Faure	1973-1978
Jacques Chaban-Delmas	1978-1981
Louis Mermaz	1981-1986
Jacques Chaban-Delmas	1986-1988
Laurent Fabius	1988-1992
Henri Emmanuelli	1992-1993
Philippe Séguin	1993-1997
Laurent Fabius	1997-2000
Raymond Forni	2000-2002
Jean-Louis Debré	2002-2007
Patrick Ollier	2007
Bernard Accoyer	2007-2012
Claude Bartolone	2012-2017
François de Rugy	2017-2018
Richard Ferrand	2018-2022
Yaël Braun-Pivet	2022-

La composition du Sénat

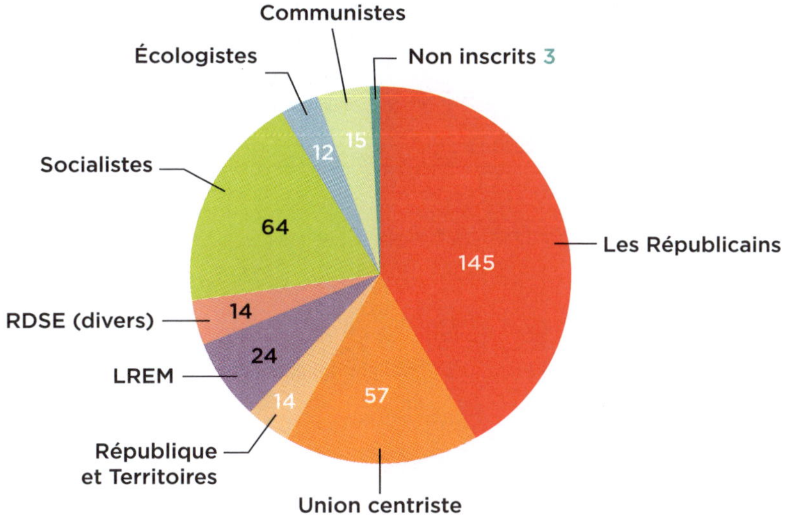

Les présidents du Sénat

Gaston Monnerville (1959-1968)	Membre de la Gauche démocratique A été ministre et député de la Guyane
Alain Poher (1968-1992)	Membre du groupe Union centriste Président de la République par intérim à deux reprises A été Secrétaire d'État
René Monory (1992-1998)	Membre du groupe Union pour un mouvement populaire Sénateur de la Vienne de 1968 à 2004 Ministre de l'Industrie, du Commerce et de l'Artisanat de 1977 à 1978 Ministre de l'Économie de 1978 à 1981
Christian Poncelet (1998-2008)	Membre du groupe Union pour un mouvement populaire Sénateur des Vosges Secrétaire d'État de 1974 à 1977
Gérard Larcher (2008-2011)	Membre du groupe Union pour un mouvement populaire Sénateur des Yvelines Maire de Rambouillet Ministre de 2004 à 2007
Jean-Pierre Bel (2011-2014)	Membre du Parti socialiste Sénateur de l'Ariège
Gérard Larcher (2014 -2017 ; 2017-2020 ; 2020-en cours)	

Les collectivités territoriales

Les couleurs politiques des régions françaises en 2022

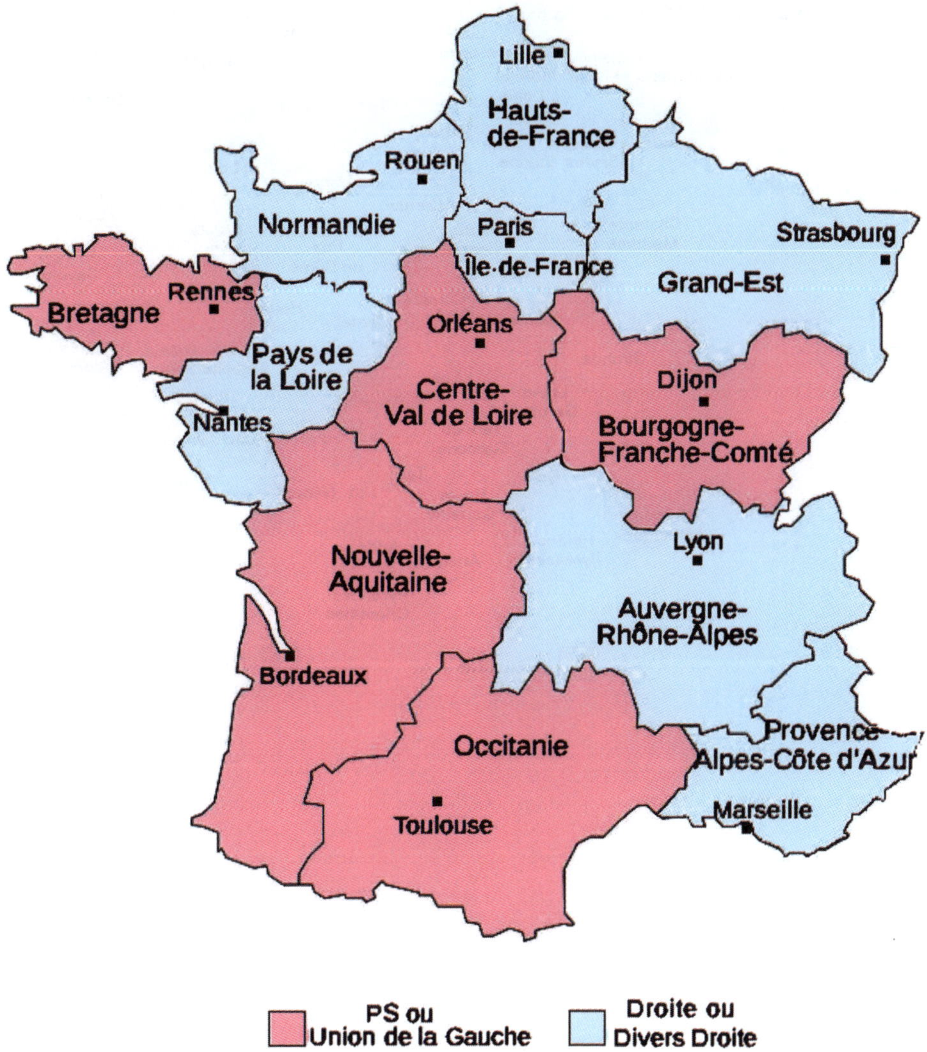

Les couleurs politiques des départements français en 2022

Les élections territoriales 2022 (hors métropole)

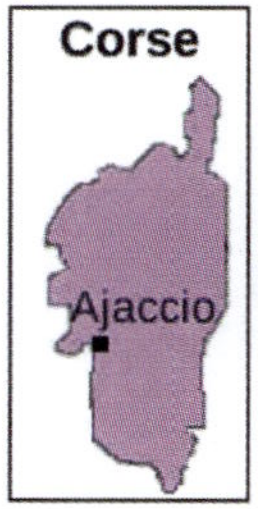

Depuis le 1er janvier 2018, la collectivité de Corse est devenue une collectivité à statut particulier en lieu et place de la collectivité territoriale de Corse et des départements de Corse-du-Sud et de Haute-Corse. La Corse est une collectivité territoriale à statut particulier, au sens de l'article 72 alinéa 1er de la Constitution.
Gilles Simeoni est président de la collectivité territoriale.

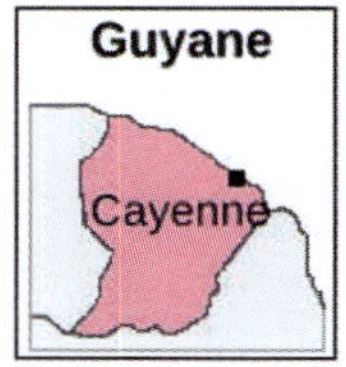

La Guyane est une collectivité territoriale unique, la Collectivité territoriale de Guyane (CTG) qui exerce à la fois les compétences d'un département et d'une région.

Depuis 2011, Mayotte est une collectivité territoriale unique appelée Département, régie par l'article 73 de la Constitution, exerçant les compétences dévolues aux départements et aux régions d'Outre-Mer.

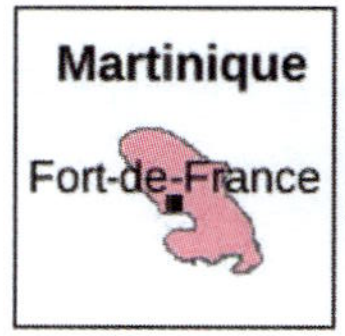

La Collectivité territoriale de Martinique (CTM) est née en 2015 de la fusion du conseil régional avec le conseil général. C'est une collectivité territoriale au sens de l'article 73 de la Constitution dirigée par « Alians Matinik », la formation du député (apparenté PS) Serge Letchimy.

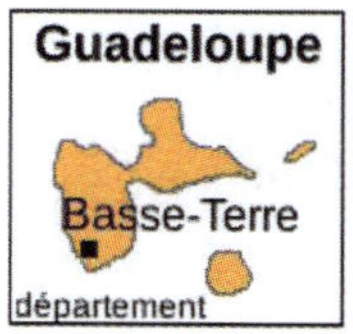

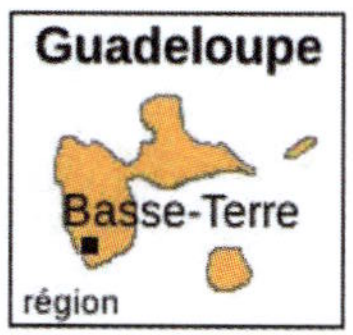

La Guadeloupe est à la fois, département d'outre-mer et région d'outre-mer.
Ary Chalus (LREM) dirige la région.
Le département est dirigé par Guy Losbar de Guadeloupe Unie Solidaire et Républicaine (GUSR), proche de LREM.

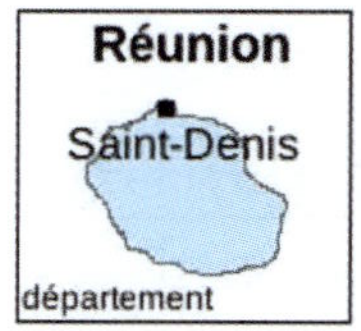

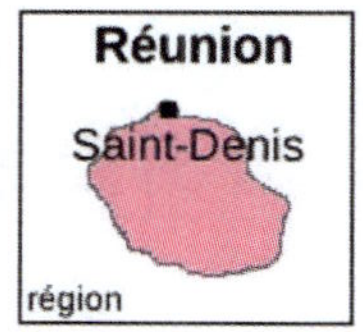

La Réunion est à la fois, département d'outre-mer et région d'outre-mer.
Huguette Bello (divers gauche) dirige la région, Cyrille Melchior (divers droite) le département.

LREM — PS ou Union de la Gauche — Droite ou Divers Droite — Régionaliste

Les départements français

	Département	Préfecture		Département	Préfecture
1	Ain	Bourg-en-Bresse	49	Maine-et-Loire	Angers
2	Aisne	Laon	50	Manche	Saint-Lô
3	Allier	Moulins	51	Marne	Châlons-en-Champagne
4	Alpes-de-Haute-Provence	Digne	52	Haute-Marne	Chaumont
5	Hautes-Alpes	Gap	53	Mayenne	Laval
6	Alpes-Maritimes	Nice	54	Meurthe-et-Moselle	Nancy
7	Ardèche	Privas	55	Meuse	Bar-le-Duc
8	Ardennes	Charleville-Mézières	56	Morbihan	Vannes
9	Ariège	Foix	57	Moselle	Metz
10	Aube	Troyes	58	Nièvre	Nevers
11	Aude	Carcassonne	59	Nord	Lille
12	Aveyron	Rodez	60	Oise	Beauvais
13	Bouches-du-Rhône	Marseille	61	Orne	Alençon
14	Calvados	Caen	62	Pas-de-Calais	Arras
15	Cantal	Aurillac	63	Puy-de-Dôme	Clermont-Ferrand
16	Charente	Angoulême	64	Pyrénées-Atlantiques	Pau
17	Charente-Maritime	La Rochelle	65	Hautes-Pyrénées	Tarbes
18	Cher	Bourges	66	Pyrénées-Orientales	Perpignan
19	Corrèze	Tulle	67	Bas-Rhin	Strasbourg
21	Côte-d'Or	Dijon	68	Haut-Rhin	Colmar
22	Côtes-d'Armor	Saint-Brieuc	69	Rhône	Lyon
23	Creuse	Guéret	70	Haute-Saône	Vesoul
24	Dordogne	Périgueux	71	Saône-et-Loire	Macon
25	Doubs	Besançon	72	Sarthe	Le Mans
26	Drôme	Valence	73	Savoie	Chambéry
27	Eure	Évreux	74	Haute-Savoie	Annecy
28	Eure-et-Loir	Chartres	75	Paris (ex-Seine)	Paris
29	Finistère	Quimper	76	Seine-Maritime	Rouen
30	Gard	Nîmes	77	Seine-et-Marne	Melun
31	Haute-Garonne	Toulouse	78	Yvelines	Versailles
32	Gers	Auch	79	Deux-Sèvres	Niort
33	Gironde	Bordeaux	80	Somme	Amiens
34	Hérault	Montpellier	81	Tarn	Albi
35	Ille-et-Vilaine	Rennes	82	Tarn-et-Garonne	Montauban

	Département	Préfecture		Département	Préfecture
36	Indre	Châteauroux	83	Var	Toulon
37	Indre-et-Loire	Tours	84	Vaucluse	Avignon
38	Isère	Grenoble	85	Vendée	La Roche-sur-Yon
39	Jura	Lons-le-Saunier	86	Vienne	Poitiers
40	Landes	Mont-de-Marsan	87	Haute-Vienne	Limoges
41	Loir-et-Cher	Blois	88	Vosges	Épinal
42	Loire	Saint-Étienne	89	Yonne	Auxerre
43	Haute-Loire	Le Puy-en-Velay	90	Territoire de Belfort	Belfort
44	Loire-Atlantique	Nantes	91	Essonne	Évry
45	Loiret	Orléans	92	Hauts-de-Seine	Nanterre
46	Lot	Cahors	93	Seine-Saint-Denis	Bobigny
47	Lot-et-Garonne	Agen	94	Val-de-Marne	Créteil
48	Lozère	Mende	95	Val d'Oise	Cergy-Pontoise

Les plus grandes villes françaises

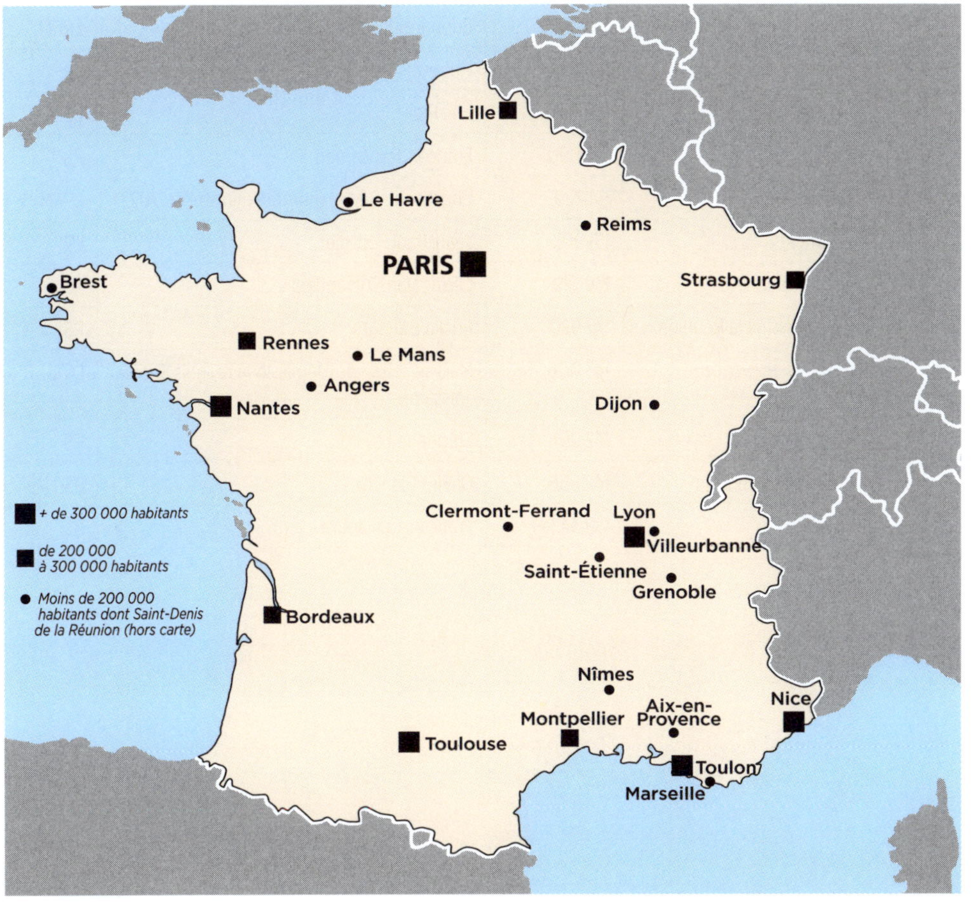

Les maires des 25 plus grandes villes française

Rang	Ville	Population	Maire élu(e) en 2020	Parti
1	Paris	2 190 327	Anne Hidalgo	PS
2	Marseille	862 211	Michèle Rubirola (démissionaire DVG) puis Benoît Payan	PS
3	Lyon	515 695	Grégory Doucet	EELV
4	Toulouse	475 438	Jean-Luc Moudenc	DVD
5	Nice	342 637	Christian Estrosi	LR
6	Nantes	306 694	Johanna Rolland	PS
7	Montpellier	281 613	Michaël Delafosse	PS
8	Strasbourg	279 284	Jeanne Barseghian	EELV
9	Bordeaux	252 040	Pierre Hurmic	EELV
10	Lille	232 440	Martine Aubry	PS
11	Rennes	216 268	Nathalie Appéré	PS
12	Reims	183 113	Arnaud Robinet	DVD
13	Saint-Étienne	171 924	Gaël Perdriau	DVD
14	Le Havre	170 352	Édouard Philippe	LREM
15	Toulon	169 634	Hubert Falco	LR
16	Grenoble	158 180	Éric Piolle	EELV
17	Dijon	155 090	François Rebsamen	PS
18	Angers	151 229	Christophe Béchu (nommé ministre en 2022)	LREM
19	Nîmes	151 001	Jean-Paul Fournier	LR
20	Villeurbanne	149 019	Cédric Van Styvendael	PS
21	St-Denis de la Réunion	147 920	Ericka Bareigts	PS
22	Aix-en-Provence	143 006	Maryse Joissains (démissionaire) puis Sophie Joissains	DVD
23	Le Mans	142 991	Stéphane Le Foll	PS
24	Clermont-Ferrand	142 686	Olivier Bianchi	PS
25	Brest	139 342	François Cuillandre	PS

La taille des communes de France

Nombre d'habitants	Nombre de Communes	%	% cumulé
Inférieur à 500	18 582	52,3	
500 à 999	6 872	19,4	71,7
1 000 à 3 499	6 854	19,3	91,0
3 500 à 4 999	985	2,8	93,8
5 000 à 9 999	1 186	3,3	97,1
10 000 à 19 999	543	1,5	98,7
20 000 à 49 999	344	1,0	99,6
50 000 à 99 999	89	0,3	99,9
10 0000 et plus	42	0,1	100,0
Total	35 497	100	

Économie

► Évolution des principaux indicateurs économiques en 2022

	Déficit public en % du PIB	Dette publique en % du PIB	Chômage % pop. Active	Taux de croissance en %
2009	7,9	78,3	9,1	-2,9
2010	7,1	81,7	9,3	2
2011	5,3	85,8	9,2	2,1
2012	4,9	90,6	9,8	0,2
2013	4,3	93,5	10,3	0,6
2014	4	95	10,3	0,5
2015	3,5	95,7	10,4	1,3
2016	3,5	96,5	10,1	1,1
2017	3	98,5	8,9	2,3
2018	2,3	98,7	8,8	1,9
2019	3,1	97,6	8,1	1,8
2020	9,2	115,7	8	-7,8
2021	6,5	112,5	7,4	6,8
2022 (prévisions)	4,9	112	7,4	2,5

Évolution du déficit public en pourcentage du PIB

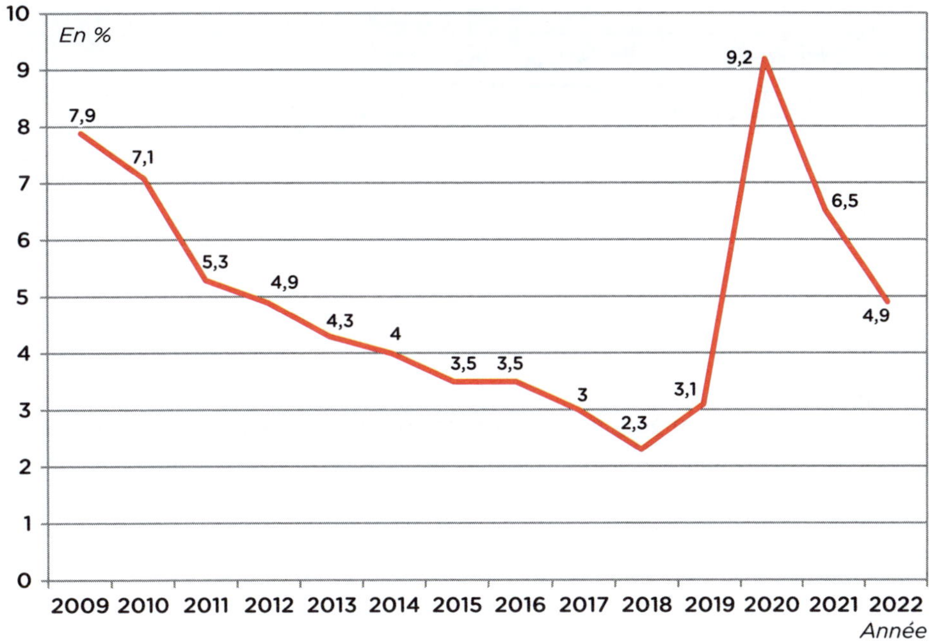

Évolution du taux de croissance

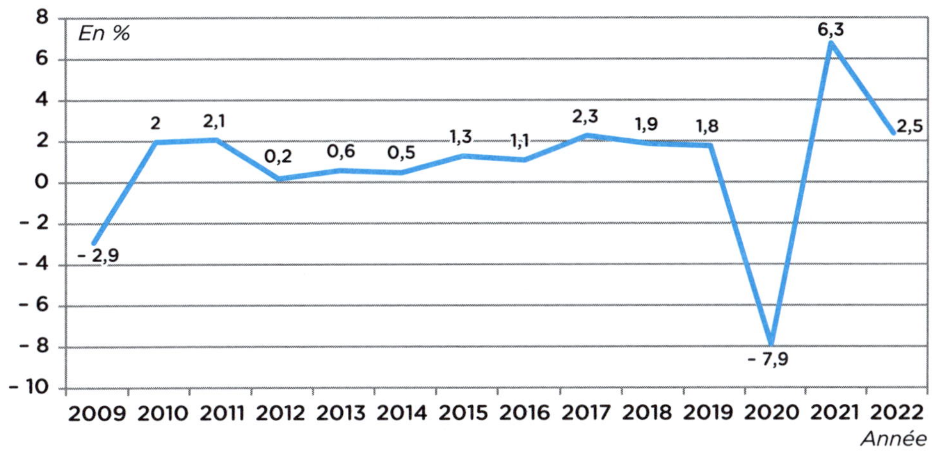

Évolution du chômage en pourcentage de la population active

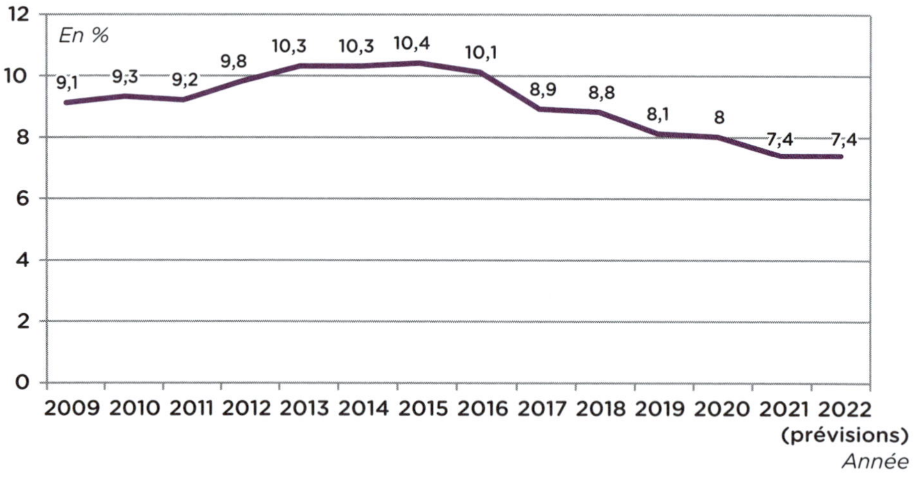

Évolution de la dette publique en pourcentage du PIB

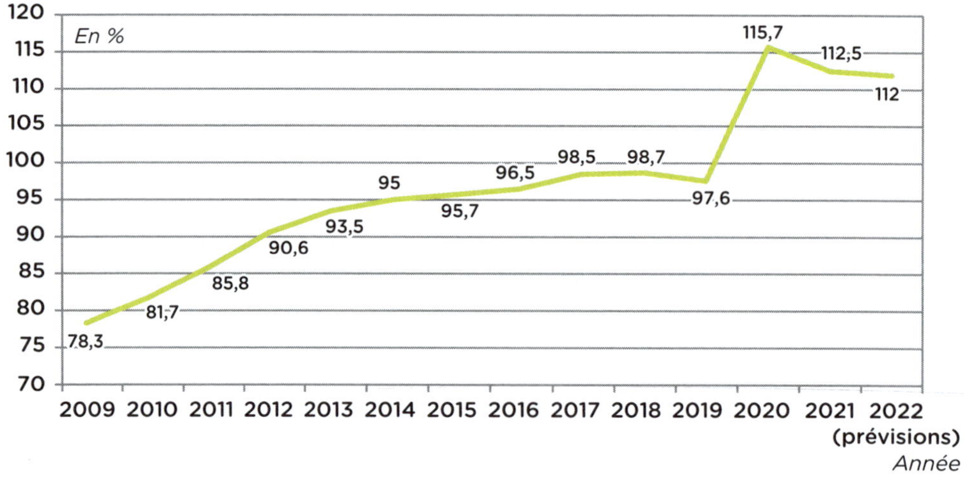

Justice

La chaîne pénale

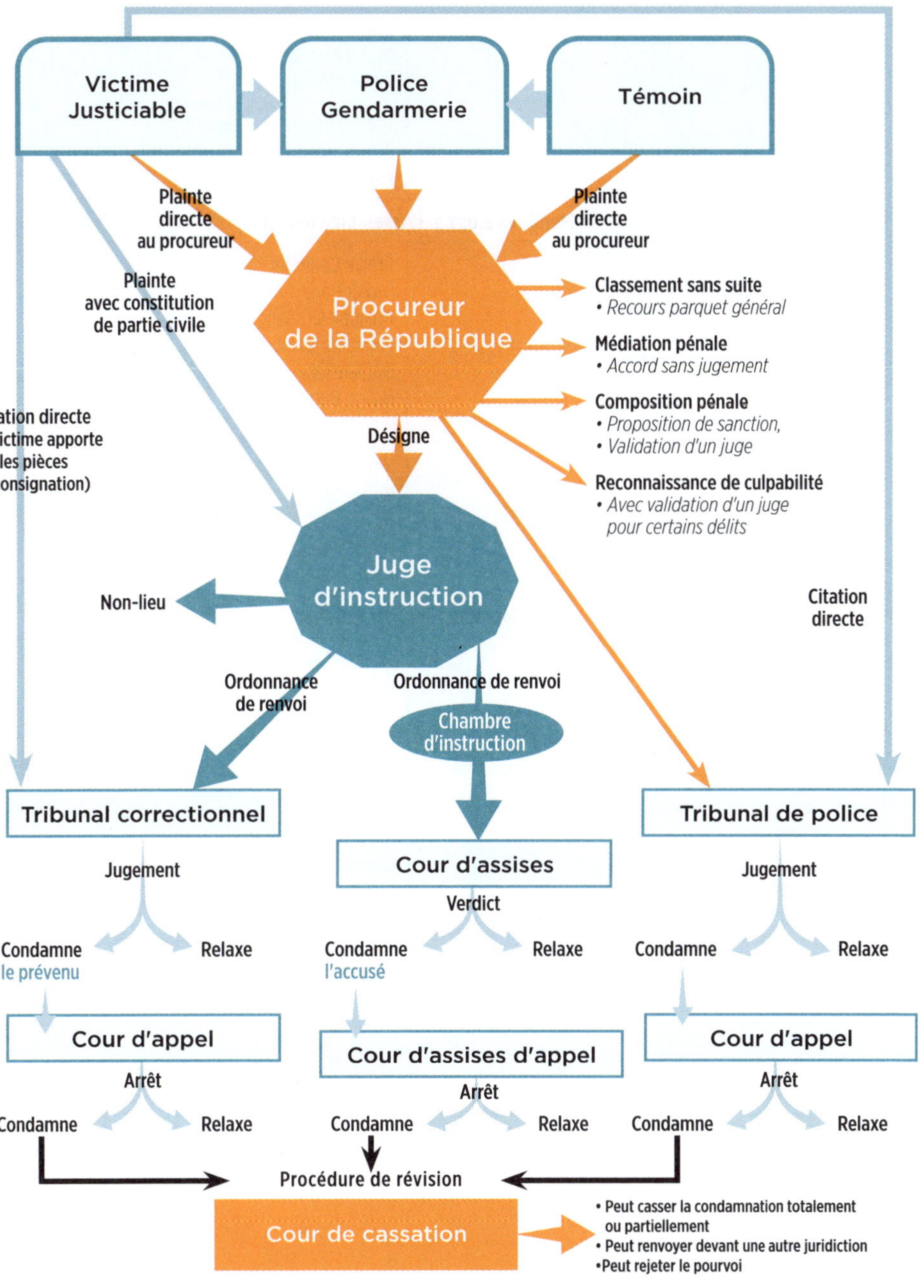

La composition de la Cour de justice de la République

Président élu par la Cour de cassation	Dominique Pauthe
Procureur général	François Molins
Avocat général	Philippe Lagauche
Formation de jugement	
Membres élus par la Cour de cassation	
Titulaires	Dominique Pauthe, juge, président Ingrid Andrich, juge Sylvie Ménotti, juge
Suppléants	Patrick Wyon, président Anne Leprieur, juge Marie-Luce Cavrois, juge
Membres élus par l'Assemblée nationale	
Juges titulaires	Émilie Chandler Didier Paris Philippe Gosselin Laurence Vichnievsky Danièle Obono Bruno Bilde
Juges suppléants	Nicole Dubre-Chirat Xavier Albertini Vincent Bru Xavier Breton Julien Bayou Anaïs Sabatini
Membres élus par le Sénat	
Juges titulaires	Chantal Deseyne Catherine Di Folco Jean-Luc Fichet Evelyne Perrot Antoine Lefèvre Teva Rohfritsch
Juges suppléants	Stéphane Le Rudulier Brigitte Lherbier Marie-Arlette Carlotti Nadine Bellurot Arnaud De Belenet Bernard Buis

Culture

Prix littéraires 2022

Goncourt	Brigitte Giraud	*Vivre vite*
Renaudot	Simon Liberati	*Performance*
Femina	Claudie Hunzinger	*Un chien à ma table*
Médicis	Emmanuelle Bayamack-Tam	*La Treizième heure*
Grand Prix du roman de l'Académie française	Giuliano da Empoli	*Le Mage du Kremlin*
Interallié	Philibert Humm	*Roman fleuve*
Flore	Joffrine Donnadieu	*Chienne et louve*
Premier roman	Maria Larrea	*Les Gens de Bilbao naissent où ils veulent*

Palmarès du festival de Cannes 2022

Palme d'or	*Sans filtre* (Ruben Östlund)
Grand Prix	Ex aequo *Close* (Lukas Dhont) et *Stars at Noon* (Claire Denis)
Prix du Jury	Ex aequo *Les Huit montagnes* (Charlotte Vandermeersch et Felix Van Groeningen) et *Hi-Han* (Jerzy Skolimowski)
Prix de la mise en scène	*Decision to Leave* (Park Chan-Wook)
Prix d'interprétation féminine	Zar Amir Ebrahimi (*Les Nuits de Mashhad*)
Prix d'interprétation masculine	Song Kang-Ho (*Les Bonnes Étoiles*)
Prix du scénario	*La Conspiration du Caire* (Tarik Saleh)
Caméra d'or	*War Pony* (Gina Gammell et Riley Keough)
Mention spéciale de la Caméra d'or	*Plan 75* (Chie Hayakawa)
Palme d'or du court métrage	*The Water Murmurs* (Jianying Chen)
Prix du 75e festival de Cannes	*Tori et Lokita* (Luc et Jean-Pierre Dardenne)

Palmarès des Césars 2022

Meilleur film	*Illusions perdues* (Xavier Giannoli)
Meilleure actrice	Valérie Lemercier (*Aline*)
Meilleur acteur	Benoît Magimel (*De son vivant*)
Meilleure actrice dans un second rôle	Aïssatou Diallo Sagna (*La Fracture*)
Meilleur acteur dans un second rôle	Vincent Lacoste (*Illusions perdues*)
Meilleur espoir féminin	Anamaria Vartolomei (*L'Événement*)
Meilleur espoir masculin	Benjamin Voisin (*Illusions perdues*)
Meilleur premier film	*Les Magnétiques* (Vincent Maël Cardona)
Meilleur scénario original	Arthur Harari et Vincent Poymiro (*Onoda, 10 000 nuits dans la jungle*)
Meilleure adaptation	Xavier Giannoli et Jacques Fieschi (*Illusions perdues*)
Meilleure musique originale	Ron Mael et Russell Mael (*Annette*)
Meilleur film étranger	*The Father* (Florian Zeller)
Meilleur film d'animation	*Le Sommet des dieux* (Patrick Imbert)
Meilleur film documentaire	*La Panthère des neiges* (Marie Amiguet et Vincent Munier)

Médias

À qui appartiennent les médias français ?

Les industriels				Autre	
Vincent Bolloré **Groupe Vivendi**	**Bernard Arnault** **LVMH**	**Arnaud Lagardère** **Groupe Lagardère***	**Patrick Drahi** **Altice**	**Famille Bouygues** **Groupe TF1**	**Matthieu Pigasse & Xavier Niel** **Daniel Kretinsky** **Groupe Le Monde**
• Canal + • C8 • CNEWS • CSTAR • CNEWS Matin	• Aujourd'hui en France • Le Parisien • Les Échos • Radio Classique • Investir	• Europe 1 • Paris Match • JDD • RFM • Virgin • Gulli	• BFM • RMC • RMC Découverte • BFM Business • L'Express • Libération	• TF1 • LCI • NT1 • HD1 • TMC	• Le Monde • The Huffington Post • Courrier international • L'Obs • Télérama • La Vie

* La gouvernance du groupe Lagardère a évolué en 2021, avec l'augmentation de participation de Vivendi devenu actionnaire important. Actualisation sur www.editions-foucher.fr.

État français		
Radio France	**France Télévision**	**France Média Monde**
↓	↓	↓
• France Inter • France Info • France Culture • France Musique • France Bleu • Mouv • Fip	• France 2 • France 3 • France 4 • France 5	• RFI • France 24 • MCD
	↘	↙
	TV5 Monde	
↘	↙	Public Sénat, LCP
franceinfo		Arte (à 50 %)

Les banques	
Crédit Mutuel	**Crédit Agricole**
↓	↓
Groupe EBRA	Groupe Rossel
↓	↓
• L'Est Républicain • Le Républicain Lorrain • DNA • L'Alsace • Le Bien Public • Vosges matin • Le Dauphiné	• La Voix du Nord • Nord Éclair • Courrier picard • L'Aisne nouvelle • L'Union • L'Ardennais • Nord Littoral

Les grandes familles...					
Famille Mohn	**Famille Dassault**	**Famille Baylet**	**Famille Hutin**	**Famille Baudecroux**	**Famille Lemoine**
Groupe Bertelsmann	**Groupe Dassault**	**Groupe La Dépêche**	**Groupe Ouest-France**	**NRJ Group**	**Groupe Sud Ouest**
• VSD • Capital • Management • RTL • M6 • W9 • 6 TER • Fun Radio	• Le Figaro				

... Les grandes familles		
Famille Hersant	**Famille Coudurier**	**Famille Saint-Cricq**
Groupe Hersant	**Groupe Le Télégramme**	**Groupe NRCO**
• France Antilles • France Guyane		

Sport

Les champions de France en 2022

Sport	Club	Palmarès
FOOTBALL (H)	Paris Saint-Germain	10e titre
FOOTBALL (F)	Olympique lyonnais	15e titre (en 16 saisons)
RUGBY (H)	Montpellier	1er titre
RUGBY (F)	Stade toulousain	1er titre
BASKET (H)	Villeurbanne (ASVEL)	21e titre
BASKET (F)	Bourges	15e titre
HANDBALL (H)	Paris Saint-Germain	9e titre
HANDBALL (F)	Metz	24e titre
VOLLEYBALL (H)	Montpellier	8e titre
VOLLEYBALL (F)	Le Cannet	1er titre

Les champions de tennis en 2022

Tournoi	Hommes	Femmes
WIMBLEDON	Novak Djokovic	Elena Rybakina
ROLAND GARROS	Rafael Nadal	Iga Świątek
OPEN D'AUSTRALIE	Rafael Nadal	Ashleigh Barty
US OPEN	Carlos Alcaraz	Iga Świątek

Les champions de cyclisme en 2022

Vainqueur	
Tour de France	Jonas Vingegaard
Tour d'Italie	Jai Hindley
Tour d'Espagne	Remco Evenepoel

La France en Coupe du monde de football

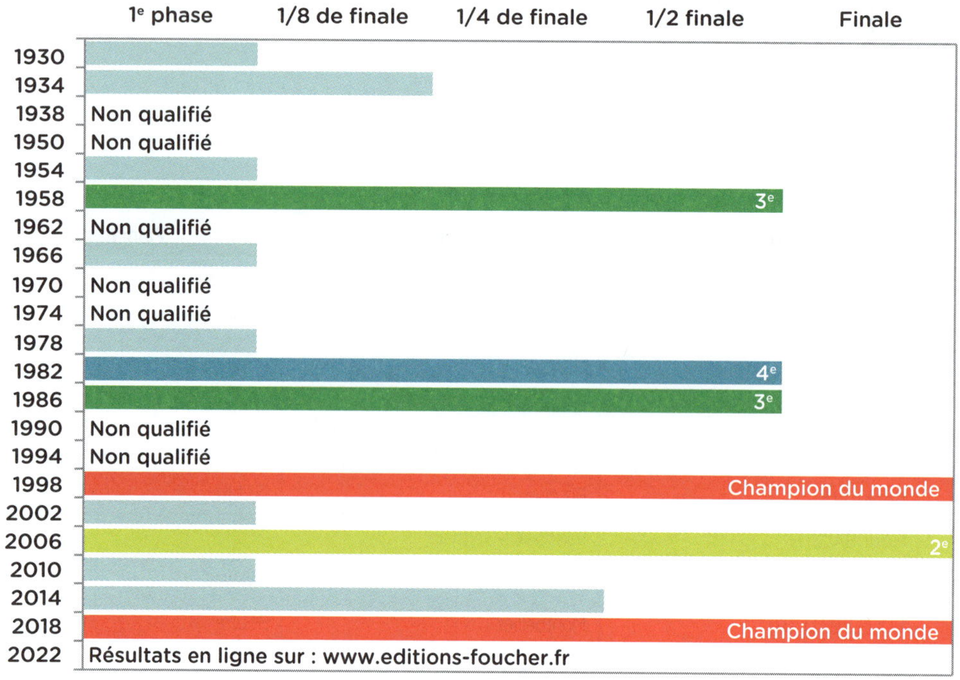

Palmarès de la Coupe du monde de football

Année et pays organisateur	Vainqueur	Finaliste
2022 - Qatar	Résultats en ligne sur www.editions-foucher.fr	
2018 - Russie	**France**	Croatie
2014 - Brésil	**Allemagne**	Argentine
2010 - Afrique du Sud	**Espagne**	Pays-Bas
2006 - Allemagne	**Italie**	France
2002 - Japon et Corée du Sud	**Brésil**	Allemagne
1998 - France	**France**	Brésil
1994 - États-Unis	**Brésil**	Italie
1990 - Italie	**Allemagne de l'Ouest**	Argentine
1986 - Mexique	**Argentine**	Allemagne de l'Ouest
1982 - Espagne	**Italie**	Allemagne de l'Ouest
1978 - Argentine	**Argentine**	Pays-Bas
1974 - Allemagne de l'Ouest	**Allemagne de l'Ouest**	Pays-Bas
1970 - Mexique	**Brésil**	Italie
1966 - Angleterre	**Angleterre**	Allemagne de l'Ouest
1962 - Chili	**Brésil**	Tchécoslovaquie

Année et pays organisateur	Vainqueur	Finaliste
1958 - Suède	**Brésil**	Suède
1954 - Suisse	**Allemagne de l'Ouest**	Hongrie
1950 - Brésil	**Uruguay**	Brésil
1938 - France	**Italie**	Hongrie
1934 - Italie	**Italie**	Tchécoslovaquie
1930 - Uruguay	**Uruguay**	Argentine

Les pays victorieux de la Coupe du monde de football avant 2022

5 victoires	Brésil	1958, 1962, 1970, 1994, 2002
4 victoires	Allemagne	1954, 1974, 1990, 2014
	Italie	1934, 1938, 1982, 2006
2 victoires	Argentine	1978, 1986
	France	1998, 2018
	Uruguay	1930, 1950
1 victoire	Angleterre	1966
	Espagne	2010

L'Europe et ses frontières

► **L'espace Schengen en 2022**

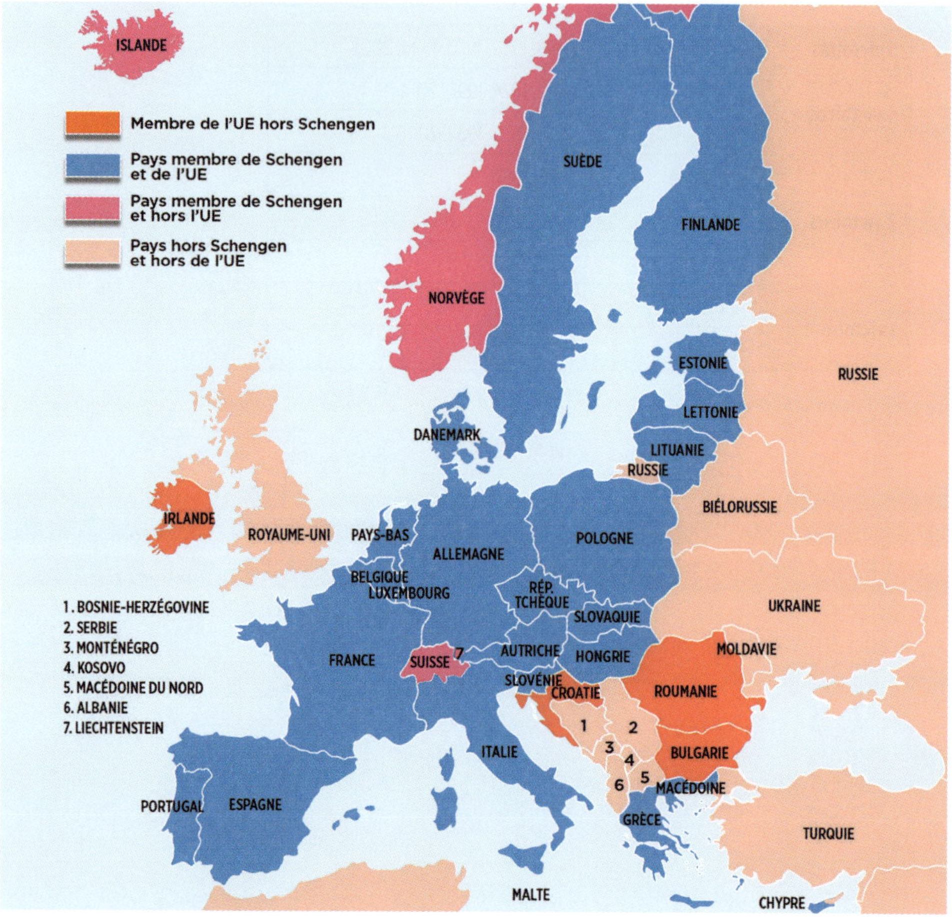

Les provinces et grandes villes du Royaume-Uni

La guerre entre la Russie et l'Ukraine

La Russie et ses voisins

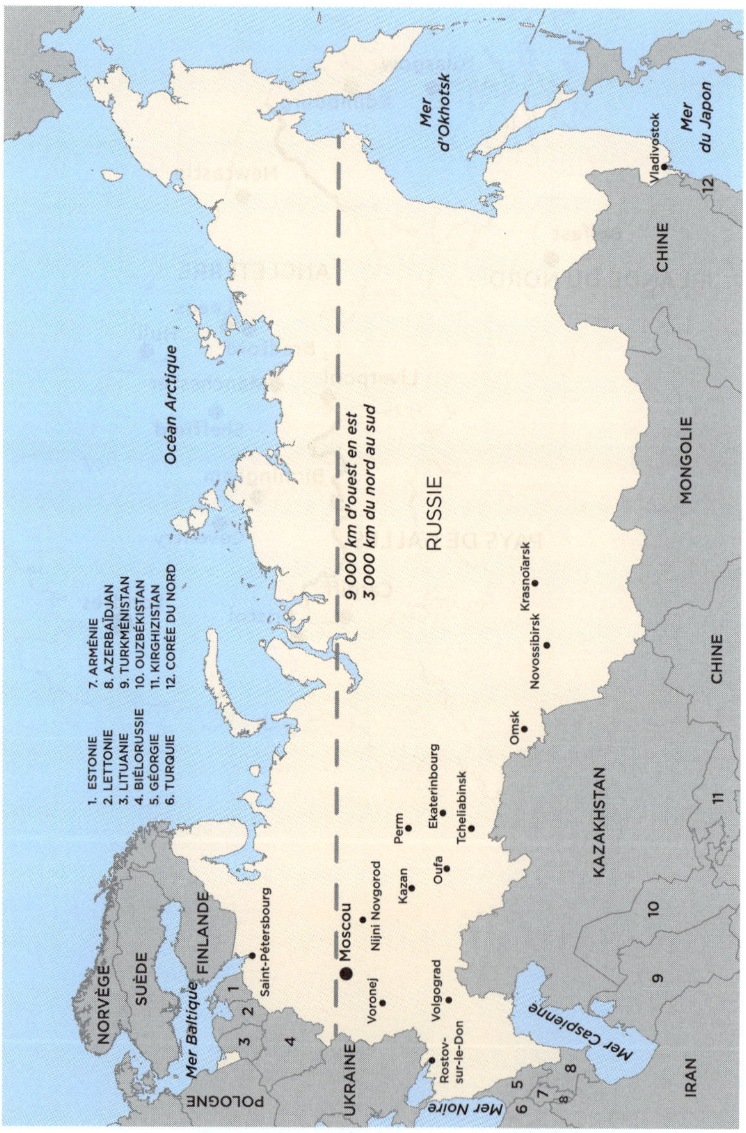

L'enclave russe de Kaliningrad

Allié de la Russie | Russie

L'OTAN en 2022

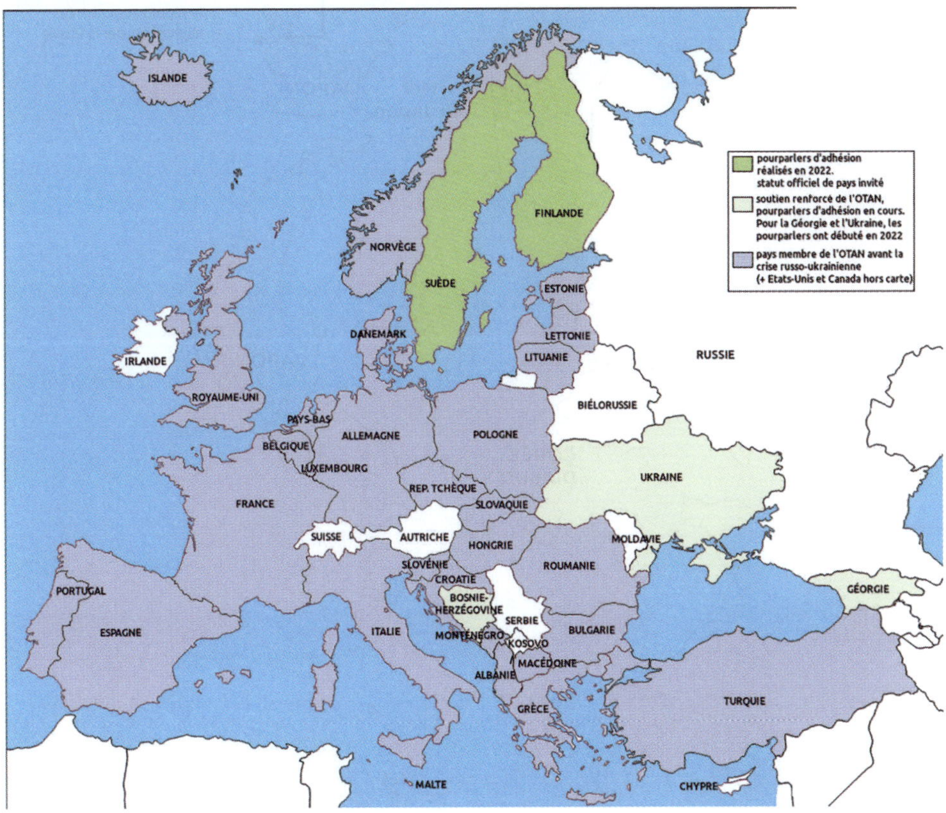

Asie

Les conflits territoriaux en Asie : les îles Kouriles et le différend Russie-Japon

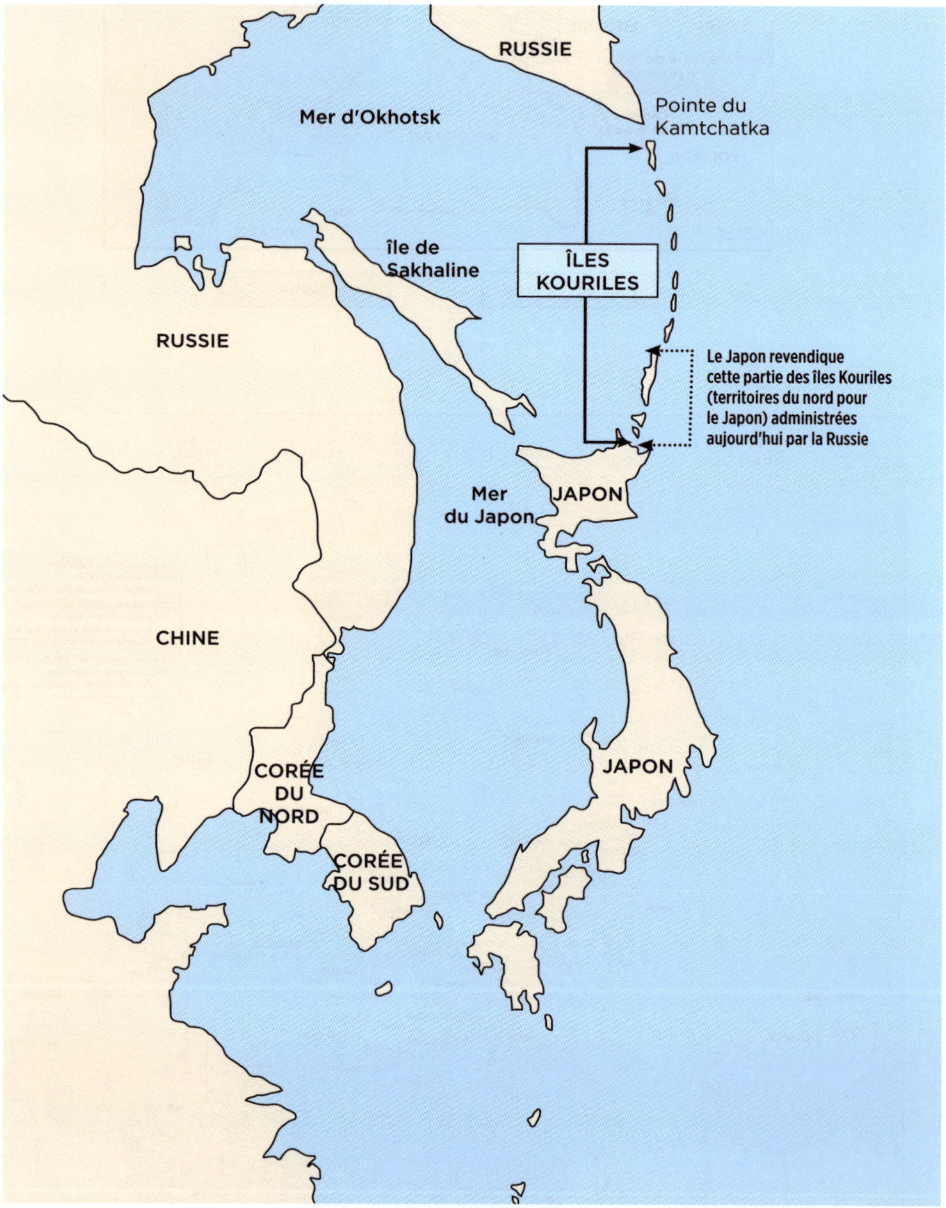

Les conflits territoriaux en Asie : les zones revendiquées par la Chine

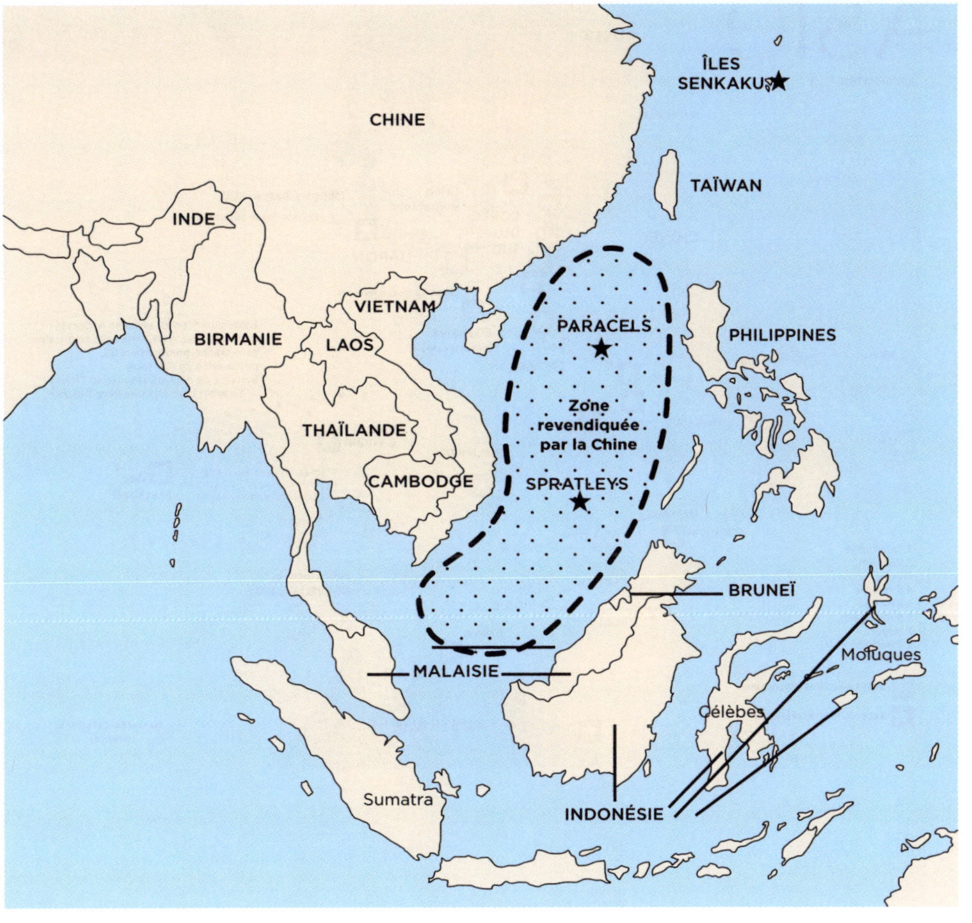

Les influences territoriales des États-Unis et de la Chine

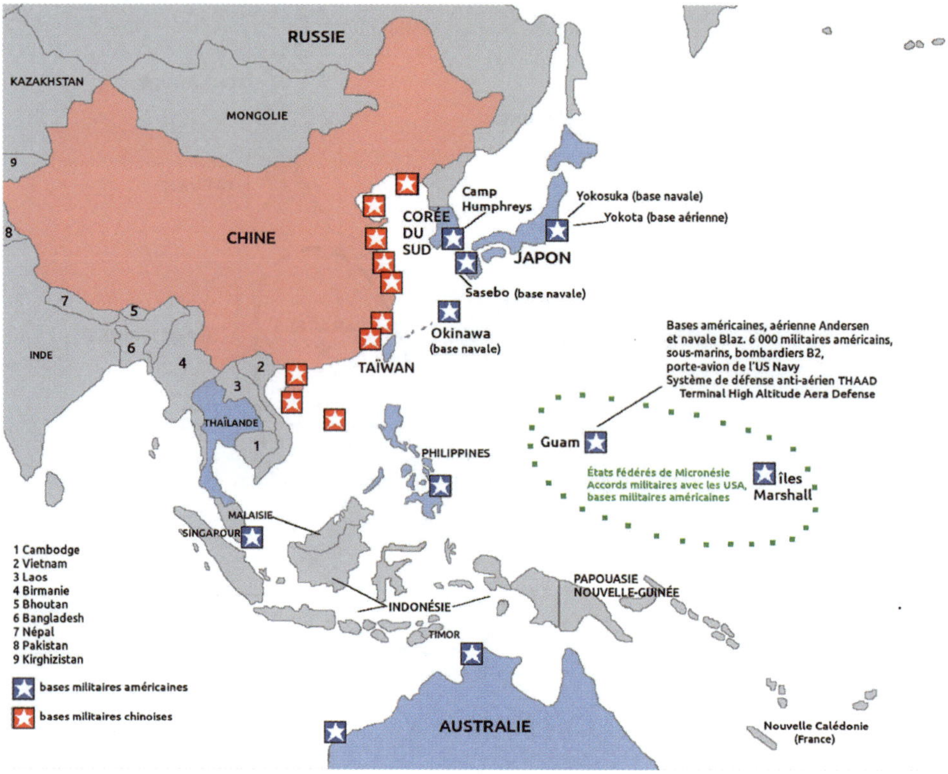

Iran

Les dates clés de la République islamique d'Iran

1979	Février : chute du régime du Shah et retour de l'**ayatollah Khomeiny**. Avril : proclamation de la **République islamique**. Novembre : rupture des relations diplomatiques avec les États-Unis après la **prise d'otages** par des étudiants de **52 diplomates** américains à l'ambassade des États-Unis à Téhéran.
1980-1988	**Guerre Irak-Iran** : les troupes irakiennes pénètrent en Iran. **Huit années** de guerre feront des centaines de **milliers de morts**.
1981	Élection à la présidence de l'**ayatollah Ali Khamenei**.
1989	**Mort de Khomeiny**. L'ayatollah Khamenei devient **guide suprême**. Élection à la présidence du **conservateur modéré Ali Akbar Hachémi Rafsandjani** (réélu en 1993).
1997	Élection à la présidence de **Mohammad Khatami**.
2002	Le président américain **George W. Bush** place l'Iran parmi les **pays de « l'axe du mal »**.
2005	Victoire du candidat populiste **Mahmoud Ahmadinejad** à la présidentielle. Reprise de l'**enrichissement d'uranium** et **grave crise avec l'Occident**.
2006	Le Conseil de sécurité de **l'ONU sanctionne l'Iran** pour son refus de suspendre ses activités nucléaires sensibles (sanctions renforcées en 2007, 2008 et 2010).
2009	**Réélection** très contestée dans la rue du **président Ahmadinejad**.
2010	L'Iran lance la **production d'uranium enrichi à 20 %**.
2012	L'Iran annonce des avancées nucléaires majeures, dont la **production de combustible enrichi à 20 %**.
2013	**Élection d'Hassan Rohani**, reprise des relations diplomatiques entre l'Iran et la communauté internationale, **rencontre historique Obama-Rohani**.
2015	**14 juillet : conclusion de l'accord de Genève**.
2016	16 janvier, entrée en vigueur de l'accord, **levée des premières sanctions**. **Rupture des relations avec l'Arabie saoudite**.
2017	20 mai : réélection pour quatre ans du **président Rohani** dès le premier tour.
2018	8 mai : **Donald Trump** annonce le retrait des États-Unis de l'accord sur le nucléaire et le rétablissement des sanctions contre Téhéran.
2019	40e anniversaire de la révolution islamique.
2020	Tensions renforcées avec les États-Unis.
2021	Élection à la présidence de l'ultraconservateur Ebrahim Raïssi
2022	**Négociations pour un nouveau pacte nucléaire.** 16 septembre : mort en détention de Mahsa Amini pour avoir mal porté son voile, entraînant de nombreuses **manifestations de femmes**.

L'Iran et ses voisins

BOÎTE À OUTILS

Le détroit d'Ormuz et le golfe Persique

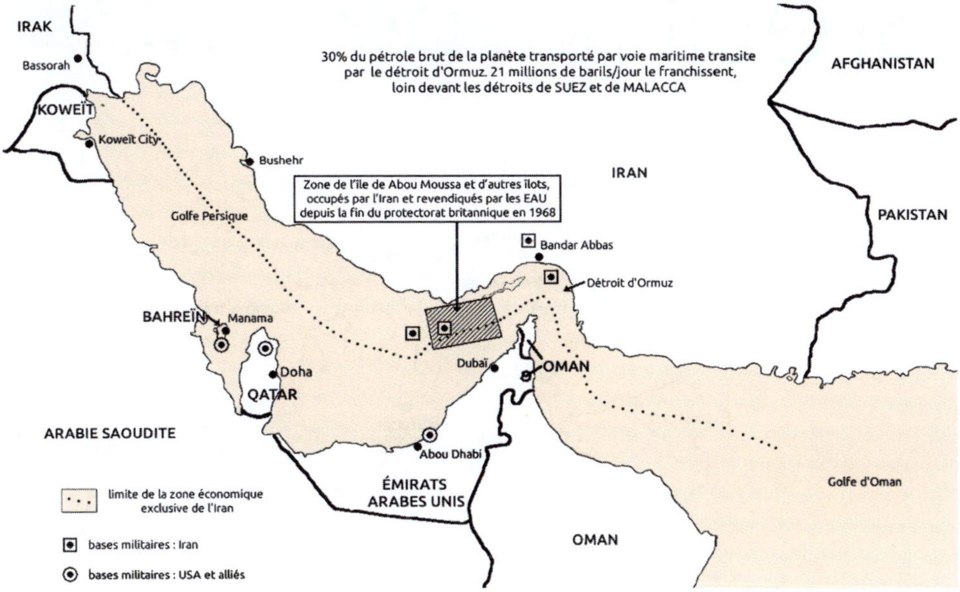

Brésil

Le Brésil, villes et pays voisins

Les élections présidentielles dans le monde

Présidents élus en 2022

Pays	Président élu	Contexte
Italie	Sergio Mattarella	Les chefs des partis de la majorité parlementaire désignent le sortant ; deuxième président à être élu pour un second mandat.
Allemagne	Frank-Walter Steinmeier	Président sortant du SPD, réélu.
Arménie	Vahagn Khatchatrian	L'opposition boycotte le scrutin.
Corée du sud	Yoon Seok-youl	Président de droite conservatrice élu (suffrage direct) face au candidat du parti présidentiel sortant. Cohabitation.
Hongrie	Katalin Novak	Victoire dès le premier tour de la candidate soutenue par la coalition de droite radicale de l'assemblée.
Turkménistan	Serdar Berdimoukhamedov	Fils du dictateur sortant. Élu sans opposition (interdite).
Costa Rica	Rodrigo Chaves	Centre-droit social-libéral, élu avec 52,9 %. Le président sortant atteint par la limite du nombre de mandats ne se représente pas.
Serbie	Aleksandar Vucic	Conservateur nationaliste réélu dès le premier tour.
Timor oriental	José Ramos-Horta	Centre-gauche, élu avec 62,1 % face au président sortant Francisco Guterres.
France	Emmanuel Macron	Le président sortant, centre droit, est réélu avec 58,5 % face à Marine Le Pen (extrême droite).
Philippines	Ferdinand Marco Jr.	Fils du dictateur Ferdinand Marco. Élu avec 58,1 %.
Somalie	Hassan Sheikh Mohamoud	A été président de 2012 à 2017.
Albanie	Bajram Begaj	Ancien chef d'état-major général de l'armée.
Colombie	Gustavo Petro	Coalition de gauche, devient le premier président de gauche de l'histoire de la Colombie.
Inde	Draupadi Murmu	Première femme présidente issue d'une tribu et deuxième femme accédant à la présidence de l'Inde.
Sri Lanka	Ranil Wickremesinghe	Premier ministre, élu par les députés.
Vanuatu	Nikenike Vurobaravu	Le président sortant est battu.

Pays	Président élu	Contexte
Kenya	William Ruto	Élu avec 50,5 % des voix face à Raila Odinga qui ne reconnaît pas sa défaite.
Angola	Joao Lourenço	Le Mouvement populaire de libération de l'Angola (MPLA) remporte les élections et reconduit le président sortant.
Brésil	Luiz Inácio Lula da Silva	Le sortant, Jair Bolsonaro (extrême droite) est battu par Lula (50,9 %) qui entame un troisième mandat
Autriche	Alexander Van der Bellen	Le président sortant, l'écologiste Alexander Van der Bellen, est réélu avec 56,7 % des suffrages.
Slovénie	Nataša Pirc Musar	Élue avec près de 54 % des voix contre le candidat conservateur Anze Logar.

Prix Nobel

Les lauréats 2022

Nobel	Lauréats	Travaux récompensés
Médecine	Svante Pääbo (Suède)	Pour le séquençage du génome de l'homme de Néandertal et la fondation de la paléogénomique.
Physique	Alain Aspect (France) John Clauser (États-Unis) Anton Zeilinger (Autriche)	Pour leurs découvertes sur « l'intrication quantique », un mécanisme où deux particules quantiques sont parfaitement corrélées quelle que soit la distance qui les sépare.
Chimie	Morten Meldal (Danemark) Carolyn Bertozzi (États-Unis) Barry Sharpless (États-Unis)	Pour le développement de la « chimie click » et de la chimie bioorthogonale.
Littérature	Annie Ernaux (France)	Pour « le courage et l'acuité clinique avec laquelle elle découvre les racines, les éloignements et les contraintes collectives de la mémoire personnelle ».
Paix	Ales Beliatski (Biélorussie) L'ONG Memorial (Russie) Le Centre ukrainien pour les libertés civiles (Ukraine)	Trois champions remarquables des droits humains, de la démocratie et de la coexistence pacifique dans les trois pays voisins Bélarus, Russie et Ukraine.
Économie	Ben Bernanke (États-Unis) Douglas Diamond (États-Unis) Philip Dybvig (États-Unis)	Travaux sur les crises financières et les banques.

Société, santé, bioéthique : France et monde

Données démographiques France et monde

Prévision de l'évolution de la démographie en France

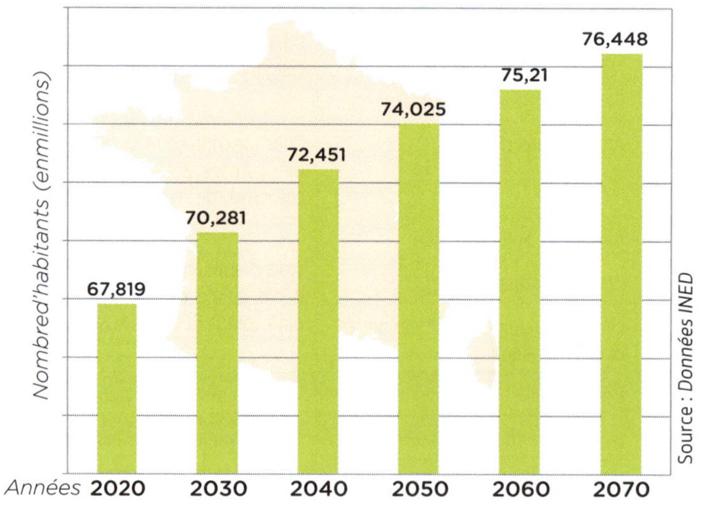

Prévision de l'évolution de la population mondiale

2017	Population mondiale : **7,6** milliards d'habitants
	Pays les plus peuplés : **Chine (1,4)**, Inde (1,3), États-Unis (0,34)
2030	Population mondiale : **8,6** milliards d'habitants
	Pays les plus peuplés : **Inde (1,5)**, Chine (1,4), Nigeria (0,41), États-Unis (0,36)
2050	Population mondiale : **9,8** milliards d'habitants
	Pays les plus peuplés : **Inde (1,6)**, Chine (1,4), Nigeria (0,44), États-Unis (0,40)
2100	Population mondiale : **11,2** milliards d'habitants
	Pays les plus peuplés : **Inde (1,5)**, Chine (1,1), Nigeria (0,9), États-Unis (0,46)

Source : *Données du Département des affaires économiques et sociales des Nations unies*

Âge légal de départ à la retraite (comparatif par pays)

Pays	Âge légal retraite	Évolution prévue
Suède	62 ans	
France	*62 ans*	*Projet de réforme*
Grèce	62 ans à 67 ans	
Norvège	62 ans	
Slovaquie	62 ans 8 mois	Augmentation en fonction de l'espérance de vie
Malte	63 ans à 65 ans	65 ans
Finlande	63 ans 9 mois	65 ans en 2027 progressivement
Estonie	64 ans	65 ans en 2026
Lettonie	64 ans	65 ans progressivement d'ici à 2025
Tchéquie	64 ans (H) 59 à 63 (F)	65 ans pour les H et F progressivement
Bulgarie	64 ans (H) 61 ans (F)	65 ans pour les H et F progressivement d'ici à 2030
Hongrie	64 ans 6 mois	65 ans progressivement d'ici à 2022
Lituanie	64 ans (H) 63 ans (F)	65 ans pour les H et F progressivement d'ici à 2026
Allemagne	65 ans 9 mois	67 ans en 2031
Autriche	65 ans (H) 60 ans (F)	65 ans pour les F progressivement d'ici à 2033
Belgique	65 ans	66 ans en 2025, 67 ans en 2030
Chypre	65 ans	
Croatie	65 ans (H) 63 ans (F)	65 ans pour les H et F progressivement d'ici à 2030
Espagne	65 ans à 65,5 ans	67 ans en 2027 en cas de cotisation insuffisante
Liechtenstein	65 ans	
Luxembourg	65 ans	
Pologne	65 ans (H) 60 ans (F)	
Roumanie	65 ans (H) 61 ans (F)	63 ans pour les F en 2030
Slovénie	65 ans	
Suisse	65 ans (H) 64 ans (F)	
Irlande	66 ans	67 ans en 2021, 68 ans en 2028
Danemark	66 ans 6 mois	69 ans en 2035
Royaume-Uni	66 ans	
Pays-Bas	66 ans 4 mois	67 ans en 2024
Portugal	66 ans 6 mois	
Islande	67 ans	
Italie	67 ans	

Source : Cleiss (Centre des liaisons européennes et internationales de Sécurité sociale)
Précision : il s'agit dans ce tableau de l'âge légal de départ en retraite, chaque pays ayant des règles particulières sur le montant des retraites et les possibilités de différer un départ en retraite.

Le sida dans le monde en 2022

38,4 millions	Nombre de personnes vivant avec le VIH dans le monde, un nombre élevé en raison de la propagation mais aussi de l'amélioration et de la diffusion des traitements médicaux.
1,5 million	Nombre de personnes infectées en un an.
84,2 millions	Nombre de personnes infectées depuis le début de l'épidémie.
650 000	Nombre de décès en 2021.
40,1 millions	Nombre de décès depuis le début de l'épidémie en 1981. En baisse de 64 % depuis le pic de 2004 et de 47 % depuis 2010 : première cause de décès en 1994 parmi les Américains de 25 à 44 ans, environ 2 millions en 2005, 770 000 en 2018, 680 000 en 2020.
28,7 millions	Nombre de personnes ayant accès à des traitements antirétroviraux, trois fois plus qu'en 2010. 15 millions de personnes n'ont pas d'accès à un traitement.
70 %	Part des nouvelles contaminations parmi les populations clés : consommateurs de drogues injectables, homosexuels hommes, transgenres, personnes faisant commerce du sexe et prisonniers.

Source : Onusida, www.unaids.org

État des lieux législatif des dispositifs sur la fin de vie dans quelques États

Euthanasie active autorisée	Espagne, Pays-Bas, Canada, Belgique, Luxembourg
Euthanasie active interdite	France, Royaume-Uni, Italie, Allemagne, Suisse, Roumanie, Serbie, Croatie, Grèce, Pologne, Irlande, Hongrie
Euthanasie passive autorisée	France, Italie, Allemagne, Suisse, Hongrie, Norvège
Euthanasie passive interdite	Roumanie, Serbie, Croatie, Grèce, Pologne, Irlande, Italie, Chypre
Suicide assisté autorisé	Luxembourg, Suède, Suisse, Canada

Les conditions de l'encadrement légal du suicide assisté et de l'euthanasie, active ou passive, diffèrent très fortement d'un pays à l'autre.

La législation sur la procréation médicalement assistée (PMA) en Europe

PMA autorisée pour...	Couples lesbiens et femmes seules	Couples lesbiens uniquement	Femmes seules uniquement	Ni femmes seules ni couples lesbiens
Espagne, Portugal, Luxembourg, Irlande, Belgique, Pays-Bas, Finlande, Suède, Danemark	×			
Autriche		×		
Grèce, Bulgarie, Croatie, Hongrie, Chypre, Estonie, Lettonie			×	
Slovénie, Italie, Pologne, Allemagne, Tchéquie, Roumanie, Slovaquie, Lituanie				×

La législation sur la gestation pour autrui (GPA) dans quelques États

Autorisée par la loi avec des législations variées	Royaume-Uni, Portugal, Grèce, Russie, Ukraine, Canada, Roumanie
Interdite par la loi	France, Italie, Espagne, Portugal, Allemagne, Bulgarie, Malte
Pas de législation	Pologne, Belgique, Pays-Bas, Slovénie, Hongrie, Slovaquie, Tchéquie, Lituanie, Lettonie, Estonie

Dans les pays sans législation, les cas de figure sont très différents ; ils vont de la tolérance à l'interdiction non écrite. Dans les pays l'autorisant, les cas de figure sont aussi différents, la GPA est parfois très libre, parfois autorisée sans échange d'argent.

Les législations sur l'homosexualité dans le monde

L'homosexualité reste interdite et réprimée dans environ 70 pays (32 en Afrique, 22 en Asie, 9 en Amérique latine et Caraïbes).

Dans onze États, les relations homosexuelles sont passibles de la peine de mort : peine inscrite dans la loi en Arabie saoudite, Brunei, Iran, Mauritanie, Nigeria, Yémen ; peine de mort effective sans inscription dans la loi en Afghanistan, Émirats arabes unis, Qatar, Pakistan, Somalie.

D'autres États répriment « la propagande » homosexuelle, comme la Russie ou la Hongrie.

Chronologie de la légalisation du mariage entre personnes de même sexe

2001	Pays-Bas (avec autorisation à l'adoption)
2003	Belgique (droit d'adoption en 2006)
2005	Espagne et Canada (avec autorisation à l'adoption)
2006	Afrique du Sud (premier État africain)
2009	Norvège et Suède
2010	Islande, Argentine, Portugal (pas de droit à l'adoption)
2011	Le Conseil des droits de l'homme de l'ONU adopte une résolution pour promouvoir l'égalité des individus sans distinction de leur orientation sexuelle.
2012	Danemark, 9 États des États-Unis
2013	France, Uruguay, Nouvelle-Zélande, Angleterre, Brésil
2014	19 États des États-Unis, Luxembourg
2015	États-Unis, Irlande, Groenland, Grèce
2016	Colombie
2017	Allemagne, Finlande, Malte, Australie
2018	Jersey, Bermudes
2019	Taïwan, Autriche, Équateur
2020	Costa Rica
2021	Suisse
2022	Andorre est le 33e pays à reconnaître le mariage entre personnes de même sexe

Le réchauffement climatique

Pays émetteurs de CO_2 (en millions de tonnes)

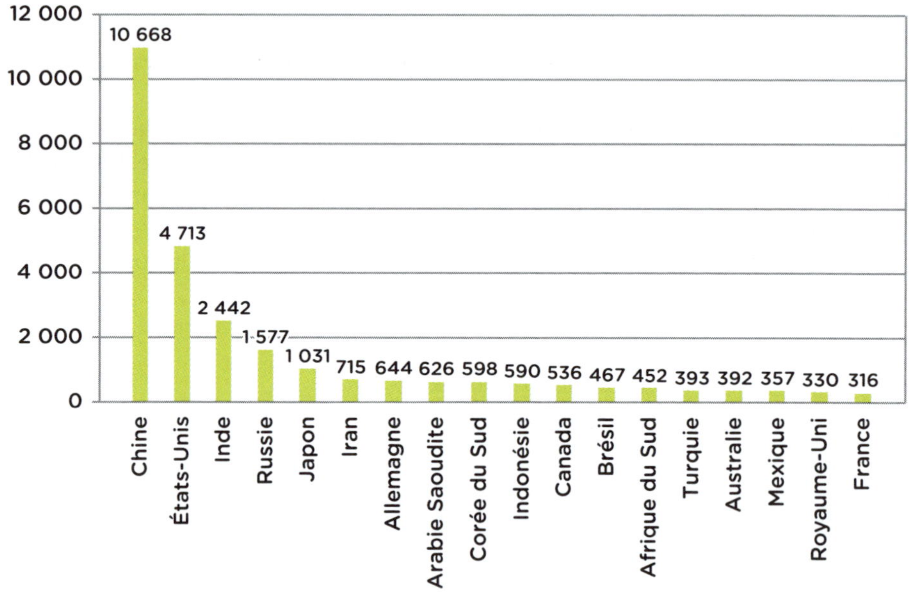

Source : Global Carbon Atlas

Pays émetteurs de CO_2 par habitant (en tonnes)

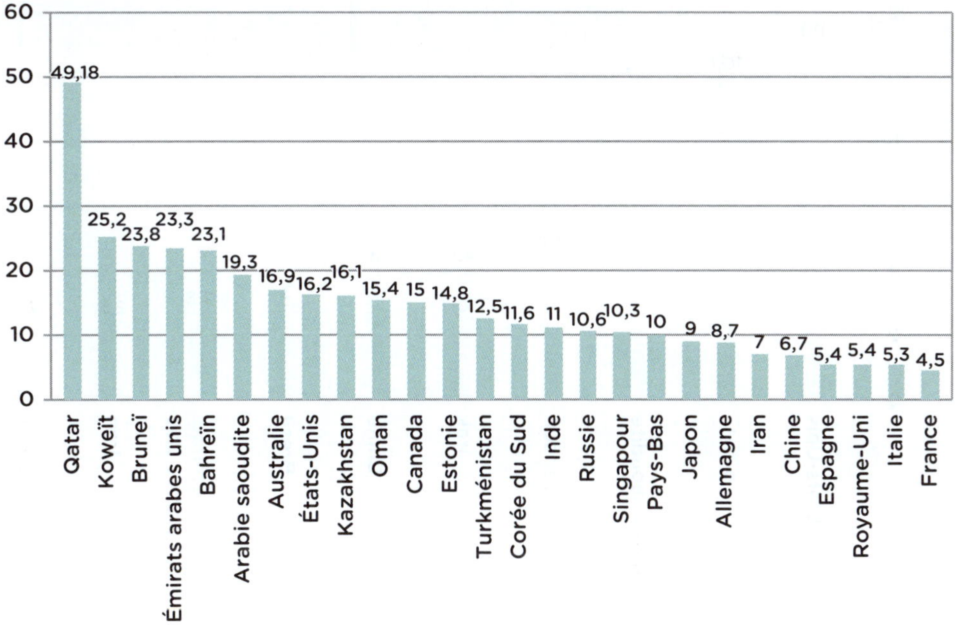

Source : Global Carbon Atlas et ONU, 2021

Pays producteurs de pétrole (en millions de tonnes par an)

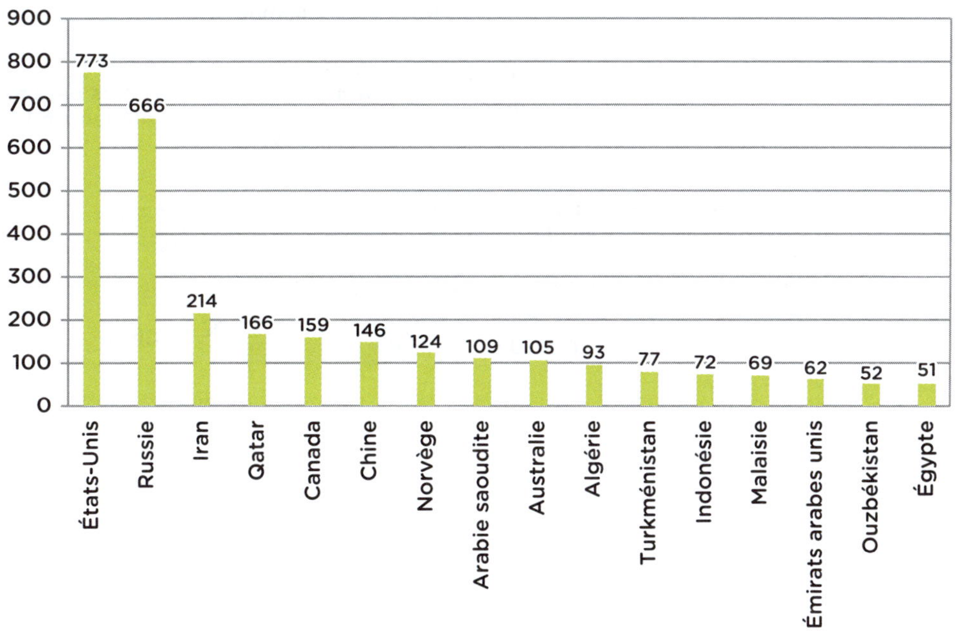

Source : Statistical Review of World Energy & OPEP

Pays producteurs de gaz (en % de la production mondiale)

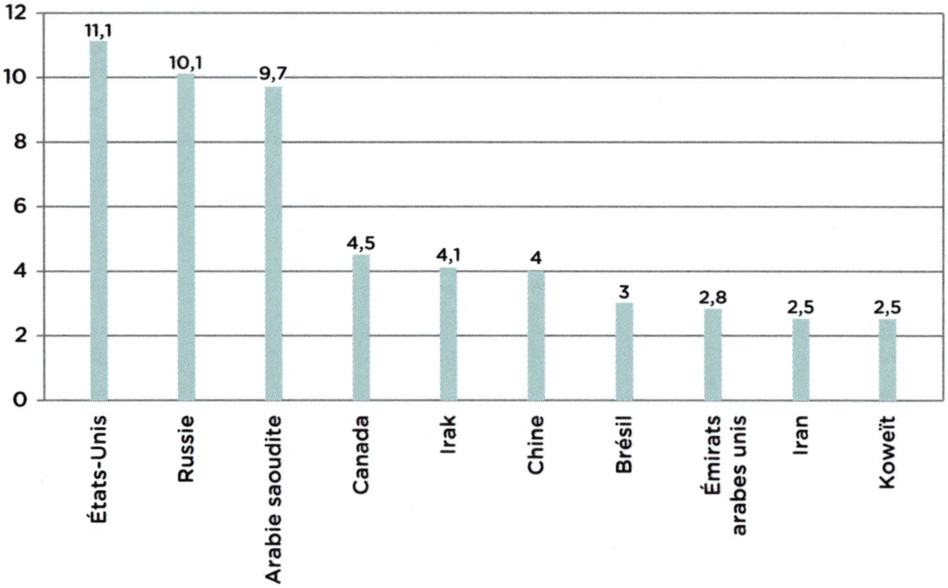

Source : Statistical Review of World Energy & OPEP

Principaux pays émetteurs de gaz à effet de serre (en % des rejets mondiaux)

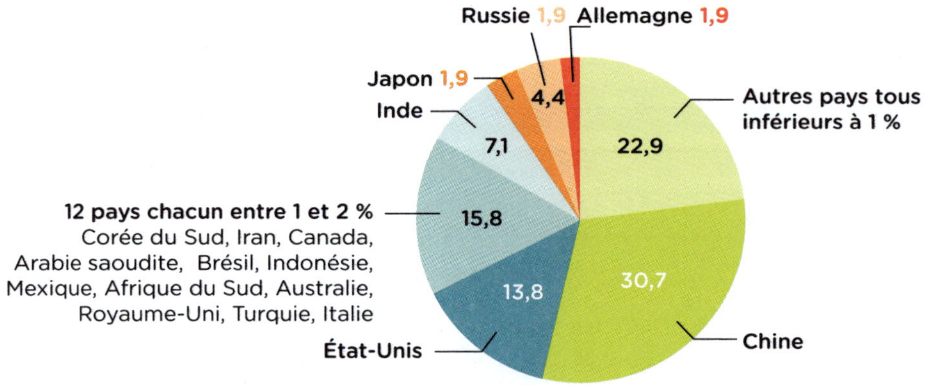

Source : Global Carbon Atlas

Jeux olympiques

Jeux olympiques de Pékin 2022 : médailles françaises

5 Médailles d'or
Biathlon
Quentin Fillon Maillet (individuel)
Quentin Fillon Maillet (poursuite)
Justine Braisaz-Bouchet (mass-start)
Ski alpin
Clément Noël (slalom)
Patinage artistique
Gabriella Papadakis et Guillaume Cizeron (danse mixte)
7 Médailles d'argent
Biathlon
Quentin Fillon Maillet, Anaïs Chevalier-Bouchet, Émilien Jacquelin, Julia Simon (relais mixte)
Quentin Fillon Maillet, Émilien Jacquelin, Fabien Claude, Simon Desthieux (relais hommes)
Quentin Fillon Maillet (sprint)
Anaïs Chevalier-Bouchet (individuel)
Ski alpin
Johan Clarey (descente)
Ski freestyle
Tess Ledeux (big air)
Snowboard
Chloé Trespeuch (snowboardcross)
2 Médailles de bronze
Ski alpin
Mathieu Faivre (slalom géant)
Ski de fond
Richard Jouve, Hugo Lapalus, Clément Parisse, Maurice Manificat (relais)

Médailles françaises aux Jeux olympiques depuis les premiers Jeux de l'ère moderne

	Or	Argent	Bronze	Total	Rang
Tokyo 2020	10	12	11	33	8
Rio 2016	10	18	14	42	7
Londres 2012	11	11	12	34	7
Pékin 2008	7	16	18	41	10
Athènes 2004	11	9	13	33	7
Sydney 2000	13	14	11	38	6
Atlanta 1996	15	7	15	37	5
Barcelone 1992	8	5	16	29	9
Séoul 1988	6	6	7	19	9
Los Angeles 1984	5	7	17	29	12
Moscou 1980	6	5	3	14	7
Montréal 1976	2	3	4	9	16
Munich 1972	2	4	7	13	17
Mexico 1968	7	3	5	15	6
Tokyo 1964	1	8	6	15	21
Rome 1960	0	2	3	5	25
Melbourne 1956	4	4	6	14	11
Helsinki 1952	6	6	6	18	7
Londres 1948	10	6	13	29	3
Berlin 1936	7	6	6	19	10
Los Angeles 1932	10	5	4	19	3
Amsterdam 1928	6	10	5	21	5
Paris 1924	13	17	10	40	10
Anvers 1920	9	18	13	40	8
Stockholm 1912	7	4	3	14	5
Londres 1908	5	5	9	19	4
Paris 1900	27	37	27	91	1
Athènes 1896	5	4	2	11	5

Villes hôtes des Jeux olympiques depuis 1896

1896	Athènes	**1972**	Munich
1900	Paris	**1976**	Montréal
1904	Saint-Louis	**1980**	Moscou
1908	Londres	**1984**	Los Angeles
1912	Stockholm	**1988**	Séoul
1920	Anvers	**1992**	Barcelone
1924	Paris	**1996**	Atlanta
1928	Amsterdam	**2000**	Sydney
1932	Los Angeles	**2004**	Athènes
1936	Berlin	**2008**	Pékin
1948	Londres	**2012**	Londres
1952	Helsinki	**2016**	Rio
1956	Melbourne	**2021**	Tokyo
1960	Rome	**2024**	Paris (prévision)
1964	Tokyo	**2028**	Los Angeles (prévision)
1968	Mexico	**2032**	Brisbane (prévision)

Lexique

- **Accord du Touquet**

  Le « traité du Touquet » est un accord bilatéral entre la France et le Royaume-Uni, signé le 4 février 2003 et entré en vigueur le 1er février 2004, prévoyant des bureaux de contrôle de l'immigration communs dans les ports de la Manche et de la mer du Nord. Il revient aux autorités françaises de contrôler l'immigration clandestine vers la Grande-Bretagne, y compris aux abords du tunnel sous la Manche ; en contrepartie, la Grande-Bretagne finance les contrôles et la sécurisation des sites de transit à Calais. En 2022, face à la recrudescence du nombre de tentatives de traversées, la France et le Royaume-Uni ont fait évoluer les termes de cet accord : la France augmentera de 40 % ses forces de sécurité (en échange de 72 millions d'euros).

- **Adhésion à l'Union européenne**

  Le Conseil de l'Union européenne accorde le statut de candidat officiel à un pays. Une fois candidat, un pays reçoit des aides et ouvre des négociations d'adhésion sur des critères économiques, communautaires et d'intégration. 35 chapitres (des thèmes différents) sont alors ouverts pour valider – ou pas – la candidature de l'État. Une fois tous les chapitres fermés, la signature du traité d'adhésion peut alors intervenir. Cette adhésion doit ensuite être validée par tous les pays déjà membres. La Croatie est le dernier pays devenu membre en 2013. L'UE fait une pause dans le processus d'adhésion. La Serbie est le pays le plus proche d'une future adhésion. (www.touteleurope.eu)

- **l'Association européenne de libre-échange (AELE)**

  L'AELE réunit Norvège, Islande, Liechtenstein et Suisse, quatre pays européens non membres de l'UE. L'AELE a conclu un accord commercial avec le Mercosur (Brésil, l'Argentine, l'Uruguay et le Paraguay).

- **Agence internationale à l'énergie atomique (AIEA)**

  Agence de l'ONU qui promeut les usages pacifiques de l'énergie nucléaire et tente de limiter le développement du nucléaire militaire. L'AIEA est présidée par l'Argentin Rafael Grossi depuis 2019, son siège est à Vienne. L'Agence a obtenu le prix Nobel de la paix en 2005.

  Elle rend un rapport annuel et étudie des programmes nucléaires, comme les programmes nord-coréen et iranien sur lesquels elle travaille avec les grandes puissances. (www.iaea.org) L'agence s'est alarmée en 2022 de la situation de la centrale nucléaire ukrainienne de Zaporijia, dont la sécurité est menacée par l'invasion russe.

- **Al-Qaïda**

  Mouvement terroriste islamiste fondé à la fin des années 1980 au Pakistan. Al-Qaïda signifie « la base » en arabe. Ses dirigeants, dont l'un des principaux a été Oussama Ben Laden, appellent au terrorisme contre les États occidentaux qu'ils considèrent comme des ennemis des nations islamiques. Le mouvement s'est scindé en Irak et en Syrie où d'autres groupes extrémistes se sont développés.

Aqmi

Branche d'Al-Qaïda au Maghreb islamique, historiquement algérienne, qui a par la suite rejoint la nébuleuse Al-Qaïda. Aqmi tente d'imposer la création d'un État islamique au Maghreb avec la charia comme base du droit. Aqmi est présent au Sahel, dans le nord du Mali et revendique des prises d'otages au Niger et au Mali. Son influence s'est confirmée au Burkina Faso, désormais fortement impacté par la menace terroriste. En 2022, le départ des troupes françaises du Mali a favorisé l'implantation d'Aqmi.

Autorité de régulation de la communication audiovisuelle et numérique (ARCOM)

Fusion du Conseil supérieur de l'audiovisuel (CSA) et de l'HADOPI, l'agence de lutte contre le piratage.

Assemblée générale de l'ONU

Principal organe de délibération de l'ONU. Chaque État membre dispose d'une voix à l'Assemblée. À ne pas confondre avec le Conseil de sécurité de l'ONU où cinq États (Chine, États-Unis, France, Royaume-Uni, Russie) ont un droit de veto. (www.un.org/fr)

Banque centrale européenne (BCE)

Banque centrale responsable de la monnaie unique européenne, l'euro. Sa principale mission consiste à maintenir le pouvoir d'achat de l'euro, et donc la stabilité des prix dans la zone euro. Elle coordonne l'action des différentes banques centrales nationales (dont la Banque de France). La Française Christine Lagarde, ancienne directrice générale du FMI, la dirige depuis 2019. (www.ecb.int)

Banque mondiale

Institution de l'ONU servant d'appui financier et technique pour les pays en développement. Sa mission est d'aider à réduire la pauvreté et appuyer le développement. Elle se compose de la Banque internationale pour la reconstruction et le développement (BIRD) et de l'Association internationale de développement (IDA). (www.banquemondiale.org)

Barkhane

Nom de la force d'intervention militaire française au Sahel engagée dans la lutte contre le djihadisme à partir d'août 2014. Elle a remplacé l'opération Serval (janvier 2013-juillet 2014). Les forces françaises ont quitté le Mali en 2022.

Boko Haram

Groupe islamiste dont le nom signifie en langue haoussa (parlée dans le nord du Nigeria) « l'éducation occidentale est un péché ». Cette organisation veut instaurer un État islamiste dans le nord du pays et sème la terreur, revendiquant de nombreux attentats suicides ou des attaques contre des lieux de culte chrétiens.

BRICS

Terme anglais désignant un groupe de cinq États considérés comme les puissances émergentes : Brésil, Russie, Inde, Chine et Afrique du Sud. Ils se réunissent en sommets annuels ; ils représentent environ 40 % de la population mondiale (près de 3 milliards d'habitants).

CAC 40

Principal indice de la Bourse de Paris. Il a été créé fin décembre 1987 avec une valeur de référence de 1 000 points. Calculé en fonction des cours de quarante actions cotées en continu à la Bourse, cet indice reflète la tendance globale de l'économie des grandes entreprises françaises.

Casques blancs

Les Casques blancs syriens sont 3 000 bénévoles qui risquent leur vie pour sauver les civils victimes des frappes et des combats en Syrie. Depuis plusieurs années, ils figurent sur la liste des personnalités susceptibles de recevoir le prix Nobel de la paix.

CFDT

Première organisation syndicale au niveau national chez les salariés du secteur privé, devançant la CGT qui reste toutefois le premier syndicat français si l'on inclut les salariés du secteur public. Son secrétaire général est Laurent Berger.

Chlordécone

Substance utilisée en Guadeloupe et Martinique jusqu'en 1993 pour combattre un insecte dévastant les bananeraies et suspectée d'effets toxiques pour l'homme.

Chiisme et sunnisme

Deux des trois principales branches de l'islam (avec le kharijisme, minoritaire en nombre de fidèles). À la mort du prophète Mahomet, les chiites et les sunnites ne reconnaissent pas le même successeur. Les chiites reconnaissent Ali, le gendre de Mahomet, et douze imams réputés infaillibles dans l'interprétation du Coran ; parmi eux se trouvent les deux fils d'Ali. Pour les chiites, le douzième imam reviendra à la fin des temps pour juger les hommes. Le chiisme se distingue également du sunnisme par l'existence d'un clergé très hiérarchisé ; le pouvoir politique doit compter avec le pouvoir des autorités religieuses. Les sunnites représentent le courant majoritaire de l'islam (85 % des musulmans) dans le monde ; les chiites 15 % (principalement en Iran, au Bahreïn, en Irak, au Liban).

« Chine unique »

Depuis la fin de la guerre civile en Chine, l'île de Taïwan est coupée politiquement du reste de la Chine. Taïwan, dans les faits, se gouverne seul, sans être reconnu par l'ONU. Le principe de la « Chine unique » est que la Chine n'accepte d'avoir des relations diplomatiques qu'avec les pays qui n'en entretiennent pas avec Taïwan, un principe réaffirmé en 2022. Les États-unis ont fait savoir qu'en cas d'agression, ils défendraient Taïwan militairement.

Comité consultatif national d'éthique (CCNE)

Groupe d'experts, sociologues, philosophes, médecins chargés d'apporter des réflexions sur les questions de santé et des sciences de la vie. Son rôle est consultatif. Il est présidé par Jean-Claude Ameisen. Ses travaux sont à la base de la nouvelle loi de bioéthique promulguée en 2021.

Comité international olympique (CIO)

Créé par Pierre de Coubertin en 1894 pour réinstaurer les anciens Jeux olympiques, c'est un organisme très riche aujourd'hui, qui organise tous les quatre ans les JO d'été et qui rassemble l'ensemble des comités nationaux olympiques. Présidé par l'Allemand Thomas Bach depuis 2013.

Commission Sauvé

Commission dirigée en France par Jean-Marc Sauvé qui a révélé l'ampleur des actes d'agressions sexuelles et de viols commis depuis 1950 par des religieux ou laïcs travaillant pour l'Église catholique.

Communauté économique des États de l'Afrique de l'Ouest (CÉDÉAO)

Organisation d'États fondée en 1975 qui vise à promouvoir la coopération et l'intégration dans le but de créer une union économique et monétaire ouest-africaine. Depuis 1990, la CÉDÉAO a doublé cet objectif économique d'un but militaire en se dotant d'une force d'interposition, l'ECOMOG. La CÉDÉAO rassemble aujourd'hui 15 États : Bénin, Burkina Faso, Cap-Vert, Côte-d'Ivoire, Gambie, Ghana, Guinée, Guinée-Bissau, Liberia, Mali, Niger, Nigeria, Sénégal, Sierra Leone, Togo.

Congés paternité

Cette expression désigne le nombre de jours pris par le conjoint d'une femme à la naissance. Le Gouvernement a allongé en 2021 le congé paternité à 28 jours (au lieu de 14), dont 7 obligatoires.

Conseil constitutionnel

Institution de la Ve République, née de la Constitution de 1958. Composé de 9 membres nommés pour 9 ans par le président de l'Assemblée nationale, le président de la République et le président du Sénat, le Conseil constitutionnel a pour principale mission de veiller à la régularité des élections et à la conformité des lois votées. Il intervient également dans certaines circonstances de la vie parlementaire et publique.

Conseil d'État

Plus haute juridiction administrative française, qui a pour rôle de conseiller le Gouvernement, notamment au moment de l'élaboration des projets de lois. Les citoyens peuvent faire appel devant le Conseil d'État en cas de décision défavorable d'un tribunal administratif.

Conseil de sécurité de l'ONU

Principal organe veillant au maintien de la paix et de la sécurité dans le monde. Le Conseil compte 15 membres disposant chacun d'une voix (cinq permanents avec un droit de veto et 10 non permanents élus pour deux ans). Il peut constater un acte d'agression, inviter les parties à régler un différend, imposer des sanctions et autoriser l'emploi de la force pour maintenir ou rétablir la paix et la sécurité internationales.
La France, la Chine, la Russie, les États-Unis et le Royaume-Uni possèdent le statut de membre permanent. Des voix s'élèvent pour réclamer sa réforme car il représente le monde de l'après Seconde Guerre mondiale et non celui d'aujourd'hui. (www.un.org/fr/sc)

Contribution sociale généralisée (CSG)

Impôt prélevé sur tous les revenus : ceux provenant de l'activité, les revenus du patrimoine et les produits de placements financiers. Premier impôt direct français, il rapporte davantage à l'État que l'impôt sur le revenu (environ 100 milliards d'euros) et il est directement affecté au budget de la Sécurité sociale.

Cour de cassation

Plus haute juridiction de l'ordre judiciaire français. Elle a pour mission de réviser, à la demande des parties, les décisions émanant des tribunaux et cours d'appel, au pénal comme au civil. La Cour ne tranche que des questions de droit ou d'application du droit, elle ne juge pas les faits. Depuis 1991, elle peut être saisie pour donner son avis sur des questions de droit se posant dans un litige. (www.courdecassation.fr)

Cour de justice de la République (CJR)

Créée en juillet 1993 après l'affaire dite « du sang contaminé », elle est composée de quinze juges : douze parlementaires et trois magistrats de la Cour de cassation. Toute personne qui se sent lésée par un délit ou un crime commis par un membre du Gouvernement peut la saisir. Une commission de magistrats décide de la recevabilité des plaintes. La CJR juge les crimes et délits imputables aux ministres dans l'exercice de leur fonction. La suppression de cette institution a été évoquée par le président Macron.

Cour des comptes

Juridiction administrative dont le but est de s'assurer du bon emploi de l'argent public et d'en informer les citoyens, *via* ses rapports. Elle contrôle la régularité des comptes publics, de l'État, mais aussi des entreprises publiques. La Cour des comptes siège au Palais Cambon, à Paris.

Cour de Justice de l'Union européenne (CJUE)

La CJUE a pour rôle de veiller à ce que la législation de l'UE soit interprétée et appliquée de la même manière dans tous les pays de l'UE ; elle veille à garantir que les pays et les institutions de l'UE respectent la législation européenne. Créée en 1952, elle siège à Luxembourg.

Cour européenne des droits de l'homme (CEDH)

Tribunal supranational chargé de veiller au respect par les États signataires de la Convention européenne des droits de l'homme. La France y a déjà été condamnée pour des infractions de la législation sur les conditions de détention et la réglementation des étrangers, notamment.

Cour internationale de justice (CIJ)

Organe judiciaire principal de l'Organisation des Nations unies (ONU) institué en juin 1945 par la Charte des Nations unies. Elle siège à La Haye (Pays-Bas). Sa mission est de régler, conformément au droit international, les différends d'ordre juridique qui lui sont soumis par les États. Elle peut aussi donner des avis consultatifs sur les questions d'ordre juridique que lui posent les organes de l'ONU. (www.icj-cij.org)

Cour pénale internationale (CPI)
Juridiction internationale permanente créée en 2002, chargée de juger les personnes accusées de crimes de guerre, de crimes contre l'humanité et de génocide. Son siège est à La Haye. 121 États acceptent l'autorité de la CPI, qui n'est toutefois pas reconnue par la Russie, Israël ni par les États-Unis. Elle ne peut enquêter que dans sur des actes commis par des états signataires. Elle est décriée car ne possède pas de pouvoir d'autorité que lui refusent les États. Présidée depuis 2021 par Karim Khan, qui a succédé à Fatou Bensouda.

Daesh
Voir EI/Daesh.

Djihadistes
Il s'agit des musulmans qui décident de faire « le djihad », la guerre sainte, en combattant par les armes les non-musulmans.

Droit voisin
Droit de propriété intellectuelle voisin du droit d'auteur. En 2018, les Européens s'étaient accordés sur l'instauration de droits voisins permettant notamment aux éditeurs de publications de presse (journaux, magazines, agences) d'être protégés contre le pillage de leurs contenus par les agrégateurs ou les réseaux sociaux (Google, Facebook), qui refusent toujours de rémunérer les auteurs et tentent de contourner ce droit.

Ebola
La fièvre à virus Ebola est une maladie hémorragique qui provoque la mort chez 50 à 90 % des malades infectés. Le virus Ebola est l'un des agents infectieux les plus contagieux et mortels chez l'homme. En 2014, le Liberia, la Guinée et la Sierra Leone ont été fortement affectés par l'épidémie, sous forte surveillance depuis. En 2022, un nouveau foyer épidémique est apparu en Ouganda.

EPR
Le réacteur EPR (Réacteur pressurisé européen) est un projet de réacteur nucléaire de troisième génération. Des réacteurs EPR sont en construction en France, à Flamanville, dans la Manche, au Royaume-Uni (Hinkley Point), en Finlande et en Inde. Les chantiers de l'EPR ont pris plusieurs années de retard et les coûts de construction ont été multipliés.

Espace Schengen
Espace délimité par les 26 États européens signataires de l'accord de Schengen (1985), à l'intérieur duquel la circulation des biens et des hommes est assurée. Espace unique en matière de voyages internationaux où les contrôles externes sont renforcés.

État islamique (EI)/Daesh
Né en 2006 en Irak, le groupe EI est l'émanation d'un regroupement de mouvements liés à Al-Qaïda. Il s'est progressivement renforcé, a absorbé la branche d'Al-Qaïda en Irak, s'est étendu en Syrie, a pris ses distances avec Al-Qaïda jusqu'à s'en séparer totalement en 2013. L'EI devient alors l'EIIL (État islamique en Irak et au Levant).

D'obédience sunnite salafiste (il prône le retour à l'islam des origines), hostile aux chiites, il a perdu une part importante des zones qu'il contrôlait en Syrie et en Irak, mais son influence restait diffuse en 2021.

Eurogroupe

Réunion des ministres des Finances des pays membres de la zone euro, qui a pour but de coordonner les politiques économiques de ces États.

Flexisécurité

Contraction des mots « flexibilité » et « sécurité ». Concept apparu au Danemark dans les années 1990. Il associe une politique de flexibilité forte permettant à un employeur de rompre facilement sans surcoût un contrat de travail pour une meilleure fluidité de l'emploi et une sécurité élevée pour le salarié avec un renforcement de l'assurance chômage (durée et montant) et de la formation.

Fonction publique

Environ 5,4 millions fonctionnaire répartis entre la fonction publique d'État (FPE, 2,4 millions), la fonction publique hospitalière (FPH, 1,1 million) et la fonction publique territoriale (FPT, 1,9 million). Ils représentent 20 % des emplois en France qui compte environ 80 fonctionnaires pour 1 000 habitants, davantage qu'en Allemagne ou au Royaume-Uni mais moins que dans les pays scandinaves.

Fonds monétaire international (FMI)

Créé en 1944 lors d'une conférence des Nations unies tenue à Bretton Woods, il a pour mission d'assurer la stabilité du système monétaire international. Il fournit des crédits aux États qui connaissent des difficultés financières en les conditionnant à des réformes structurelles. Il tente de promouvoir la coopération monétaire internationale. Il siège à Washington. Il est dirigé par la Bulgare Kristalina Georgieva. (www.imf.org)

Front républicain

Désigne un comportement, lors d'une élection, consistant à voter pour le candidat opposé à celui du RN (et FN avant lui) lorsque ce dernier atteint le second tour. Ce réflexe dit « républicain » a pour objectif d'empêcher l'extrême droite de remporter des élections.

FRONTEX

Agence européenne chargée de la surveillance des frontières extérieures de l'espace Schengen. Créée en 2004, elle siège à Varsovie (Pologne) et gère 44 000 kilomètres de frontières maritimes et 9 000 kilomètres de frontière terrestre. FRONTEX aide les États membres confrontés à des crises aux frontières extérieures de l'Union.

G8

Rassemblement des huit États les plus puissants économiquement (États-Unis, Japon, Allemagne, France, Royaume-Uni, Italie, Canada, Russie, qui en a été exclue à la suite de son annexion de la Crimée). Il organise des sommets réguliers pour des prises de décisions économiques concertées. Le G8 se réunit souvent parallèlement au G20, autre regroupement de nations.

GAFA
Acronyme désignant les géants américains de l'économie numérique Google, Amazon, Facebook et Apple.

Gaz à effet de serre (GES)
Gaz qui absorbent une partie des rayons solaires en les redistribuant sous la forme de radiations, créant le phénomène d'effet de serre, premier responsable du réchauffement climatique. Le CO_2 est le principal gaz à effet de serre. Le réchauffement de la planète est un motif de grande inquiétude.

Gaz de schiste
Les gaz et les huiles de schiste sont contenus dans des roches dites « roches mères », très profondes. Leur exploitation est en question. Elle permettrait à des pays qui ne possèdent pas de pétrole - comme la France - de bénéficier de ressources énergétiques propres, mais leur exploitation par le biais de la fracturation hydraulique est très polluante. La France (qui possède de nombreux gisements) a interdit cette technique. D'autres États, les États-Unis par exemple, profitent de leur exploitation.

Gestation pour autrui (GPA)
Il s'agit du recours à une « mère porteuse » qui mettra au monde un enfant pour le compte d'un couple tiers. Cette pratique est interdite en France, elle est autorisée et encadrée dans d'autres pays.

Glyphosate
Herbicide produit à l'origine par l'entreprise américaine Monsanto puis, à partir de 2000, son brevet étant passé dans le domaine public, par d'autres industriels. Les opposants à son utilisation soulignent le danger pour l'environnement et pour les personnes exposées à ses pulvérisations.

Groupe d'experts intergouvernemental sur l'évolution du climat (GIEC)
Groupe de scientifiques et d'experts ouvert à tous les pays membres de l'ONU, qui a pour mission de présenter aux dirigeants des États, de manière objective et scientifique, les informations nécessaires pour comprendre les risques liés au changement climatique d'origine humaine. Il ne prend aucune décision ; son rôle est de présenter des travaux scientifiques.

Hamas
Mouvement islamiste fondé en 1987 par Sheikh Ahmed Yassin. Le Hamas veut imposer la charia dans un État islamique palestinien qui comprendrait la Cisjordanie et la bande de Gaza. Il prône la destruction de l'État d'Israël ; il est considéré comme une organisation terroriste par les États-Unis et l'UE.

Haut-Commissariat des Nations unies pour les réfugiés (HCR)
Programme de l'ONU mis en place afin de protéger les réfugiés. Il s'appuie sur la Convention de Genève de 1951. Le HCR estime qu'environ 83 millions de personnes (l'équivalent de la population de la France) sont déracinées dans le monde.

Hezbollah

Mouvement d'obédience chiite fondé en 1982 au Liban ; soutenu par l'Iran notamment, et la Syrie. Très organisé, il vient directement en aide aux populations, ce qui explique aussi sa popularité.

Holodomor

Famine orchestrée en Ukraine par l'URSS de 1932 à 1933 sous le régime de Staline.

Houthis

Minorité chiite du Yémen, en insurrection contre le pouvoir en place. L'Arabie saoudite, qui soutient le pouvoir en place au Yémen, mène des raids aériens avec d'autres États arabes pour déloger les rebelles Houthis, qui seraient soutenus par l'Iran.

Hydroxychloroquine

Médicament ancien prescrit en rhumatologie et connu pour ses propriétés anti-inflammatoires et immunomodulatrices, inscrit sur la liste des médicaments essentiels de l'OMS. Didier Raoult, médecin spécialiste des maladies infectieuses, a promu son utilisation dans le cadre de la lutte contre le Covid-19, une position décriée par les autres scientifiques.

Institut national de la statistique et des études économiques (INSEE)

Institut chargé de la réalisation, de l'analyse et de la diffusion des statistiques officielles de la France (recensement, calcul du PIB, du taux de chômage, enquêtes périodiques diverses). (www.insee.fr)

Levothyrox

Médicament indiqué dans le traitement des troubles de la thyroïde. En 2017, le changement de la formule de ce médicament n'avait pas été clairement communiqué, donnant lieu à « l'affaire Levothyrox » et à la mise en examen pour « tromperie aggravée » de la filiale française du laboratoire pharmaceutique allemand Merck.

Ligue arabe

Organisation fondée en 1945 regroupant les pays arabes qui le désirent. Elle a un statut d'observateur auprès de l'ONU. Elle compte aujourd'hui 22 pays, principalement d'Afrique, du Proche et du Moyen-Orient. Elle organise tous les ans un sommet des chefs d'État.

Migrant

Ce terme concerne toutes les personnes qui migrent quels qu'en soient les raisons et les contextes. Il inclut les réfugiés, reconnus par un État comme ayant fui leur pays en raison de menaces sérieuses pour leur vie. Le HCR reconnaît d'office le droit à être considéré comme réfugié aux Syriens, Afghans, Irakiens ou Libyens. La convention de Genève, ratifiée par 145 pays, accorde des droits aux réfugiés et donne des devoirs aux États.

Mouvement des entreprises de France (MEDEF)

« Syndicat » et lobby des chefs d'entreprise. Il a remplacé le CNPF en 1998. Il représente les entrepreneurs français et discute et négocie avec les représentants de l'État et les autres syndicats de salariés. Dirigé depuis 2018 par Geoffroy Roux de Bézieux qui a remplacé Pierre Gattaz.

- **Numerus clausus**

« Nombre fermé » en latin. Terme employé lorsqu'une limite est fixée, souvent pour un nombre de personnes autorisées à concourir ou à exercer une profession réglementée.

- **Nouvelle union populaire écologique et sociale (NUPES)**

Alliance de plusieurs partis de gauche (LFI, PS, EELV, PCF) mise en place pour les élections législatives de 2022.

- **Odebrecht**

Entreprise brésilienne (pétrochimie, construction) présente dans de nombreux pays, notamment en Amérique latine, impliquée dans de nombreux scandales de corruption qui concernent des hommes politiques au Brésil, au Pérou, en Colombie, au Mexique et au Venezuela.

- **Opération Barkhane**

Opération militaire française basée sur cinq pays du Sahel (Mauritanie, Tchad, Niger, Burkina Faso, Mali) qui a pris la suite, depuis 2014, des opérations Serval et Épervier. Elle lutte contre les groupes armés djihadistes. Elle a pris fin en 2021 pour devenir une opération conjointe avec des partenaires européens.

- **Organisation de coopération et de développement économique (OCDE)**

Organisation à vocation économique promouvant les politiques qui amélioreront le bien-être économique et social partout dans le monde ; elle aide et conseille ses 34 États membres à développer une économie de marché. Son rôle est consultatif. Elle publie des prévisions et des recommandations. Son siège est à Paris.

- **Organisation mondiale de la santé (OMS)**

Institution spécialisée de l'ONU, créée en 1948 dans le but de faire accéder tous les habitants de la planète à un niveau de santé le plus élevé possible, afin qu'ils puissent mener une vie socialement et économiquement productive. Dirigée par l'éthiopien Tedros Adhanom Ghebreyesus.

- **Organisation mondiale du commerce (OMC)**

Organisation regroupant presque tous les États de la planète, dont le but est de favoriser le commerce mondial. Elle tente de limiter les obstacles au libre-échange (droits de douane notamment). L'OMC est essentiellement un lieu où les gouvernements membres tentent de régler les différends commerciaux qui les opposent. Les États-Unis pourraient la réintégrer après les années d'obstruction de l'administration Trump. Dirigée depuis 2021 par Ngozi Okonjo-Iweala. (www.wto.org)

- **Organisation pour la sécurité et la coopération en Europe (OSCE)**

Organisation internationale dont le but est de favoriser le dialogue et la négociation entre l'Est et l'Ouest. Elle regroupe les pays européens et d'anciens pays du bloc soviétique. Elle dispose de peu de moyens, c'est un outil politique de discussion entre les États. (www.osce.org)

OTAN

Organisation du traité de l'Atlantique Nord (NATO en anglais) qui rassemble de nombreux pays occidentaux. Son but premier est d'assurer leur défense commune contre les menaces extérieures. Des pays d'Europe de l'Est et des pays d'Europe du Nord (la Suède et la Finlande) veulent intégrer l'OTAN contre la volonté de Moscou, qui souhaite les conserver dans sa zone d'influence. Son siège est à Bruxelles, son commandement militaire à Mons. (www.nato.int)

Ouïghours

Peuple turcophone à majorité musulmane habitant la région du Xinjiang, en Chine. Les Ouïghours sont persécutés par les autorités chinoises.

Panthéon

Monument parisien, nécropole, depuis la Révolution française, des grands personnages que la France honore. Jean Moulin, Victor Hugo, Emile Zola, Simone Veil, notamment, y sont inhumés. Joséphine Baker est entrée au Panthéon fin 2021.

Parti des travailleurs du Kurdistan (PKK)

Parti politique et organisation armée fondés en 1978 par Abdullah Öcalan, aujourd'hui emprisonné, qui milite pour l'établissement d'un Kurdistan autonome, jadis promis par la communauté internationale. La communauté kurde est présente dans plusieurs pays (Irak, Turquie, Syrie, Iran principalement).

Plan de sauvegarde de l'emploi

Nouvelle appellation du « plan social » : dispositif légal qui a pour but de limiter le nombre de licenciements dans une procédure de licenciement collectif et d'accompagner au mieux les salariés. Souvent connu par l'acronyme PSE.

Procréation médicalement assistée (PMA)

Désigne l'ensemble des techniques médicales permettant à des couples d'avoir un enfant, comme la fécondation *in vitro* ou le don de sperme.
En France, la PMA est désormais accessible aux couples lesbiens et aux femmes célibataires.

Présidence tournante de l'Union européenne

La présidence du Conseil de l'Union européenne est une présidence tournante sur une période de six mois. Un système a été mis en place pour assurer une cohérence politique. En 2023, La Suède et l'Espagne prendront la présidence tournante.

Prix Nobel

Prix le plus reconnu et le plus important décerné au niveau mondial, qui porte le nom de son créateur, Alfred Nobel, savant, chimiste, inventeur de la dynamite. Alfred Nobel avait décidé de léguer sa fortune à une institution chargée de récompenser tous les ans ceux qui auront « rendu des services à l'humanité » dans les domaines de la médecine, de la physique, de la chimie et de la paix. (www.nobelprize.org)

Produit intérieur brut (PIB)
Somme de toutes les richesses produites par un pays pendant une année. En fonction de son évolution, cet indicateur permet de déterminer si un État est en croissance ou décroissance. Des voix s'élèvent pour trouver d'autres indicateurs qui ne prendraient pas uniquement en compte la seule richesse produite.

Réfugié
Voir Migrant.

Résolution (de l'ONU)
Décision adoptée par le Conseil de sécurité ou l'Assemblée générale de l'Organisation des Nations unies (ONU). Une résolution s'impose à tous les États. Une résolution du Conseil de sécurité peut s'accompagner d'une intervention militaire.

Salafisme
Mouvement islamiste (sunnite) qui prône un retour aux origines de l'islam. *Salaf* signifie « ancien » en arabe. Le salafisme regroupe des fondamentalistes traditionalistes se fondant sur une stricte lecture du Coran.

Ségur de la santé
Les syndicats du secteur de la santé et le Gouvernement se sont entendus sur un projet d'accord, qui prévoit des revalorisations salariales pour les personnels soignants et non soignants de l'hôpital, ainsi que la hausse de plusieurs budgets. Ce nom vient de l'adresse du ministère de la Santé, avenue de Ségur à Paris.

Sénat
Haute assemblée (ou Chambre haute) du Parlement dans un système bicaméral. En France, le Sénat partage le pouvoir législatif avec l'Assemblée nationale. Les sénateurs, élus au suffrage universel indirect par les représentants des collectivités territoriales, examinent et votent – avant ou après l'Assemblée nationale – les projets de loi (textes de lois émanant du Gouvernement), les propositions de loi (textes de lois émanant de parlementaires), les traités et les conventions internationales.

Shutdown
Littéralement « fermeture ». Quand le Congrès américain, qui est en charge de voter le budget, n'y parvient pas, faute de majorité, le budget est gelé. Le gouvernement américain est alors dans l'incapacité de payer son administration. Les fonctionnaires non essentiels sont mis au chômage technique et les agences fédérales sont paralysées.

Sunnisme
Voir Chiisme.

Taxe sur la valeur ajoutée (TVA)
Impôt général sur la consommation facturé aux clients sur les biens qu'ils consomment ou les services qu'ils utilisent en France. Les États peuvent fixer plusieurs taux en fonction de leur politique. En France, il existe des taux à 20 % (normal), 10 % et 5,5 % (réduit).

UNESCO

Organisation des Nations unies pour l'éducation, la science, la culture et l'information.

Union africaine

Organisation d'États d'Afrique créée en 2002 qui entend œuvrer à la promotion de la démocratie et au développement de l'Afrique. L'UA affirme que le développement économique du continent doit passer par la paix et la démocratie.

Union européenne

L'UE est composée de 27 États depuis la sortie du Royaume-Uni, et est peuplée d'environ 500 millions d'individus. Le traité de Lisbonne, signé en 2009, est le dernier texte qui régit son fonctionnement. Le Parlement est élu au suffrage universel direct ; le Conseil européen est composé de représentants des États membres ; la Commission européenne est élue par le Parlement.

UNRWA

« United Nations Relief and Works Agency for Palestine Refugees in the Near East » : agence de l'ONU en charge des réfugiés palestiniens (et de leurs descendants) déplacés pendant la guerre israélo-arabe de 1948 à la création de l'État d'Israël. Le conflit provoqua un exode massif (la Nakba) des populations arabes palestiniennes.

Villa Medicis

Édifice romain abritant l'Académie de France, lieu d'accueil d'artistes qui y séjournent pour une durée allant jusqu'à deux années. C'est l'« ambassade culturelle » française en Italie.

Visegrad (groupe de)

Aussi baptisé « V4 ». Alliance de quatre États d'Europe de l'Est, Hongrie, Pologne, Tchéquie, Slovaquie, représentant environ 13 % de la population européenne, et appelant à une meilleure prise en compte de leurs intérêts.

Zone euro

Espace formé par les États qui utilisent l'euro comme monnaie (20 États depuis l'adhésion de la Croatie à la zone euro, le 1er janvier 2023). Plus de 344 millions d'Européens vivent aujourd'hui dans la zone euro.

Sigles

AAH	Allocation aux adultes handicapés
ABE	Autorité bancaire européenne
ADMD	Association pour le droit de mourir dans la dignité
ADP	Groupe ADP (ex. Aéroports de Paris)
AELE	Association européenne de libre-échange (Norvège, Islande, Liechtenstein et Suisse)
AEM	Agence européenne du médicament
AESH	Accompagnant d'élèves en situation de handicap
AEUMC	Accord États-Unis-Mexique-Canada (accord de libre-échange visant à remplacer l'ALENA)
AECG	Accord économique et commercial global (en anglais CETA)
AfD	Alternative für Deutschland (Alternative pour l'Allemagne : parti d'extrême droite)
AFP	Agence France Presse
AIEA	Agence internationale de l'énergie atomique
AKP	Parti de la justice et du développement (parti islamo-conservateur du président turc Erdogan)
AMA	Agence mondiale antidopage
AMF	Autorité des marchés financiers
ANC	African National Congress (Congrès national africain : parti dominant en Afrique du Sud)
ANDEVA	Association nationale de défense des victimes de l'amiante
ANSM	Agence nationale de sécurité du médicament
APCE	Assemblée parlementaire du Conseil de l'Europe
APL	Aide personnalisée au logement
AQMI	Al-Qaïda au Maghreb islamique
ARCOM	Autorité publique française de régulation de la communication audiovisuelle et numérique (Ex-CSA)
ASEAN	Association of South East Asian Nations (Association des nations de l'Asie du Sud-Est)
ASL	Armée syrienne libre
ASN	Autorité de sûreté nucléaire
BBC	British Broadcasting Corporation (service public audiovisuel anglais)
BCE	Banque centrale européenne
BIT	Bureau international du travail
BTP	Bâtiment et travaux publics

CCC	Convention citoyenne pour le climat
CCNE	Comité consultatif national d'éthique
CDD	Contrat à durée déterminée
CDI	Contrat à durée indéterminée
CDU/CSU	Christlich Demokratische Union Deutschlands/Christlich-Soziale Union in Bayern (Union chrétienne démocrate d'Allemagne, et sa branche bavaroise : Union chrétienne-sociale en Bavière)
CEA	Commissariat à l'énergie atomique
CEDEAO	Communauté économique des États de l'Afrique de l'Ouest
CEDH	Cour européenne des droits de l'homme
CEI	Communauté des États indépendants
CERD	Comité pour l'élimination de la discrimination raciale (instance de l'ONU)
CESE	Conseil économique, social et environnemental
CETA	Comprehensive Economic and Trade Agreement (Accord économique et commercial global, AEGC : accord commercial entre l'Union européenne et le Canada)
CFCM	Conseil français du culte musulman
CFDT	Confédération française démocratique du travail
CFTC	Confédération française des travailleurs chrétiens
CGPME	Confédération générale des petites et moyennes entreprises
CGT	Confédération générale du travail
CHSCT	Comité d'hygiène, de sécurité et des conditions de travail
CIA	Central Intelligence Agency (agence centrale de renseignement américaine)
CIASE	Commission indépendante sur les abus sexuels dans l'Église
CIJ	Consortium international des journalistes
CIJ	Cour internationale de justice
CIO	Comité international olympique
CJR	Cour de justice de la République
CJUE	Cour de justice de l'Union européenne
CMU	Couverture maladie universelle
CNCCFP	Commission nationale des comptes de campagne et des financements politiques
CNCT	Centre national de contre-terrorisme
CNDP	Commission nationale du débat public
CNIL	Commission nationale de l'informatique et des libertés
CNUCED	Conférence des Nations unies sur le commerce et le développement
COJO	Comité d'organisation des Jeux olympiques
CPA	Compte personnel d'activité
CPAM	Caisse primaire d'assurance maladie
CPF	Compte personnel de formation
CPI	Cour pénale internationale

CRIF	Conseil représentatif des institutions juives de France
CSA	Conseil supérieur de l'audiovisuel
CSE	Comité social et économique
CSG	Contribution sociale généralisée
CSM	Conseil supérieur de la magistrature
DGSE	Direction générale de la sécurité extérieure
DNCG	Direction nationale de contrôle de gestion (commission chargée de surveiller les comptes des clubs de football)
DTN	Direction technique nationale (instance de direction des fédérations sportives)
DTP	Diphtérie, tétanos, poliomyélite (vaccin)
DUP	Democratic Unionist Party (Irlande du Nord)
EELV	Europe Écologie Les Verts
EI	État islamique
EPIC	Établissement public à caractère industriel et commercial
EPR	Evolutionary Power Reactor (réacteur nucléaire de troisième génération)
ERC	Esquerra Republicana de Catalunya (parti indépendantiste catalan)
ETA	Euskadi ta Askatasuna (organisation séparatiste basque)
EUROSTAT	Office européen des statistiques
FAO	Organisation de l'ONU pour l'alimentation et l'agriculture
FBI	Federal Bureau of Investigation (Bureau fédéral d'enquête : service de police judiciaire américain)
FDJ	Française des Jeux
FDS	Forces démocratiques syriennes
FED	Federal Reserve System (Banque centrale des États-Unis)
FIFA	Fédération internationale de football association
FIS	Front islamique du salut (Algérie)
FIV	Fécondation *in vitro*
FLN	Front de libération nationale (Algérie)
FMI	Fonds monétaire international
FNSEA	Fédération nationale des syndicats d'exploitants agricoles
FO	Force Ouvrière
FSB	Service fédéral de sécurité de la fédération de Russie (ex-KGB)
FSE	Fonds social européen
FSPRT	Fichier des signalements pour la prévention de la radicalisation à caractère terroriste
G8, G20	Rassemblement des 8 ou 20 plus grands pays de la planète
GAFA	Acronyme des grands groupes numériques : Google, Apple, Facebook, Amazon
GES	Gaz à effet de serre
GIEC	Groupe d'experts intergouvernemental sur l'évolution du climat
GIGN	Groupement d'intervention de la Gendarmerie nationale

GNA	En Libye, le gouvernement d'union nationale
GNL	Gaz naturel liquéfié
GOP	Grand Old Party (Parti républicain aux États-Unis)
GPA	Gestation pour autrui
HCC	Haut conseil pour le climat
HCR	Haut-Commissariat des Nations unies pour les réfugiés
HATVP	Haute Autorité pour la transparence de la vie publique
ICAN	International Campaign to Abolish Nuclear Weapons (Campagne internationale pour l'abolition des armes nucléaires)
ICBM	Intercontinental ballistic missile (Missile balistique intercontinental)
IFI	Impôt sur la fortune immobilière
IGPN	Inspection Générale de la Police Nationale
INA	Institut national de l'audiovisuel
INSEE	Institut national des statistiques et des études économiques
IRA	Irish Republican Army (Armée républicaine irlandaise)
ISS	Station spatiale internationale
IVG	Interruption volontaire de grossesse
JCPOA	Joint Comprehensive Plan of Action (acronyme américain de l'accord sur le nucléaire iranien)
JO	Jeux olympiques
LCP	La Chaîne Parlementaire (chaîne de télévision)
LDDS	Livret de développement durable et solidaire
LDH	Ligue des droits de l'Homme
LFI	La France Insoumise (parti de gauche radicale)
LFP	Ligue de football professionnel
LGBT	lesbienne, gay, bisexuel, trans
LGV	Ligne à grande vitesse (SNCF)
LND	Ligue nationale pour la démocratie (parti politique birman)
LO	Lutte Ouvrière
LR	Les Républicains (nouveau nom de l'UMP)
LRM	La République en marche
M5S	Movimento 5 Stelle (Mouvement Cinq Étoiles, parti populiste de gauche italien)
MCE	Mécanisme de taux de change européen
MEDEF	Mouvement des entreprises de France
MES	Mécanisme européen de stabilité
MSF	Médecins sans frontières
MTPI	Mécanisme pour les tribunaux pénaux internationaux
NBA	National Basketball Association, ligue de basket nord-américaine
NOAA	National Oceanic and Atmospheric Administration (Agence américaine océanique et atmosphérique)

NPA	Nouveau Parti Anticapitaliste
NSA	National Security Agency (Agence nationale de sécurité : renseignement électronique américain)
NUPES	Nouvelle Union populaire écologique et sociale
OAS	Organisation armée secrète (Algérie)
OCDE	Organisation de coopération et de développement économiques
OFCE	Observatoire français des conjonctures économiques
OFPRA	Office français de protection des réfugiés et apatrides
OIAC	Organisation pour l'interdiction des armes chimiques
OIM	Organisation internationale pour les migrations
OIP	Observatoire international des prisons
OIT	Organisation internationale du travail
OLAF	Office européen de lutte antifraude
OMC	Organisation mondiale du commerce
OMM	Organisation météorologique mondiale
OMS	Organisation mondiale de la santé
ONG	Organisation non gouvernementale
ONU	Organisation des Nations unies
ONUDI	Organisation des Nations unies pour le développement industriel
OPEP	Organisation des pays exportateurs de pétrole
OSCE	Organisation pour la sécurité et la coopération en Europe
OSDH	Observatoire syrien des droits de l'Homme
OTAN	Organisation du traité de l'Atlantique nord (NATO en anglais)
PACA	Provence-Alpes-Côte d'Azur
PAM	Programme alimentaire mondial
PBOC	People's Bank of China (Banque centrale chinoise)
PCC	Parti communiste chinois
PCF	Parti communiste français
PGE	Prêt garanti par l'État
PIB	Produit intérieur brut
PLF	Projet de loi de finances
PLFSS	Projet de loi de finances de la sécurité sociale
PKK	Parti des travailleurs du Kurdistan
PMA	Procréation médicalement assistée
PME	Petites et moyennes entreprises
PNAT	Parquet national antiterroriste
PNB	Produit national brut
PNF	Parquet national financier
PNUD	Programme des Nations Unies pour le développement
PS	Parti socialiste

PSE	Plan de sauvegarde de l'emploi
PT	Parti des travailleurs (Brésil)
RCC	Rupture conventionnelle collective
RDC	République démocratique du Congo
RIC	Référendum d'initiative citoyenne
RN	Rassemblement National (ex-FN)
RSA	Revenu de solidarité active
RSF	Reporters sans frontières
RSI	Régime social des indépendants
SA	Société anonyme
SARL	Société anonyme à responsabilité limitée
SMIC	Salaire minimum interprofessionnel de croissance
SNCF	Société nationale des chemins de fer
SNP	Scottish National Party (parti indépendantiste écossais)
SPD	Sozialdemokratische Partei Deutschlands (Parti social-démocrate allemand)
TAFTA	Transatlantic Free Trade Agreement (Traité de libre-échange transatlantique ou TTIP)
TGI	Tribunal de grande instance
THAAD	Terminal High Altitude Area Defense (défense anti missile américaine)
TICPE	Taxe intérieure de consommation sur les produits énergétiques
TNP	Traité sur la non-prolifération des armes nucléaires
TPE	Très petite entreprise (moins de onze salariés)
TPLF	Front de libération du peuple du Tigré (Éthiopie)
TPP	Transpacific Partnership (Traité de libre-échange transpacifique)
TSCG	Traité sur la stabilité, la coordination et la gouvernance (pacte budgétaire européen)
TSL	Tribunal spécial pour le Liban (tribunal de l'ONU)
TTIP	Transatlantic Trade and Investment Partnership (Partenariat transatlantique de commerce et d'investissement ou TAFTA)
TVA	Taxe sur la valeur ajoutée
UA	Union africaine
UDI	Union des démocrates et indépendants
UE	Union européenne
UEFA	Union of European Football Associations (Union des associations européennes de football)
UKIP	UK Independence Party (Parti pour l'indépendance du Royaume-Uni : parti europhobe britannique)
UNAF	Union nationale des associations familiales
UNRWA	United Nations Relief and Works Agency for Palestine Refugees (Office de secours et de travaux des Nations unies pour les réfugiés de Palestine dans le Proche-Orient)

UOIF Union des organisations islamiques de France

URSSAF Union de recouvrement des cotisations de sécurité sociale et d'allocations familiales

YPG Yekîneyên Parastina Gel (Unités de protection du peuple : branche armée du PYD kurde syrien)

WWF World Wide Fund for Nature (Fonds mondial pour la nature)

ZAD Zone à défendre

ZEE Zone économique exclusive

ZFE Zone à faible émission

Index

D

E

F

G

H

I

J

K

L

M

Maquette intérieure : Sylvie Vaillant
Composition : STDI

MV-CK/EG

FOUCHER s'engage pour l'environnement en réduisant l'empreinte carbone de ses livres. Celle de cet exemplaire est de :
900 g éq. CO_2
Rendez-vous sur www.editions-foucher-durable.fr

PAPIER À BASE DE FIBRES CERTIFIÉES

Achevé d'imprimer en France par Dupliprint
733, rue Saint-Léonard - 53100 Mayenne
N° d'impression : 2978942N
Dépôt légal n° 16811-8/01 - janvier 2023

IMPRIM'VERT
Votre imprimeur agit pour l'environnement